오늘 한국의 번영을 일궈낸

한국인의 DNA

신 보 현 지음

대한출판사

　2021.7.4.일 유엔무역개발회의(UNCTAD)는 만장일치로 한국의 지위를 개발도상국에서 선진국으로 의결했다. 어느 한 국가의 지위가 개도국에서 선진국으로 인정받은 것은 1964년 유엔무역개발회의가 설립된 이후 최초의 사례라고 한다. 한국의 세계 10위 수준 국내총생산(GDP) 규모만을 고려할 때 한국은 일찍이 선진국 반열에 올랐어야 했다. 그렇지만 유엔무역개발회의의 국가 지위 변경은 경제 규모만으로 결정되는 것이 아니다. 회의 참여 모든 국가가 지위 변경에 동의할 때 결정이 가능하다. 그러한 연유에서 유엔무역개발회의에서 한국이 선진국으로 지위 변경된 것은 전 세계 국가들이 한국을 선진국으로 인정한다는 것을 의미한다.

　20세기 중반 이후 한국은 불가사의할 정도의 경제성장을 이룩했다. 세계 각국이 한국 사람들을 주목하게 된 이유이다. 한국은 2차 세계대전 이후 한반도의 남쪽에 유엔의 승인을 받아 수립된 신생 민주국가이다. 정부가 수립된 후 2년도 되지 않아 북쪽에 수립된 공산정권의 기습 남침으로 한국전쟁이 시작되었다. 하나의 독립국으로서 위상이 제대로 정립되기도 전에 전쟁이 발발한 것이다. 한국전쟁 동안 국토는 거의 폐허가 되었다. 전쟁은 종전이 아닌 휴전협정에 의해 현재와 같이 한반도가 남·북한으로 분단된 채 끝났다. 무방비 상태로

기습 공격을 받은 대한민국은 전쟁의 극심한 피해를 입어 세계 최빈국 중 하나로 전락했다. 그랬음에도 대한민국은 인적 자원만으로 일어섰다. 한국인들은 먼저 식량 증산과 산림녹화의 이중 녹색혁명을 통해 주곡(主穀)의 자립화를 이루었다. 황폐해진 산림을 세계 최초로 녹화에 성공했다. 한국은 산림녹화의 세계적 모델이 되었다. 그뿐인가? 1960년대에 한국은 세계 어느 빈국보다도 국민소득이 낮았다. 그렇지만 1962년부터 1996년까지 총 7차에 걸친 국가 경제개발 5개년 계획을 통해 비약적인 경제발전을 이룩했다. 한국인이 이룩한 경제발전은 그 어떤 경제 이론으로도 설명이 되지 않을 정도라고 한다. 그리고 진정한 정치 민주화까지 이루어냈다. 21세기 들어와 한국은 경제발전과 정치 민주화의 모델을 넘어, K-드라마, K-팝, K-영화, K-푸드, K-반도체, K-건설, K-조선, K-방산 등 한국인 고유의 문화 콘텐츠 상품들과 산업 콘텐츠 기술들로서 전 세계에 열풍을 일으키고 있다. 이제 한국은 문화적, 그리고 산업 기술적 측면에서 진정 강대국이라 할 수 있는 수준에 도달했다고 평가한다. 소프트파워 강국이 된 것이다.

필자는 한국전쟁 중 태어났다. 1950~60년대 세계 최빈국의 삶속에서 성장했다. 성장해서는 한국이 오늘의 선진국으로 발전하는 과정을 몸소 겪어왔다. 1980년대에는 외국에서 유학 생활을 하였다. 1990년대 이후 2004년까지 국가 공무원의 신분으로 방산 및 군사외교 업무를 수행하면서 세계 여러 나라 사람들과 많은 공적인 교류를 한 바 있다. 그 과정에 한국의 경제규모 성장에 따른 높아진 국가 위상에 따라 외국인들의 태도 변화를 몸소 체험했다. 2010년대 이후 한국의 위상이 계속 올라가면서 필자는 "도대체 우리 한국인의 무엇이 오늘날 한국의 번영을 일궈냈을까?"하는 의문을 품게 되었다. 이는 어쩌면 전 세계에 조국의 번영을 원하는 사람들의 의문이기도 할 것이다. 이제 한국은 많은 개도국 사람들의 국가 발전 롤-모델이 되었다고 말하지 않는가? 그래서 한국인의 입장에서 「오늘 한국의 번영을 일궈낸 한국인의 DNA」라는 의제 하에 한국인들의 일반적인 특성과 한국의 번영을 일궈냈다고 생각되는 한국인의 DNA(특성)를 추론해서 제시했다.

글은 2부로 구성하였다. 1부에는 오늘날 한국인들에게 나타나는 특성으로 일반적인 성격과 생활 태도 및 행동양식 등을 다루었다. 먼저 사람의 선천적인 성격은 삶의 환경 등에 영향을 받아 자자손손 진화하면서 유전인자 속에 각인된 집합적 기억이나 사고에 의해 형성된다고 전제했다. 성격의 형성 배경은 환경적, 역사적, 사상 및 종교적, 문화적, 복합적 영향으로 구분했다. 영향요인별로 귀납적 방법을 통해 구체적인 사실들로부터 오늘날 다수의 한국인에게 내재되어 있는 성격과 생활 태도, 행동양식의 체화(DNA화) 배경을 가감 없이 서술하였다.

2부에서는 오늘 한국의 번영은 '경제적 발전이 있었기에 가능했다.'고 전제했다. 의제를 '한국의 경제발전을 견인한 핵심 요소'로 설정했다. 그리고 국가지도자의 리더십과 환경적/사회적 여건, 그리고 오늘 한국의 번영을 일궈낸 한국인의 DNA라고도 말할 수 있는 한국인의 남다른 특성(K-DNA)을 그 핵심 요소들로 정리하여 제시하였다. 한국인들에 대해 관심 있는 사람들이나 한국인이 어떻게 자신의 조국을 경제 대국 내지는 선진국으로 발전시켰는지를 알고 싶어 하는 사람들에게 조금이라도 도움이 되었으면 하는 마음이다.

2023년 5월 동홍천 불과정에서

신 보 현

차 례

1부 한국인의 특성(성격, 생활 태도, 행동양식)

2부 한국의 경제발전을 견인한 핵심 요소

1부

한국인의 특성

(성격, 생활 태도, 행동양식)

　우리는 일반적으로 대부분의 국민 구성원의 특징으로 나타나는 성격 즉 습성과 성향, 그에 연유하는 생활 태도와 행동양식을 그 국민의 특성이라 말한다. 그래서 본 글의 1부에서는 오늘날 대부분의 한국인에게 나타나는 환경적, 역사적, 사상 및 종교적, 문화적 영향과 그러한 영향요인들의 복합적 영향으로 형성되었다고 생각되는 성격과 그에 따른 생활 태도, 행동양식을 분류하여 제시했다.

　현대 심리학에서는 개인의 고유한 행동 특징으로서 환경에 적응하기 위해 일관성 있게 나타나는 개인의 독특한 심리 특성을 '성격'이라고 정의한다. 그러나 사람의 성격과 그에 의해 유발되는 행동은 매우 복잡하고 다양한 이유에 연원한다. 본 글에서는 성격 관련 생물 심리학적 견해와 사회심리학적 견해를 포괄했다. 그래서 사람의 성격은 선천적으로 부여 받은 기질적 특성이 성장하면서 사회적 환경에 적응하는 과정에서 상호 작용을 통해 전체적으로 성숙하여 형성되며 이는 다음 세대로 유전된다고 가정하였다.

전제한 가정은 "동일 공동체 속에 포함된 사람들의 생활 태도와 행동양식을 결정하는 전형적인 의식구조는 공동체 구성 요원들의 선천적인 성격 특성과 삶의 터전 환경, 역사적으로 선조들이 경험한 중요한 사건들, 그리고 오랫동안 그들을 지배해 온 사상 등에 영향을 받아 형성된다."는 논리적 유추를 가능하게 한다. 저 사람은 '섬나라 사람 기질'을 가지고 있다. 저 사람은 '반도 사람 기질'을 가지고 있다는 말들이 이를 방증해준다.

유전적으로 부여받은 기질적 특성이 직·간접적인 경험, 인격 수양의 의지, 교육, 인간관계, 개인이 속한 조직, 사회의 공동체 의식, 사상, 문화 등 다양한 환경의 영향을 받아 통합된 전체로 발전하여 기본적인 행동 경향의 틀인 성격을 형성한다. 그리고 이는 다시 다음 세대로 유전된다는 개념이다. 한국인의 조상은 최소한 수천 년 한반도에 정착하여 살아왔다. 한국인의 성격은 크게 환경적(지질 및 지형적, 지정학적, 기후), 역사적, 사상 및 종교적, 문화적 영향을 받아 형성되었으며 때로는 영향요인들이 복합적으로 작용하여 형성되었다고 전제했다. 이러한 전제하에 영향요인별로 조상 대대로 이어 온 선조들의 경험에 의해 형성된 기억이나 집합적 무의식, 생활 습성 및 성향 등 구체적인 사실들로부터 오늘날 대부분 한국인에게 집단적 특성으로 나타나는 일반적인 성격과 생활 태도, 행동 양식들을 환경적, 역사적, 사상 및 종교적, 문화적, 여러 요인의 복합적 영향으로 아래에 대별하여 정리하였다.

환경적 영향으로 형성된 특성

환경적 영향요인으로는 한국인들이 살아 온 터전의 지질 및 지형, 지정학적 특징, 기후 등으로 구분이 가능하다. 그러한 환경적 영향요인에 의해 형성된 특성은 한국인에게 나타나는 특성 중 그들의 선조들이 조상 대대로 삶의 터전인 이 땅에 살아오면서 환경의 영향을 받아 형성되었다고 유추가 가능한 특성 즉 성격과 생활 태도, 행동양식을 말한다.

다수 한국인에게 노인의 습성과 성향이 내재해 있다.

다수의 한국인에게는 한반도의 노년기형 지질과 지형의 영향을 받아 노인들의 습성과 성향이 내재해 있다. 한국인들은 어른이 죽으면 "돌아가셨다."고 말한다. 사람이 죽었다는 것은 본래의 위치로 돌아갔다는 말이다. 사람은 흙으로 말미암았으므로 모두 흙으로 돌아간다는 성경에서 말하는 의미와도 일치한다. 사람이 흙으로부터 태어나 흙으로 돌아감을 의미한다. 이로 미루어 어느 지역에 사는 사람들의 성격 및 특성은 그 사람들의 선조들이 대대로 살아온 지역의 지질, 토양, 지형의 특성과 연관이 있다고 가정할 수 있다. 이러한 가정을 전제로 지질 및 토양의 영향을 받아 형성되었다고 판단되는 오늘날 한국인의 습성과 성향을 추론해보자.

한반도의 지질적 기반은 70% 이상이 고생대 초부터 중생대 말기에 걸쳐 형성되었다. 나머지 신생대 지층은 국지적으로만

분포한다.1 지질구조는 퇴적암으로 형성된 퇴적분지 또는 퇴적 중인 지향사로 이루어져 지반은 극히 안정적이다. 한반도의 토양은 대부분 신생대 이전에 형성된 편마암과 화강암을 모암1)으로 한다. 철분이 많이 함유되어 적갈색을 띠는 황토이다. 유기물을 포함하고 있지 않아 생산력이 빈약한 땅에 속한다.

이처럼 한국인의 생활 터전인 한반도의 지질적 기반은 70% 이상이 시생대에 형성되었다. 오래전에 변화와 발달이 멈춘 상태로 시종일관 평온을 유지해 왔다. 토양은 유기물을 상실한 생산력이 빈약한 황토가 대부분인 노년기 토양이다. 한반도를 흐르는 물은 항상 푸른색을 띤다. 만주와 경계를 이루는 두만강 물을 제외하고는 사람이 마실 수 있다. 노년기 토양임을 입증하는 사실들이다. 젊고 비옥한 땅을 통해 흐르는 물은 탁한 흑색을 띤다. 유기물이나 무기물을 많이 포함하고 있어 사람이 마시기에는 부적합하다.

한반도의 지형 역시 국토의 약 70% 이상이 1,000m 이하의 산지이다. 노년기 지형에 해당하는 낮은 구릉지가 넓게 발달하여 있다. 한반도에는 연기를 뿜는 산도 없다. 불을 토하는 분화구도 없다. 우렁차게 산하를 흐르는 흙 갈색의 계곡물도 없다. 산악을 무너뜨리고 땅을 가르며 바다를 요동케 하는 지진도 나타나지 않는다. 노년기 지질과 지형의 환경에서 살아온 민족은 청·장년기 지질과 지형, 토양 등의 환경에서 살아온 민족과 비교가 된다.

---

1) 기초 지반을 구성하는 암석

70% 이상이 노년기형의 지질 및 지형, 토양 등 영향을 받아 다수(70% 수준 이상)의 한국인들은 노인의 특징이기도 한 정적이며 양순한 성향이 내재해 있다. 고요하고 평안한 기상이 특징이다. 변화보다는 현상 유지를 선호한다. 위험을 감수해야 하는 도전보다는 현실에 안주하려 한다. 능동적으로 앞에 나서기를 꺼린다. 수동적으로 형편을 관조하는 성향이다. 한국인의 그러한 특성 때문에 지난 20세기에 사람들이 한국을 「고요한 아침의 나라」라고 부른 것 같다.

　『고요한 아침의 나라』라는 말은 1882년 미국인 그리피스가 쓴 『은둔의 나라 한국(Corea, The Hermit Nation)』이라는 조선 소개서에서 유래한다. 『은둔의 나라 한국』은 원래 '서구 문명과 기독교에 문을 닫고 있는 나라'라는 의미였다. 그런데도 저자는 『고요한 아침의 나라』라는 의미라고 그 책명을 소개했다. 그 이후 '고요한 아침의 나라'라는 말은 오랫동안 한국을 상징하는 표현으로 사용되어 왔다. 한국인들은 성품이 양순하다. 한국이 위치한 한반도의 산하는 항상 평온하며 안정되어 있다. 이러한 사실들에 사람들이 심정적으로 공감했기 때문에 고요한 아침의 나라라는 말로 한국을 표현했다고 생각된다. 대한항공의 기내잡지 『모닝캄』도 한국을 고요한 아침의 나라로 표현하는 의미이다. 한반도에 밤새 바다 쪽으로 불던 육풍이 멈추고 낮에 육지 쪽으로 해풍이 불 때까지 무풍상태의 평온하고 고요한 한국의 아침을 나타내는 말이다.

　그러한 경향성을 엿볼 수 있는 사례들이 있다. 20세기 초 일제 치하 조선에서 오랫동안 체류한 일본인들은 일본에 사는 사람들과 비교할 때 동적 성질이 감소하는 경향이 나타났다고 한다. 수년간 한국에 살다가 일본에 귀국하여 일본 풍경을 접하게 되는 찰나 자신도 모르게 정신적으로 일종의 약동을 느끼면서 조선에 있을 때의 정온에서 깨어난 감각이 들었다는 기록2이 있다. 오늘날에도 많은 한국인은 해외여행이나 외국에 살다가 귀국해서는 "이제 집에 오니 살 것 같다."고 말한다. 물론 자신에게 낯이 익은 고국에 돌아왔기 때문에 그렇게 느끼는 것일 수도 있다. 그렇지만 지질 및 지형이 평온하고 안정된 환경의 한국에 돌아오니 그렇게 편안하게 느끼는 것이 아닌가 싶다.

다수의 한국인에게 노인과 유사한 기질적 특성이 내재해 있다는 것은 사상의학 이론을 이용해서도 증명이 가능하다. 사상의학은 세계보건기구(WHO)가 인정한 하나의 의학 영역이다. 사상의학에 의하면, 한국인은 태음인과 소음인을 합한 음인(陰人)이 70% 정도이다. 태양인과 소양인을 합한 양인(陽人)이 그 나머지 30% 정도를 차지한다. 음인의 기질적 특성은 노인의 기질적 특성과 유사하다. 조용하며 침착하다. 고집이 세고 겁이 많다. 양인의 기질적 특성은 젊은이의 기질적 특성과 유사하다. 나서기를 좋아하고 떠벌린다. 활달하고 진취적이다. 사상의학에 의하면 한국인의 음인과 양인의 구성비는 대략 70:30 정도이다. 이는 한반도를 구성하고 있는 고·중생대 대비 신생대의 지질 및 지형 비율과 한국인의 음인 대비 양인의 구성비가 같음을 보여준다. 사상의학이 제시하고 있는 한국인의 체질별 구성비를 판단한 시기는 현재와 대략 130년 정도 시차가 있다. 그렇지만 130년 정도 시차에 의해 사람들의 선천적인 기질적 특성이 크게 바뀌지 않는다고 전제하면, 70% 정도 다수의 한국인이 그들이 살고 있는 노년기형 지질 기반 및 지형의 영향을 받아 노인과 유사한 기질적 특성을 내재하고 있다는 추론에 증명이 가능하다. 여기에 더해 한국인들의 삶의 터전은 반도라는 지정학적 특성이 있다. 그 결과 다수 한국인에게 내재해 있는 노인의 기질적 특성들이 다양한 형태로 변형되어 나타남을 알 수 있다.

반도 국가들은 숙명적으로 대륙과 해양 세력의 중간에서 가교 역할을 수행해야 한다. 특히 한반도와 같이 규모가 작은 반도에 위치한 국가는 대양세력과 해양세력의 영향을 받을 수밖에 없는 환경이다. 상대적으로 국력이 약할 수밖에 없기 때문이다. 한반도에 거주하는 국민들은 북쪽 아시아 대륙에 거주하고 있던 몽골족과 만주족의 흥망에 따라 때로는 전쟁으로 맞서야 했다. 동·남쪽 일본열도에 국력이 커져서 분출구를 찾으려 할 때마다 대항해야 했다. 북쪽의 대륙 세력과 동·남쪽의 해양 세력이 동시에 강성해지면 한반도는 대륙과 해양 두 세력 사이에 충돌 점이 될 수밖에 없는 여건이다. 이러한 지정학적 여건에 의해 한반도는 대륙과 해양 세력의 틈바구니에서 바람 잘 날이 없었다. 한 세력이 침입하고 물러가면 다른 세력이 침입했다. 앞서 침입한 세력이 물러가기 전에 다시 침입하기도 했다. 한국인에 선조들은 끊임없는 국난 속에서 살아남은 사람들이다.[3] 그 결과, 오늘날 한국인들에게는 조상 대대로 면면히 전해 내려오는 반도적 기질이 체질화되어 있다고 말할 수 있다.

역사적으로 봉건국가 체제는 중앙집권적 국가통치체제가 정착하기 전 영토가 넓어서 중앙정부의 정상적인 통치력 발휘가 어려운 여건에서 출현하는 국가체제이다. 한국인들의 삶의 터전인 한반도에서는 오늘까지 국가체제가 발전해오는 과정에 필연적으로 출현하는 봉건국가 체제가 없었다. 한반도는 그 크기가 협소해서 대부분의 국가가 필연적으로 경험하게 되는 봉건국가 체제까지 성립되지 않았던 것이다.

대표적 반도국인 터키, 스페인, 이탈리아 등은 과거 자신들의 영토인 반도를 넘어 대제국을 건설하였다. 그 국가들이 영토로 하는 반도들은 대륙과 대륙의 연결지점에서 좋은 문화들을 흡수한 후 자기화하여 외부로 분출할 수 있을 정도로 그 크기가 충분히 크다. 그래서 대제국의 건설이 가능했다. 반면에 한반도는 봉건국가 체제가 발생할 수 없을 정도로 그 크기가 상대적으로 너무 작음을 알 수 있다.

작은 반도에 형성된 세력은 그 힘에 한계가 있을 수밖에 없다. 결과적으로 큰 반도에 형성된 세력들보다 반도에 의해 연결되는 주변 세력들의 영향을 더 많이 받게 되어 있다. 한국인의 삶의 터전인 한반도는 거대한 아시아 대륙의 변방에 남쪽으로 돌기되어 그 크기가 두 배 이상이나 되는 일본열도와 연결된다. 아시아 대륙의 변방에 위치한 탓에 19세기 중반까지 외국과의 교류는 육지로 연결된 중국과 바다로 연결된 일본이 전부일 정도였다. 한국인들의 선조들은 그들의 주변 세력들보다 상대적으로 작은 영토에서 주변 세력 외에는 거의 외부와 단절된 채 오랫동안 농경사회를 이루어 살아왔다. 이러한 지정학적 환경 탓에 다른 어느 반도에 형성된 국가들보다 대륙 세력과 해양 세력의 침략을 더 많이 받아온 것이다. 그러한 많은 외부의 침략에 저항해 오는 과정에서 노년기형 지질과 토양의 영향을 받아 형성된 한국인들의 정적이며 양순한 습성과 성향은 변형될 수밖에 없었다. 때로는 더 강화된 모습으로, 때로는 다소 약화한 모습으로, 때로는 전혀 상반된 모습으로 변형되어 나타나고 있음을 알 수가 있다.

변혁을 거부하는 성향이며, 나서기보다는 관망하는 성격이다.

다수의 한국인은 내면적으로 한번 수용한 종교나 사상, 학문이나, 제도, 풍속, 습성 등의 변혁을 거부하는 성향이다. 나서기도 좋아하지 않는다. 이 또한 노년기 형의 지질과 지형의 영향을 받아 나타나는 성향이다. 한국인들은 일반적으로 한번 어떤 사상을 자신의 사상으로 수용하면 이를 고수하려는 성향이 강하다. 꼭 붙잡고 기꺼이 그 권위 아래에 안주한다. 어느 사상이든 수용할 당시의 동기에는 관계없다. 한번 수용하게 되면 어떠한 새로운 사상을 수용하려 하지 않는다는 것이 특징이다.

불교는 4~5세기경 한반도에 전래하였다. 대부분의 종파가 전래할 당시 종파의 종지2)를 조선조 초엽 정부 차원의 불교 배척이 본격화될 때까지 그대로 유지됐다는 기록들이 역사서에 남아

2) 교의와 취지 등

있다. 1,000여 년 가까이 전래할 당시의 종지를 그대로 보존했다는 이러한 사실들이 한국인의 변혁을 거부하는 성향을 입증해준다. 유학의 경우도 마찬가지이다. 고려 충렬왕 때 중국으로부터 주자전서를 받아들여 태학에서 주자학을 가르쳤다. 그 이후 조선말까지 600년 이상 주자학 이외 다른 유학의 학파가 발을 붙이지 못했다. 한국인들의 변혁을 거부하는 고착 성향에 기인한 결과라는 견해이다. 기독교의 경우도 유사한 사례가 있다. 조선말 조선에 파송되어 온 미국 선교사들이 접한 대부분 조선인은 가난하고 무지했다. 선교사들은 술과 담배의 탐닉이 그렇게 만든 원인 중 한 가지라고 판단했다. 그래서 교인들에게 술과 담배를 금하였다고 한다. 성경에는 이를 금하라는 말씀은 없다. 그 후 100년이 훨씬 지났다. 아직도 한국에 기독교인들은 성경에서 언급하고 있는 금기사항은 모르는 것이 있어도 술과 담배는 당연히 금기시한다. 한국인들은 삼국시대 이전 부여국 시절부터 수천 년 동안 흰옷을 즐겨 입어왔다. 이 흰옷을 즐겨 입는 습성도 한국인들이 한번 수용한 습성을 바꾸려 하지 않는 성향을 입증하는 사례이다.

한국인들의 그러한 고착 성향은 과거에 집착함을 의미한다. 이는 내일을 위한 계획이나 대비보다는 과거를 회상하며 재현하겠다는 의미를 내포한다. 이는 미래를 대비하는 차원에서는 과거에 설정된 사상을 현시대에 맞추어 검토 보완하겠다는 변혁이나 개혁 의지를 철저하게 차단하는 역할을 한다. 만약 국가 지도자가 과거에 제시된 이상향에 집착할 경우 국가는 어떻게 될 것인가? 그 대표적 사례가 1863년 12세 고종의 즉위로 집권하게 된 대원군의 정치개혁이다. 그의 개혁은 1868년에 출범한 일본 메이지 유신의 개혁보다 5년이나 먼저 추진되었다. 그랬음에도 그는 당시 국제정세를 무시한 채 조선 초기로의 과거 회귀적 개혁을 추진했다. 반면에 일본은 당시 국제정세인 1차 산업혁명 사회로의 국가 근대화를 추진했다. 일본이 개혁을 추진한 지 채 10년이 지나지 않아 개혁추진의 결과가 나타났다. 당시 국제정세에 부응해서 국가 근대화를 추진한 일본의 군함 운요호를 앞세운 무력 위협과 함대시위에 조선은 굴복했다. 1876.2월 굴욕적인 한일 수호 조규를 맺게 되었고 이후 조선은 그들의 제국주의적 영토팽창 정책에 제물이 되었다.

아직 한국의 50~60대 이상 다수의 기성세대에게는 과거에 고착 성향이 남아 있다. 그들에게는 변혁이나 개혁보다 보수적이며 정적인 성격 특성을 내재하고 있다는 말이다. 그러한 한국인들은 무엇이든 자기화하게 되면 일체 이를 바꾸려 하지 않는다. 변혁을 거부하는 성향이 강하다. 무슨 일을 먼저 해보려는 도전이나 모험을 꺼린다. 뒤에서 관망하는 것을 미덕으로 여기는 경향이 강하게 나타난다.

국가의 절대 권위에 도전하기보다는 순종적이다.

역시 노년기 형 지질과 지형의 환경적 영향을 받아 나타나는 습성과 성향 중 한 가지이다. 양순한 성격에 소유자인 다수의 한국인은 나서기보다는 관망하는 태도 견지를 좋아한다. 그렇다 보니 한국인들은 국가가 옳은 명분을 내세워 추진하는 강력한 국가정책에 대해 공감을 할 때는 적극적으로 협조하고 따르는 것이 특징이다. 역사적으로 한국인들은 변화에 강하게 거부하는 성향을 나타내왔다. 그런데도 올바른 명분으로 강력한 의지를 가지고 새로이 추진하는 정부의 혁신적인 정책들에는 거부감 없이 오히려 적극적으로 협력했다. 특히 1960년대 이후 국민의 1% 미만 낮은 문맹률과 높은 교육 수준은 국가가 추진하는 올바른 정책들을 이해하고 적극적으로 참여하게 하는 데 크게 기여했다.

1970년대 한국이 범정부 차원에서 시행하여 세계적으로 모범이 되었고 현재는 개발도상국의 국가개발 롤-모델이 된 새마을운동과 민둥산의 기적, 산림녹화사업이 그 대표적인 사례들이다. 또한, 20세기 후반 한국인들에게 짧은 기간 안에 성공적으로 정착한 쓰레기 분리수거 운동, 화장실 청결 운동, 공공장소에서의 금연운동 등도 그 사례들이다. 한국인들의 양순한 성격과 그에 더한 높은 교육 수준이 범정부 차원의 국민 참여 운동의 성공에 결정적인 역할을 한 것이다. 이는 오늘의 한국을 만드는 데 중요한 견인차 구실을 담당한 한국인의 성향 중 하나이다. 유연함이 강함을 제압하듯 한국인들의 어질고 순함, 높은 교육열의 결과가 오늘의 한국을 건설하는 데 기반 역할을 해 온 것이다.

시세(時勢)에 순응하는 지혜가 있다.

한국인들은 생존을 위해서는 현실을 그대로 인정하고 수용하는 지혜가 의식화되어 있는 듯하다. 오랜 세월 척박한 환경과 주변 강대국들의 압박과 침략에서 생존하기 위해 터득한 생활 태도이다. 그들은 척박한 토양에 정착하여 오랜 세월 농사를 생업으로 살아왔다. 여름에는 적도지역과 같이 무덥고 겨울에는 시베리아와 같이 추운 사계절이 분명한 자연환경이다. 때로는 극심한 가뭄과 홍수와 같은 물난리가 나도 더 나은 지역을 찾아 삶의 터전을 버리고 떠날 수도 없는 환경이다. 그렇게 혹독한 현실과 도피할 수 없는 환경에서 살아남을 방법이 있다면 그것은 현실을 있는 그대로 수용하고 순응하는 것이다. 그렇게 한국인들은 선조 대대로 혹독한 자연환경에 순응하는 삶을 살아온 결과 환경 적응력과 생존력이 강해졌다는 논리이다. 또한, 오랜 세월 외세의 빈번한 침략을 겪으면서 생존을 위해서는 굽힐 줄을 알아야 한다는 것도 체험했다. 그러한 삶에 질곡을 통해 한국인들은 시세(時勢)에 순응하는 지혜가 체질화되었다는 견해이다.

한국인은 극히 타산적이다. 어려운 여건이 현실이 되었을 때 이를 극복하기 위해서는 먼저 현실을 수용해야 한다는 것을 안다. 그러한 연유에서 인지 한국인들은 어려운 환경 극복 능력이 탁월하다. 그럼에도 한국인들은 상대적으로 엄청나게 강한 대륙 세력과 해양 세력 사이에서 그들에게 흡수되지 않았다. 자신들의 독특한 문화를 창조하면서 유지해 왔다. IMF와 같은 국제

금융위기도 쉽게 극복했다. 단결력이 약한 것 같으면서도 때로는 엄청나게 강했다. 강자에게는 굴복하는 줄 알았는데, 목숨 걸고 저항하는 행동양식도 보여주었다. 한국인들의 시세에 순응을 잘하는 특성은 자신을 지키기 위한 지혜로운 생활 태도인 것이다.

　한국인들은 노년기 형 지질과 지형의 영향을 받아 노인의 기질처럼 보이는 현상 유지 선호와 변혁을 거부하는 성향이 강하다고 했다. 그런데도 한국에서는 정부 차원의 정책들이 일사불란하게 잘 추진된다. 위에서 언급한 바 있는 범국가적 차원에 새마을운동이 그랬고, 국가 차원에서 시행된 쓰레기 종량제, 공공장소에 금연운동, 범정부 차원의 PC 및 인터넷 보급과 정부 시스템의 전산화, 국가 운영 근간의 디지털화, 최근의 코로나-19 대비 마스크 쓰기 운동 등의 국가정책의 현실화가 단시간에 이루어진 것이 그 사례들이다. 이러한 사례들은 위에서 언급한 낮은 문맹률과 높은 교육 수준에 더해 시세에 순응하는 지혜와 체질화된 투철한 애국심 때문에 가능했다는 견해이다. 한국인들에게는 시세에 순응하는 지혜가 있어 국가 차원의 올바른 정책 시행에는 적극적으로 동참하는 것이다. 그것이 범국가적 차원으로 추진해온 정부 주도의 올바른 정책들이 지금까지 한국 사회에 쉽게 정착하여 오늘날 국가 발전을 견인할 수 있었던 연유이다.

한국인들에게는 선조 대대로 사상의 모방성과 고착성이 뚜렷하게 나타난다.

대부분 한국인에게는 삶의 터전인 한반도의 지정학적 영향을 받아서 사상의 모방성과 고착성이 뚜렷하게 나타난다. 한반도를 터전으로 건국해서 발전해온 국가들은 19세기까지 중국과 일본이 전부일 정도로 외국과의 교역이 한정적이었다. 그것도 중국 편향적이었다. 한반도에서는 그렇게 인적교류와 왕래가 극히 제한적이었다. 그러한 여건에서 드넓은 중국에 수많은 사람의 다양한 문화가 서로 뒤엉켜 교류하면서 자연 발생한 사상을 능가하는 사상이 만들어진다는 것은 결코 가능한 일이 아니다. 조선조가 탄생한 14세기 초에 한반도의 인구는 겨우 100만 명에 불과3)했다. 자연적으로 중국을 통해 전래한 종교나 사상에 대한 모방이 이루어질 수밖에 없었던 이유이다.

한반도는 중국에서 전래한 사상이나 종교를 모방할 수밖에 없는 환경이었다. 한국인들은 지질과 지형적 영향으로 강하게 변혁을 거부하는 성향이다. 그러한 연유에서 한국인들이 모방해서 자기화한 사상이나 종교는 한국인들에게 오랫동안 고착되었다는 견해이다. 한국인들은 그들의 본향인 한반도의 지질과 지형의 영향을 받아 일반적으로 동식물의 노년기에 나타나는 습성과 성향을 보여 사상과 종교에 대한 고착성이 강하다는 논리이다.

---

3) 실록 등을 근거로 조선의 인구를 살펴보면, 세종 22년(1440년) 호구조사 결과 69.2만 명, 중종 38년(1543년)에 416만 명, 숙종 4년(1678년)에 524만 명, 1910년에 1,312만 명이었음

조선시대에 "옛 법을 바꾸려고도 하지 말고 새 법을 세우려고도 하지 마라!"라는 속담이 있었다고 한다. 다수의 조선 사람이 전형적으로 노인들의 특성이 있었음을 대변하는 어구이기도 하다. 한국인들의 사상에 대한 고착성을 말해주는 사례들은 많다. 최근에 들어와 중국인들이 유교 복원을 위해 한국에서 관련 콘텐츠들을 배워가는 것이 대표적인 사례 중 하나이다. 한국의 성균관 대성전에서는 2,500여 년 전에 중국에서 태어난 공자를 비롯한 유교의 성인과 현인들을 추모한다. 조선 초기부터 현재까지 그들의 위패를 모시고 매년 봄과 가을에 석전대제를 올려서 그들의 덕을 기린다. 중국은 1968년 문화혁명 당시 전국의 사찰 및 사당들을 파괴했다. 그리고는 얼마 전에 유교 전통을 복원하기 위해 한국에서 공자님 제향을 올리는 성균관의 전통적인 제사 의식과 그 내용들을 수집해 갔다고 한다. 한국에는 전래 당시의 유교적 콘텐츠들을 원형 그대로 보존하고 있기 때문이다. 이를 보아도 한국인들의 사상에 대한 모방성과 고착성이 얼마나 강한가를 알 수 있다.

사상에 대한 고착성은 대부분의 한국인 의식 저변에 강하게 남아 있는 선비정신으로도 설명이 된다. 선비정신은 아직도 한국 사회에 올바른 사회로의 복원력으로 작용하고 있다. 한국인들에게 조선은 당쟁이나 사대사상 등이 만연했던 부정적인 나라였다는 역사 인식이 일부 남아있다. 일제 식민사관의 영향이다. 조선왕조는 지정학적으로 중국과 일본 사이에 끼어있던 소국이었다. 그런데도 1392년 개국해서 1910년까지 518년을 유지한 세계에서 몇 안 되는 5백 년 이상을 지탱한 강건한 왕조였다. 그렇게 5백 년 이상을 유지할 수 있었던 것은 성리학적 기본윤리와 선비정신이 사회 저변에 면면이 유지되어 왔기에 가능했다는 것이 필자의 견해이다. 유학의 주류라 할 수 있는 성리학의 도덕 규범인 인(仁), 의(義), 예(禮), 지(智), 신(信)의 기본윤리에 강직함과 청렴, 그리고 절개를 가치관으로 하는 선비정신이 전통적으로 사회 저변에 강하게 자리 잡고 있었기에 가능했다는 논리이다. 조선조는 유학을 통치의 근본으로 하여 배불숭유정책을 건국이념으로 채택했다. 자연스럽게 학자 및 관료들에게 선비정신이 배태되는 생활 여건이었다. 고결한 인품을 삶의 가치로 하는 선비정신이 유학자이기도 한 관료들의 삶의 지향점이 되었다.

그들이 추구했던 선비의 상은 고결한 인품의 소유자였다. 학식이 높고, 행동과 예절이 바르며 의리와 원칙을 중시하고 관직과 재물을 탐하지 않는 모습이었다. 일본의 사무라이는 생산적인 일에 종사하지 않았다. 주군이 무엇을 생각하고 어떤 행태를 보이든 맹목적인 충성심이 최고의 미덕이었다. 반면에 조선의 선비는 지조라는 단어로 표현된다. 자신이 옳다고 여기는 바에 대해서는 임금 앞에서도 뜻을 굽히지 않았던 강직함이 대표적인 그들의 특징이다. 그러한 선비정신이 한국인의 사상적 고착성에 의해 오늘날까지도 그들의 의식 저변에 올바른 삶에 기준으로서 남아 있는 듯이 보인다. 한국 사회를 올바른 사회로 견인하는 저력으로 작용하고 있다는 견해이다.

한국인은 척박한 환경에 대한 생존력이 강하다.

한반도의 토양 역시 70% 정도가 노년기 지층이며 산지이다. 대부분이 화강암 지반 지역으로서 석영 모래가 많은 산성의 척박한 사질토양이다. 산간 지역에는 바위 조각들이 많이 섞여 경작지에는 돌이 많다. 노년기 토양이다 보니 오랜 세월 비에 씻겨 내려 유기질이나 무기질을 거의 포함하고 있지 않다. 대부분 농사를 지어도 소득이 높지 않은 빈약한 토양이다.

오래된 지질적 기반과 지형, 척박한 토양에 서식하는 동·식물을 변화무쌍한 젊은 지질적 기반과 지형, 비옥한 토양에 서식하는 동·식물과 비교해 보면 큰 차이가 있다. 대체로 종류도 적고

성장이 늦다. 무성한 숲을 이루지도 못한다. 반면에 생존력이 강하다. 한반도의 대표적인 토종 동·식물에 해당하는 붕어, 소나무, 잔디 등의 특징이 그에 해당한다. 한반도의 거의 모든 하천에서 발견되는 붕어는 잡식성이다. 환경의 변화에 대한 적응력이 뛰어난 물고기 중의 하나이다. 한반도의 거의 모든 지역에서 자라는 소나무는 양지식물이다. 사시사철 푸르른 잎을 지닌다. 다른 나무들이 자라기 힘든 메마른 곳에서도 뿌리를 깊이 내리고 잘 자란다. 한반도에 널리 분포하는 완전 포복형인 한국 잔디 역시 옆으로 기는 성질이 강하다. 밟아 주는 압력에 잘 견딘다. 병충해와 공해에 강하여 관리하기 쉽다. 이처럼 한반도에 서식하는 대표적인 토종 동·식물에 공통점은 생존력과 환경 적응력이 뛰어나다는 것이다. 모양이나 색깔이 현란하거나 아름답지 않고 사시장철 거의 변함이 없다는 것이 특색이다.

농사를 생업으로 하는 사람들은 일반적으로 한곳에 정착하여 생활한다. 그들에게는 경작할 땅만 있으면 농사를 지어 살 수 있다는 인식이 의식화되어 있다. 자기가 노력한 만큼은 거둘 수 있다고 생각한다. 척박한 토양에서 살아온 사람들은 더욱 그러한 의식이 강하다. 한국인들의 삶의 터전인 한반도의 대부분 토양은 매우 척박한 편이다. 매년 봄, 여름, 가을, 겨울의 사계절이 분명하다. 여름에는 몹시 무덥고 겨울에는 몹시 춥다. 가뭄이나 홍수와 같은 재해가 잦다. 한국인의 선조들은 그러한 다이내믹한 환경에 순응하면서 살아왔다. 근대에 들어오면서 인구는 폭발적으로 증가하고 식목의 여유 없이 벌채만 해왔다. 산야는 더욱 헐벗게 되고 경작지의 지력은 더욱 떨어지는 악순환의 연속이었다. 그 결과 조선시대 후기로 접어들어 그들의 생활은 더욱 어렵게 되었다. 그러한 악순환은 1960년대 초 한국이 전 세계에 최빈국의 위치로 전락할 때까지 계속되었다. 그와 같은 악조건에서 살아남은 사람들의 후예가 오늘날의 한국인들이다. 그들이, 한반도에 서식하는 대표적인 토종 동·식물들과 같이, 환경에 생존력이 강한 것은 당연하다.

한국인들은 환경 변화에 적응력이 강하다.

한국인들은 환경 변화에도 적응력이 강하다. 환경에 대한 적응력은 변화하는 환경에 따르는 능력을 말한다. 한국인들은 환경이나 여건 변화에 적합하도록 적응하는 특성이 있다는 말이다. 이러한 특성은 생활 여건이 여유롭지 못한 한반도에서 생존경쟁에 살아남기 위해 선조 대대로 투쟁해 오는 과정에 한국인들에게 습성화된 유전인자 중에 하나라고 생각한다.

사람들은 환경이 바뀌어 생활이 어렵게 되면 더 나은 생활환경을 찾아 살던 터전을 버리고 떠난다. 아니면 생활에 도움이 되는 것들을 외부로부터 탈취해 온다. 그것도 아니면 재난이나 재해로 인해 바뀐 환경에 적응해 나가야 한다. 이때 불굴의 생존의지가 필요할 수도 있을 것이다. 한국인들의 선조는 활동적이고 때로는 공격적이며 유동적인 북방 기마민족이라고 한다. 그런데도 생사 갈림의 어려운 환경에 직면할 때마다 외부 지향적으로 문제를 해결하려 하지 않았다. 그 이유는 선천적으로 평화를 사랑하는 민족이라 그랬는지, 농경 생활이 좋아서 그랬는지, 그럴 능력이 없어서 그랬는지, 모험이 두려워서 그랬는지 분명하지 않다. 오히려 자신들이 재난이나 재해에 대항해서 이를 극복하려 했다. 사람들이 천재(天災)나 인재(人災)에 맞서 극한적 투쟁을 하는 과정에서는 갑작스러운 환경 변화에 적응력이 생사를 좌우한다. 한국인의 습성과 성향의 하나로 언급하는 「유동성」도 갑작스러운 환경 변화에 생존하기 위해 적응하는 과정에서 자연적으로 체질화된 습성인 것이다. 한국인들은 이렇게 선조 대대로 갑작스러운 자연 재난이나 재해, 주변국의 침략에 맞서 의연히 투쟁하는 과정에서 살아남기 위해 환경 변화에 뛰어난 적응력이 육성되어 체질화된 것 같다.

2011년 스위스의 국제 경영개발원(IMD)이 각 나라 사람들의 변화에 대한 수용성을 조사하여 발표했다. 각 나라에 거주하는 외국인을 대상으로 해당 국민의 변화에 대한 수용 정도를 물어 지수화한 것이다. 그 자료에 의하면 한국인의 「변화에 대한 수용성 지수」는 6.96으로 7.22를 기록한 미국 다음으로 높게 나타났다. 이것이 한국인이 환경 변화에 대한 적응력이 높다는 객관적인 증거이다.

한국인의 환경 변화에 대한 적응력 관련 최근 사례를 하나 열거해보자. 2019년 일본 정부는 한국 대법원의 일본제철 강제노역 소송 배상 판결 및 해당 기업의 자산 압류와 매각 명령 판결에 대한 보복 조처를 했다. 대 한국 수출관리 규정을 개정했다.

반도체, 디스플레이 공정 과정에 이용되는 포토레지스트 등 3개 핵심 품목에 대한 수출 규제를 단행했다. 한국 총수출액의 대략 20%, 국내 제조업 총생산의 10% 정도를 담당하며 한국의 경제를 지탱해 온 반도체 산업에 타격을 주겠다는 의도였다. 그러한 일본의 움직임은 대일 공급망에 신뢰를 깨는 처사였다. 또한 국제법을 위반한 보복적 성격의 조치였기에 한국 정부는 먼저 일본의 부당한 조치에 항의했다. 그렇지만 무엇보다도 문제 해결을 위해 한국의 업계는 재빨리 국내와 다른 외국 시장으로 눈을 돌렸다. 정부 차원에서는 중장기적으로 아예 반도체 소부장 가치사슬을 국내 산업체 중심으로 재편하는 정책을 수립하여 시행했다. 2년이 지난 2021년 현재 한국은 소부장 국산화 정책 시행으로 핵심 소재에 대한 대일의존도를 현저히 낮추었다. 그뿐인가? 일본이 중점적으로 수출을 막은 3대 핵심 소재는 대일 수입을 줄이거나 대체재 사용, 신규 공급처 확보를 통해 공급망의 안정화를 달성하였다. 정부 자료에 의하면 2019년 대비 2021년 반도체 주요 소재별 대일 수입 규모는 고순도 불화수소가 1/6, 포토레지스트가 1/2 수준으로 낮아져 오히려 일본의 소부장 산업이 크게 타격을 받게 되었다고 한다. 한국 경제에 타격을 주겠다는 일본 정부의 의도는 완전히 빗나갔다. 한국에게는 오히려 국내 주요 산업 원자재들의 외국 의존도 다변화와 소부장 산업의 국산화를 견인하는 계기가 되었다. 한국의 산업 기반을 강건하게 해주었다. 반면에 일본은 자국의 관련 소부장 산업에 큰 타격만 받게 된 것이다.

논어에 "사람이 민첩하면 공적으로 올릴 수 있다."고 말하고 있다.4) 한국인들이 변화에 민첩하게 대응하여 예상치 못한 성과를 올리는 것을 대변하는 말처럼 생각된다. 위 사례에서와 같이 한국인은 그동안 경제성장 과정에서 어려운 여건이 발생했을 때마다 환경변화에 민첩한 적응력을 발휘하여 위기를 기회로 활용했다. 한 단계 더 성장하는 계기로 삼아서 오늘의 누구도 생각지 못한 번영을 일군 것이다. 그것은 한국인에게 특유의 변화하는 환경에 강한 적응력이 있기에 가능했다는 견해이다.

대부분 한국인은 정착성이 강하며 근면하다.

이 역시 사계절이 분명한 터전에 농경사회를 이루어 살아온 영향이다. 어느 지역에서 땅을 일구어 농사를 지으려면 일정 기간 그곳에 머물러 살아야 한다. 씨를 뿌리고 그 결실을 수확하기까지 일정 기간이 소요되기 때문이다. 수확할 때까지 농작물은 계속 가꾸어야 한다. 그렇게 머무르다 보면 그 지역 환경에 익숙하게 되어 적응한다. 특별한 변고가 없는 한 다른 곳으로 이동하기보다는 농사를 지어온 곳에 머무르며 계속해서 농사를 짓게 된다. 이러한 순환이 반복되면서 농경사회 사람들은 농사를 지어온 곳에 정착해서 살려는 기질이 자연스럽게 형성된다. 피치 못할 사정으로 삶의 터전을 다른 곳으로 옮겨 농사를 짓게 되어도 그곳의 환경에 곧바로 적응하여 정착하게 된다는 말이다.

---

4) 논어 양화 6편

한국인의 조상들은 기원전부터 한반도에 정착하여 농업으로 생계를 유지해 왔다. 그런데 한반도는 대륙으로 연결되는 거친 북쪽을 제외하고는 동, 남, 서쪽이 바다로 둘러싸인 반도이다. 그들의 삶의 터전은 재해가 발생해도 다른 곳으로 이동해서 피할 수 있는 여건이 아니다. 그러한 지형적 여건에서 발생하는 자연재해들을 꿋꿋이 극복하고 적응하면서 살아온 것이다. 그것이 습성화된 탓인지 오늘날까지도 대부분 한국인은 한 곳에 자리를 잡고 살게 되면 더 좋은 곳을 찾아서 옮기는 것보다 그곳에 정착하려는 성향이 강한 듯하다.

기록이 남아 있는 과거 100여 년 전 어느 한국인들의 정착성을 나타내는 한 사례4를 소개한다. 1912년 출판된 러시아 칙령의 「연흑룡강지방 조선인」에 대한 보고서 내용 일부이다. 시베리아의 블라고베셴스크 사금장에 노동자로 고용되어 일하던 조선인들의 정착성에 대해 언급된 내용이다. "노동자로는 중국인, 일본인 및 조선인이 있다. 통상 조선인은 자비(自費)로 사면에 통나무로 둘러싸인 집을 짓고 산다. 가족이 있는 사람의 경우, 조선인의 아내는 남편이 일을 나간 사이 다른 조선인이나 중국인 노동자를 위해 재봉 일이나 세탁해주고 삯을 받는다. 조선인은 대체로 품행이 단정하고 성질이 온량하다. 러시아인과 잘 화합하여 어울린다. 술은 마시지만 만취해서 난폭한 행위는 하지 않는다. 소란 피우는 일을 좋아하지 않는다. 도박이나 아편을 하지 않는다. 동포나 타국인에 대해 중국인과 달리 강도, 살인을 목적으로 위해를 가하는 일도 없다. 조선인의 발병률은 러시아인과 비교할 때 매우 낮다. 이는 조선인이 청결하기 때문이다. 그런데 특이한 것은 몸이 아파도 좀처럼 의사의 진료를 받지 않고 대개 가정상비약으로 치료한다. 조선인 노동자는 이동이나 수적 변동이 드물다. 이는 그들이 오랜 기간 동안 노동하면서 사금 장 주위의 밀림 생활에 익숙하여 이동을 꺼리게 되었기 때문이다. 그들은 대부분 한곳에 정착하여 채소를 재배하거나 말을 사육한다. 처음에는 양배추나 무만 재배하였다. 근년에는 고구마와 그 밖에 채소들도 재배한다. 금광 업자들이 조선인들에게 귀리의 일종인 연맥을 주었더니 이를 사금장의 움푹한 곳에 가꾸어서 수확한 연맥을 사금장의 말의 먹이로 팔고 있다."고 기록되어 있다.

계속해서 다음 내용들을 기록하고 있다. 사금장 책임자의 입장에서는 황색인 중에 조선인이 제일 우수하다고 평가했다. 조선인들에게 부정적 요소로 토착·정착 경향이 있는 것을 들고 있다. 하지만 토착민들은 조선인의 사금장 정착이 러시아 국익에 폐해를 동반하지 않는다고 여겼다. 그 이유는 사금장이 밀림 중에 있고 사면이 소택지여서 자신들은 도저히 이주하여 살 수 있는 땅이 아니었기 때문이라고 적고 있다. 자국 토착민까지도 이주해서 살 수 없는 땅에, 조선인들은 경작해서 큰 성과를 올렸다는 기록이다. 그래서 종래 멀리서 조달해온 생산물들을 조선인들에 의해 현지에서 조달할 수 있게 되어 큰 이익을 얻었다고 기록되어 있다. 이 기록을 보면 조선인들의 땅을 기반으로 한 정착성은 가히 놀랄만하다고 아니 할 수 없다.

한반도는 사시사철 농사를 지을 수 있는 더운 지방과 달리 사계절이 분명하다. 사계절이 분명한 지역에서 농사를 지으려면 시기를 놓치면 안 된다. 씨 뿌리는 시기를 놓치면 거둘 것이 없다. 김매는 시기를 놓치면 수확이 줄어든다. 거두는 시기를 놓치면 농사를 망칠 수 있다. 부지런하지 않으면 살아남을 수 없는 환경이다. 이는 사계절이 분명한 지역의 농경사회에 사는 사람들이 근면한 이유이다. 그런데 이에 더해 한국인들은 선조 대대로 흰옷을 즐겨 입어 왔다. 그런데 흰색 옷은 관리가 어려운 단점이 있다. 흰색으로 천을 짜기 위해서는 표백과정이 필요하다. 표백된 옷감을 때가 타지 않게 관리하자면 많은 손이 가야 한다. 한국인들은 항상 흙먼지와 함께 땀을 흘리며 농사를 짓는 여건이었음에도 흰옷을 가장 즐겨 입었다. 그만큼 한국인들의 할머니들이 부지런하지 않았다면 불가능한 일이다. 한국인들에게 습성화된 세계적인 근면성은 이러한 사계절의 영향과 흰옷 선호 습성에 연유한다고도 할 수 있다.

한국인들은 더 높은 곳을 향한 열정이 강렬하다.

한국인들의 특성 중 한 가지는 더 높은 곳을 향한 열정이 강렬하다는 것이다. 이 역시 환경적 영향에 의해 독특하게 형성된 특성 중 한 가지이다. 이는 경쟁 상황에서는 강한 비교심리와 경쟁심을 유발하는 원인이 되기도 한다. 앞에서 언급한 대로 한국인들은 지질 및 지형, 기후, 지정학적 요인이 극히 도전적인 환경의 한반도에서 농경사회를 이루고 살아왔다. 제한된 농지에서 농사를 지어 생계를 유지하는 사람들에게 인구가 기하급수적으로 늘어나 먹는 입이 많아지면 본능적으로 생존의 돌파구를 찾아 나서게 되어 있다. 대외적으로는 남의 나라를 공격하여 양식을 약탈해 올 수도 있다. 대내적으로는 손바닥만 한 땅이라도 놀리지 않을 것이며, 산간벽지까지도 개간하여 농지로 활용하려 할 것이다. 한국의 선조들이 평화를 사랑하는 민족이어서 그랬는지는 모른다. 그들은 먹고사는 문제를 대외적으로 해결하려 하지 않았다. 환경에 적응하면서 대내적으로 해결하려 노력해왔다.

위에서 서술한 바와 같이 한반도의 인구는 조선왕조실록 등의 기록에 의하면 14세기 조선 개국 당시 100만 명에 미달하는 수준이었다. 20세기 초에는 1,000만 명 이상이 되어 500여 년 사이에 10배 이상으로 늘어났다. 1910년 이후 6·25 한국전쟁이 발발한 1950년까지 불과 40년 만에 남북한 인구는 2,600만 명 수준이 되었다. 기하급수적으로 늘어났음을 알 수 있다. 의학 기술의 발달 탓이리라. 조그마한 한반도에서 인구의 증가는 그에 반비례해서 배고픈 사람의 증가를 의미한다. 소수의 지주나 관료들을 제외하고 대부분 농업을 생계 수단으로 살아온 한국인의 조상들은 항상 인구가 증가한 만큼 더해지는 굶주림 속에 살아왔다고 해도 과언이 아니다. 오늘날 많은 북한 동포 중에는 "고깃국에 쌀밥 한번 실컷 먹어 봤으면!" 하는 마음을 가지고 살아가는 사람이 많다고 한다. 과거 한국인의 선조 대부분도 오늘의 북한 동포들 같이 살았는지도 모른다. 한국인의 선조들에게 심리학자 매슬로의 인간 욕구 5단계 이론을 적용해 보자. 그의 이론에 의

하면 인간의 욕구는 가장 긴급한 것에서부터 가장 덜 긴급한 것으로 그 중요도별로 일련의 단계를 형성한다. 가장 먼저 요구되는 욕구는 다음 단계에서 달성하려는 욕구보다 강하고 그 욕구가 만족하였을 때만 다음 단계의 욕구로 전이된다고 한다. 한국인의 선조들은 인간이 생존을 위해 가장 기본적으로 충족시켜야 하는 1단계 생리적 욕구인 허기를 면하고 생명을 유지하려는 항상성 욕구를 충족하지 못하고 살아왔다. 의식주 중에서도 몸이 정상적인 상태를 지속해서 유지하려는 배고픔을 면하기 위한 생리적 욕구 충족이 삶에 최우선 순위의 목표였음을 알 수 있다. 낮은 수준의 욕구일수록 더 강렬하게 나타난다고 한다. 한국인의 선조들은 항상 살아남기 위해 배고픔을 해결하겠다는 원초적인 욕구 충족을 최우선 목표로 강렬한 소망을 가지고 살아왔음을 대변해주고 있는 말이다. 늘 배고픔 속에서 배불리 잘 먹고 싶다는 강렬한 소망을 가지고 살아온 것이다. 그러한 탓에 한국인들에게는 현실보다 좀 더 나은 생활을 바라는 더 높은 곳을 향한 열정이 체질화되어 있는 것 같다. 현대적 용어로 "가난하고 굶주린 상태와 같이 아무것도 가진 것이 없는 듯한 마음가짐으로 무엇이든지 열심히 하는 자세"를 「헝그리 정신」이라고 정의한다. 대부분

한국인에게는 아직도 그러한 마음가짐이 체질화되었다고 말할 수 있다. 어쩌면 한국이 오늘날 선진국이 된 것은 한국인들의 저변에 내재해 있는 헝그리 정신 때문이 아니었나 하고 생각해 본다.

역사적 영향으로 형성된 특성

현재 한국인들이 주장하는 한민족의 반만년 역사에 근거는 고려 충렬왕 때 승려 일연이 쓴 『삼국유사(三國遺事)』에 처음 등장한다. 중국의 역사서인 위서(魏書)에 "지금부터 2천 년 전에 단군왕검(檀君王儉)이라는 사람이 있어 아사달에 도읍을 정하고 나라를 세워 조선이라고 부르니 중국의 요임금과 같은 때"라는 기록이다. 고조선이 형성되고 성장하는 과정을 나타내는 단군신화는 단군의 고조선 건국의 역사적 사실에 기초한 것이라 말할 수 있다. 인류의 역사적 사실들이 오랜 기간 동안 구전으로 전달되는 과정에서 신화로 발전해 왔기 때문이다. 고조선은 위만 조선시대를 거쳐 기원전 108년에 중국 한나라의 침략을 받아 멸망한다. 이후 삼국시대가 시작된다. 기원전·후 기간에 건국한 고구려, 백제, 신라 삼국이 7세기 중엽까지 서로 밀고 밀리는 투쟁의 역사가 계속된다. 결국은 신라에 의해 통일된 후 10세기 중엽까지 신라가 한반도를 지배하게 된다.

삼국이 통일되기 전 만주 및 요동 지역까지 세력을 확장한 고구려는 그 세력이 강성하여 중국의 통일 국가들과 필연적으로 무력 충돌을 야기할 수밖에 없는 상황이었다. 6세기 말 중국을 통일한 수나라가 고구려를 침공했으나 대패하여 결국은 나라까지 멸망했다. 수에 이어 일어난 당나라 역시 7세기 중엽 황제가 직접 고구려를 침입했다. 결국은 패퇴하여 철군했다. 그때까지만 해도 한민족의 고구려는 자신들의 능력으로 중국의 거대 통일제국인 수나라와 당나라의 침략을 연거푸 격퇴했다. 통일 신라 이후 한민족의 역사는 몇 개의 사례를 제외하고는 주변국으로부터 일방적으로 침략만을 받아왔다. 그들의 세력균형이 변할 때마다 침략받아 국토는 초토화되었다. 양민들은 학살당하거나 노예로 끌려가는 비참한 수모를 겪었다. 고려 이후 조선이 한반도를 지배한 기간 중 고려시대에 128번, 조선시대에 56번, 도합 184번의 크고 작은 이민족의 침입이 있었다고 한다.5 고려가 건국한 918년에서 조선이 망한 1910년까지 993년간 한국인들의 조상들은 이민족으로부터 평균 5.4년마다 침략을 당한 것이다. 잦은 이민족의 침략에 그 참상은 어떠했겠는가?

한국인들의 선조들은 13세기 중엽 당시 세계에서 최강의 세력이었던 몽골에 40년 동안이나 항쟁했다. 고려의 산하가 초토화되었지만, 게릴라 전법과 청야 전술로 대항하면서 살아남았다. 16세기 말 17세기 초 일본과 만주족의 침략을 받았다. 수도 한양은 점령당하여 궁궐은 불타고 전 국토가 황폐해졌다. 전국 방방곡곡이 약탈과 살인 방화로 인해 인구가 크게 줄어들었지만 살아남았다. 1910년 조선은 망하고 일본의 식민지가 되었다. 토지 및 산림의 약탈 정책에 의해 농민의 대부분이 대지주의 농노(農奴)상태에 놓이게 되었다. 1920년대 말 전후로 일제의 가혹한 수탈에 견디다 못해 많은 사람이 고향을 버리고 만주 등지로 떠났다. 오늘날 한국인들의 조상들은 한반도를 떠나지 않은 사람들이다. 자신들의 고유한 문화를 유지하면서 혹독한 시련에서도 살아남은 사람들이다. 어디 그뿐인가? 1945년 해방 이후

1950년 북한의 남침으로 시작된 동족상잔의 전쟁이 1953년 휴전이 성립될 때까지 3년 1개월 동안 계속되었다. 한국전쟁은 역사상 가장 비참했던 전쟁으로 평가되고 있다. 남·북한 합쳐서 대략 200여만 명에 달하는 인명 피해를 겪었다. 물적 피해도 막심하여 사회간접자본은 물론 주택의 ⅓이 이상이 파괴되었다. 오늘에 한국인들은 말 그대로 거의 남은 것이 없을 정도의 피폐한 상황에서도 죽지 않고 끈질기게 살아남은 사람들이거나 그 후예들이다.

유구한 역사를 가진 홍익인간 이념의 단일 민족임을 자부한다.

다수의 한국인에게는 홍익인간(弘益人間) 이념이 삶에 최고의 가치로 자리 잡고 있는 듯하다. 이는 대부분 한국인의 가치관이 자신들의 시조라고 생각하는 단군의 고조선 건국 신화에서 말하는 '인간사회를 이롭게 하는 것'임을 의미한다. 한국인들이 말하는 단군신화는 청동기 문화를 배경으로 고조선이 세워졌다는 역사적 사실을 반영하고 있다. 단군신화를 해석해 보면 고조선은 하느님의 후예임을 내세우는 환웅 부족과 곰을 토템으로 하는 곰 부족이 결합하여 건국되었음을 알 수 있다. 단군 조선에 대한 인식은 시대가 발전하면서 변천해왔다. 고구려·백제·신라의 삼국시대에는 단군을 우리 민족의 기원으로 생각하지 않았다. 삼국에 건국 신화가 독자적으로 존재하는 것이 이를 대변해 주고 있다. 후에 신라가 삼국 통일에 대해 일통삼한(一統三韓)을 강조함으로써 처음으로 삼한이 하나가 되었다는 사상이 시작되었다.

13세기 말 고려는 몽골의 복속국으로서 몽골 파견 감독관으로부터 일부 내정간섭을 받았다. 그 당시 문신이며 학자인 이승휴는 역사서 「제왕운기(帝王韻紀)」를 저술했다. 그는 당시까지 신화로 전승되어 온 단군신화를 한국사의 체계 속에 편입시켜 한민족이 단군을 시조로 하는 단일민족임을 제시했다. 또한 한민족은 중국의 한족과 구별되는 독자성·자주성·주체성을 가진 우수한 문화민족임을 강조함으로써 국민 각자가 자각하도록 유도했다. 민족의식 고취로 국민을 단결시켜 몽골의 정치적 간섭에 맞서려 한 것이다. 이후 한국인들의 유구성과 동원성을 강조하는 과정에 "한국인들의 시조가 누구인가?"라는 문제가 제기되었다. 조선 초기에 단군이 한국인의 시조로 확정되었다. 조선이라는 국호도 단군조선의 이름에서 비롯된 것이다. 조선은 단군을 한민족의 시조로 내세워 한 조상을 가진 단일 민족이라는 기치 아래 지역감정을 다스리려 했다. 세종은 평양에 단군 사당을 지어 제사를 지냈다. 강화도 마니산에는 하늘에 단군이 제를 올리기 위해 쌓았다고 하는 참성단이 있다. 고려·조선시대에는 실제로 단군에게 국가 제사가 행해지기도 했다. 그렇게 고려에 이어 조선에서까지 범국가적 차원의 단군이 우리의 조상임을 전제하는 행사들이 이루어졌다. 한국인들에게 단군이 그들의 조상이라는 인식이 자연스럽게 안주하게 된 것이다.

병행해서 설화로 전해져 내려오던 단군 신화가 역사에 편입되면서 13세기 이후 고조선에 대한 연구가 활발하게 진행되었다. 이후 나라가 외국의 침입으로 어려움을 당할 때마다 민족의 선각자들은 국난을 극복하기 위해 한민족의 역사성과 유구성, 단일성을 민중들에게 널리 강조하여 전파하였다. 구한말 일제 침략이 본격화되자 단군을 신격화한 대종교가 나타나서 단군 신앙을 전파하였다. 일제 강점기 시절에는 단군 신앙이 민족운동의 정신적 지주 역할을 했다. 민족적 역량을 결집하기 위해 당시 일부 정치인, 학자, 언론인 등은 여러 방면에서 단일민족이라는 의식을 기정사실로 부각시켰다. 그 결과 오늘날 한국인이라면 누구도 자신들이 오랜 역사를 가진 같은 조상의 후예들이라고 생각하게 된 것이다.

고조선은 언제 건국하였는가? 옛날 한반도에도 신석기 시대에서 청동기 시대로 전환하면서 농경이 발달하게 되었다. 청동기 문화의 영향으로 사유 재산이 생기고 빈부의 차이가 발생하게 되었다. 계급이 발생하면서 지배계급이 등장하게 된다. 이전까지의 평등 사회와는 다른 사회가 생기게 된 것이다. 새로운 사회 질서가 성립되었다. 이 시기에 고조선이 건국한 것으로 추정된다. 고조선은 건국이념을 홍익인간(弘益人間)5)으로 정했다고 한다. 세종대에 이르러 고조선에 대한 연구가 활발하게 진행되었다. 이후 고조선의 건국이념인 홍익인간은 우리 한민족의 정치·

---

5) 홍익인간이라는 말은 「삼국유사」 고조선조와 「제왕운기」 전조선기에서 고조선의 건국 과정을 전하는 내용 속에 나오는 말로서 "널리 인간세계를 이롭게 한다."는 의미임

교육에 최고 이념으로서 선조 대대로 면면히 전해져 지금까지 내려온다. 홍익인간이란 말은 『삼국유사』에 고조선이 이를 건국이념으로 하였다는데서 연유한다. 그렇게 유래된 고조선의 건국이념인 홍익인간은 미군정 시절부터 한국의 정식 교육이념으로 채택되었다. 1949.12.31일 제정·공포된 교육법 제1조(현재 교육기본법 제2조)에 "교육은 홍익인간의 이념 아래 모든 국민이 …인류 공영의 이상 실현에 기여하게 함을 목적으로 한다."고 분명하게 명시되어 있다. 당시 문교부는 홍익인간을 민주주의 기본정신과 부합되는 이념이며, 그리스도교의 박애 정신, 유교의 인, 불교의 자비심과도 상통하는 전 인류의 이상으로 보아 교육이념으로 삼았다고 했다. 현재 한국인들의 마음속에 「널리 인간 사회를 이롭게 함으로써 인류 공영의 이상 실현에 기여함을 목적으로 하는 홍익인간(弘益人間) 사상」이 그들의 삶에 최고 가치로 각인되게 만든 계기이다. 그러한 이유에서 한국인들은 자신들은 유구한 역사를 가진 단군을 시조로 하는 홍익인간 이념의 단일 민족임을 자부한다.

외세에 대한 불굴의 저항 의식이 강하다.

미물들도 위험을 직면하게 되면 살기 위해 필사적으로 저항한다. 하물며 사람들이야! 한국인들의 역사는 반도에 위치한 소국이라는 불리한 지정학적 환경 탓에 국난의 연속이었다. 한국인은 선조 대대로 국가가 약하면 국민이 피곤하다는 사실을 절감해왔다. 외세의 침략에 한국인은 불굴의 저항 의식으로 대항해 왔다. 고구려는 중국의 수나라와 당나라의 거대한 압력에 굴하지 않고 대항하여 당당히 물리쳤다. 고려는 거란 및 몽골의 수차례에 걸친 대대적인 침략에 끈질기게 저항했다. 몽골과의 40년 전쟁 시에 무능한 정부는 강화도에 피신하여 자신들의 안위만을 돌볼 때 백성들이 분연히 일어나 저항했다. 조선 역시 일본 및 만주 세력에 의한 대대적인 국토 침탈에 전 국민이 합심하여 저지했다. 특히 임진 및 정유재란 시에는 승병(僧兵) 및 의병(義兵)들이 기꺼이 목숨 바쳐 왜군을 저지했다. 일제 식민지하에서도 일제의 무력에 국민들이 분연히 맞서 목숨 걸고 3·1 독립운동에 참여했다. 위에 제시한 사례들은 외세 침략에 한국인들의 불굴의 저항의식이 얼마나 강인한지를 보여 주고 있다. 한국인들에게 나타나는 이러한 외세의 침략에 불굴의 저항 의식을 갖게 한 정신적 배경은 무엇일까?

　한국인의 선조들은 우리도 중국과 같이 오래된 역사를 지닌 민족임을 자부해왔다. 고조선의 단군왕검을 시조로 하는 유구한 역사를 가진 단일 민족이라는 의식으로 자주성이 강했다. 그 결과 거대한 중국의 침략까지도 고구려는 두 차례나 크게 물리쳤다. 신라 역시 삼국통일 후 중국의 간섭을 당당히 물리쳤다. 이후 한국인의 선조들에게는 아시아 동북방을 지배했던 고구려의 강인함과 신라의 자주성을 계승한 민족이라는 의식이 체화된 듯하다. 이에 더해 단군신화에 홍익인간을 고조선의 건국이념으로 설정한 것만 보아도 한국인들의 마음 저변에는 자연의 이치와 순리를 따르며 널리 인간세계에 이로움을 주는 사람들이라는 의식이 강하게 전래하여 내려온 것 같다.

그러한 사실은 다음의 역사적 사실들이 말해주고 있다. 고려는 1270년에 40년 가까이 항쟁한 몽골과 화해하게 되었다. 그렇지만 그들의 사위 나라가 되어 그들의 간섭과 문화의 침탈로 한민족의 자주성은 크게 손상을 받을 위기에 직면하게 되었다. 그러자 이를 극복하기 위해 중국의 역사와 대등한 위치에서 한국의 역사를 기술한 일연의 「삼국유사」, 이승휴의 「제왕운기」 등이 등장했다. 20세기 초 일제 식민 통치하에서도 한민족의 자주성이 크게 손상을 입게 되자 이를 일깨우기 위해 편찬된 박은식의 「한국 통사」와 신채호의 「조선상고사」 등이 등장했다. 이는 한국인들이 자신들은 중국인과 동일한 수준의 유구성이 있으며, 역사적으로 동질성도 갖고 있고, 홍익인간을 정체성으로 하는 자주성이 강한 민족이라고 생각하고 있었음을 보여주는 사례들이다.

다음은 일제 식민지하 한국의 언론보도 기록들6이다. "한국인은 순량하고 잔인성이 없다. 야만적이지 않고 윤리·도덕을 최고의 덕목으로 생각한다. 건강상으로도 우월하다. 대륙성, 해양성, 섬나라 성격을 두루 겸비하고 있다. 의기가 넘쳐도 평화적이다. 순박하지만 절대 우매하지는 않다."고 당시 한국인들이 자신들을 평가했다. 한국인들이 자신들은 "자연의 순리에 따라 인간세계에 이로움을 주는 사람"이라고 생각하고 있었음을 보여주는 사례이다.

이처럼 한국인들은 선조 대대로 자신들이 단군왕검을 시조로 하는 역사적 유구성과 동질성이 있어 자주성이 강하며, 인간세계에 이로움을 주는 민족이라는 자부심을 가지고 살아왔음을 알수 있다. 그래서 예로부터 자신들의 자존감에 손상을 주는 외세의 침략에 대해 저항 의식이 강했다. 이에 더해 중국으로부터 전래한 유학의 국가관이 외세에 대한 불굴의 저항 의식을 더욱 굳건하게 했다는 것이 필자의 견해이다. 삼국시대 한반도에 전래한 유학은 고려조 이후 명실공히 사회 지배계급의 사상으로 자리 잡게 되었다. 그런데 유학에서 추구하는 최고의 가치 중의 하나가 "見利思義 見危授命[6]"이다. 유학도에게 나라가 어려울 때는 목숨을 바쳐 나라를 지키는 것이 최고의 덕목이다. 그러한 사상이 의식화되어 한국인들의 선조들은 나라가 어려울 때마다 어려움을 극복하기 위해 빈부귀천 가리지 않고 분연히 일어나 저항했다. 고려 말이나 조선조 말에 정부가 무능하고 관료들이 부패하여 국민들의 생활이 피폐해졌는데도 정부 타도 반란이 대대적으로 일어나지 않았다. 설사 일어났다고 해도 명분을 얻지 못해 나약한 관군에 의해서도 쉽게 토벌되었다. 그러한 사실이 이를 뒷받침하는 근거라 할 수 있다. 이렇게 한국인들은 조상 대대로 오랜 세월 외세의 침략에 대항해 오면서 몸에 밴 외세에 불굴의 저항 의식과 그들의 내면에 각인된"見危授命(견위수명)" 사상이 습성화 되어 있는 듯하다.

---

6) 논어 헌문 13편에 일부 내용으로서 "이익을 눈앞에서 보게 되거든 그것이 옳은 것인지를 생각해 보아야 하고(견리사의), 나라가 위태로움을 당하면 목숨을 바쳐서 지켜야 한다(견위수명)."는 의미

보신 성향을 강하게 내재하고 있다.

1920년대에 일본인들은 조선인은 용기가 없고 비겁하며, 보신술에 능하다고 평했다.7 오늘날에도 다수의 한국인은 책임져야 할 언행을 나서서 하려 하지 않는다. 누군가가 먼저 말하고 행동하기를 기다린다. 그런 다음 형편을 살펴본 후 시도하는 것을 미덕으로 생각한다.

한국인들의 보신 성향이 강한 언행과 앞에 나서기를 꺼리는 습성은 한반도의 지질 및 지형, 토양에 기인한다고 말할 수도 있다. 그것은 노인들의 습성과 유사하기 때문이다. 그러한 이유에서 한국인들의 강한 보신 성향과 나서기를 꺼리는 습성은 지질 및 지형적 환경에 기인한다고 말해도 틀린 말은 아니다. 그렇지만 그에 더해 조선시대 발생한 역사적 사건들에 의해서 각인된 습성이라고 말하는 것이 타당하다는 견해이다. 조선시대에는 학자나 정치가의 용기 있는 일언일동(一言一動)이 때로는 멸신멸문(滅身滅門)의 화를 불러오는 사건들이 있었다. 이는 과거 조선의 정치사에 큰 어두움을 드리운 사건들이다.

조선시대 통치이념은 성리학이었다. 성리학에서 권력은 그 자체 쟁취가 목적이었으며 최고의 가치였다. 유교 이념은 옳고 그름만을 가르는 속성이 있다. 그러한 속성은 옳은 사람과 그렇지 않은 사람으로 관료들의 편 가르기를 가져왔다. 이러한 유교의 이념적 배경하에 조선조에서는 건국 초기부터 권력 쟁취를 위한 사건들이 발생했다. 권력 쟁취를 위한 1, 2차 왕자의 난, 사육신을 배출한 세조의 계유정난, 연산군 및 명종 시대의 4대 사화(四大 士禍)7) 등이 그 사건들이다. 권력 쟁취 사건이 발생할 때마다 많은 관료가 피해를 보았다. 자기들의 권력 유지를 위해 오로지 정적이라는 이유만으로 반대 세력을 무참하게 죽이거나 유배를 보냈다. 그 과정에서 정말 많은 사람이 억울하게 피해를 보았다. 정적 축출을 위한 처절한 옥사는 다시 그 이상의 옥사를 불러일으키는 악순환을 연출했다. 이러한 과정에서 당쟁이 발생하게 된 것이다.

16세기 후반 사림이 주도권을 잡았다. 정치무대에 진출하려는 양반의 수는 점점 많아지게 되었다. 양반들 사이에 경쟁과 대립, 반목은 불가피한 상황이었다. 식민사관에서 말하는 붕당정치가 필연적으로 출현한 계기이다. 붕당정치는 그래도 비판 세력으로서 반대 정치세력을 인정했다. 시간이 흘러 붕당 사이의 대립이 격화되자 반대 정치세력을 아예 정치무대에서 제거하는 쪽으로 발전했다. 숙종 연간(1674~ 1720)에 이어진 세 번의 정권교체 과정인 환국(還國)이 그것이다. 공론에 따른 국정은 사라지게 되었다. 오직 개인이나 가문의 이익만을 추구하는 국정의 혼란이 시작되었다. 권력 쟁취가 '살기 아니면 죽기식'으로 점점 격화되어 갔다. 권력을 장악한 부류는 살아남고 내몰린 양반들은 몰락했다. 이렇게 정치적 갈등을 거치면서 양반층은 자기 도

---

7) 연산군 4년부터 명종 즉위년까지 47년 동안 과거를 치르는 데 필요한 한문학·시무책 등을 중시하는 훈구파와 왕도정치 구현을 강조하고 경학을 중시하는 신흥정치 세력인 성리학파/사림파의 대결에서 4번에 걸쳐 조신(朝臣)과 선비들이 정치적 반대파에게 밀려서 참혹한 화를 입은 일

태의 길을 걷게 되었다.

　18세기 중엽 이후 붕당정치가 일당 전제 체제로 변질하여 왕권이 불안하게 되었다. 탕평론이 대두되게 된 연유이다. 순조 이후 왕권이 약해지면서 외척 가문이 국정을 독점하는 세도정치시대가 시작됐다. 극소수의 특정 가문 사람들이 사사로운 가문의 이익을 위해 권력을 독점하고 정국을 운영했다. 정치질서가 파탄으로 치닫기 시작했다. 세도 가문이 고위 관직을 독점하고 매관매직을 일삼는 사회가 되었다. 고위직의 매관매직은 다시 밑으로 내려가면서 하위직의 매관매직으로까지 연결된다. 결국은 가장 밑에 위치하는 무고한 백성들만 그 모든 피해를 보게 되는 구조이다. 백성들은 터무니없는 각종 세금까지 납부해야 했다. 지지도 않은 죄를 뒤집어쓰고 재물을 바쳐야 풀려날 수 있었다. 아예 정의가 실종된 19세기 조선 사회의 모습이다.

　조선시대 정치를 주도한 관료들은 권력을 쟁취하고 나면 생존을 위해 적과 동지를 구분했다. 권력 남용을 통해 자신의 파벌을 규합했다. 직책의 높고 낮음이나 국가에 공헌 유무는 중요하지 않았다. 오직 자신들의 반대파라는 이유만으로 자신들이 만든 명분과 윤리의 잣대로 참소했다. 삭탈관직에 유배, 참형, 사약에 의한 배제와 격리를 거침없이 자행했다. 그 결과 줄 한번 잘못 섰다가 멸문지화를 당한 경우도 있었다. 자기의 주장을 고집하고 주장하다가 멸문지화를 당한 사례는 허다했다. 생전에 대수롭지 않은 통상적인 언행이 화근이 되어 본인은 부관참시당하고 자손들까지 화를 당하는 사례까지 있었다. 제거 대상을 죽이거나 유배를 보내는 과정에서 얼마나 많은 주변 사람들이 억울하게 피해를 보았겠는가?

정치무대에서 자기의 뜻을 주장하다 반대 세력에 밀려 쫓겨나는 당사자는 그래도 덜 억울하다. 그와 같은 사람을 가족이나 친척, 동료로 두었다는 이유만으로 죽임이나 유배당하는 정말 억울한 경우도 많았다. 노비로 전락한 처절한 경우도 있었다. 도움을 기대하고 양반을 위해 열심히 일하다가 지지도 않은 죄를 뒤집어쓰고 고역을 치른 사람들도 많았다. 그러한 처지를 옆에서 지켜봤던 사람들이 오늘날 대부분 한국인의 선조들이다. 그들의 눈에는 그러한 상황들이 어떻게 비쳤을까? 피해자들의 처신에 대해 어떻게 평가했을까? '문제가 될 수도 있는 가능한 언행은 피하는 것이 좋다. 누군가가 먼저 나서기 전에 나서지 않는 것이 신상에 이롭다. 자신의 감정을 드러내지 않는 것이 현명한 방법이다.'라고 생각했을 것은 당연하다. 이러한 조선 정치사의 역사적 사건들이, 노년기 지질과 지형의 영향을 받아 강하게 형성된 한국인들의 보신 성향의 습성을 더욱 강화해 주었다는 견해이다.

자신의 소유에 대한 애착심이 강하며 사회 약자로서의 습성이 아직 잔재해 있다.

한 지역에 정착하여 농사를 짓고 사는 사람들은 토지에 대한 소유욕이 강하다. 목초지를 따라 계절마다 가축을 몰고 다니는 유목민과는 다르다. 과전법8)으로 대변되던 조선의 국가 토지제도가 16세기 이후 지주전호제9)와 병작반수제10)로 변천되었다. 그 결과 대부분 농부는 소수의 전답 소유주에게 매인 소작농이나 전답 소유주의 머슴이 되어 생활하게 되었다. 인구가 계속 증가하자 가진 사람들의 소작농에 대한 착취는 더욱 심해졌다. 그런데도 소작농이 전답을 빌리는 일은 점점 더 어렵게 되었다. 자연스럽게 머슴의 삯도 계속 줄어드는 상황이 되었다. 이러한 악순환은 조선이 망하고 일제 강점기를 거쳐 1960년 이후 한국에 산업화가 시작될 때까지 계속되었다. 한국인들의 대부분은 선조 대대로 그렇게 어려운 생활환경에서 남의 전답을 빌리거나 전답을 가진 사람의 머슴이 되어 생계를 유지해 왔다. 오랜 세월 농부로서 남의 전답을 빌어 생계를 유지한 사람이나 남의 집 머슴으로 살아온 사람들에게 자기 소유의 땅을 갖는 것은 염원이며 꿈이었다. 그러한 한국인 조상들의 오랜 염원과 바람이 자손 대대로 마음속에 누적된 듯하다. 한국인들에게 나타났던 1950~60년대의 농사를 지을 땅에 대한 강한 애착심이나 오늘날 자기 소유의 집(아파트)에 대한 강한 애착심이 이를 말해주고 있다.

---

8) 모든 토지를 국가가 농민에게 경작하는 권리를 보장해주고 그들에게서 조를 받는 공전과 국가가 개인에게 조를 거두는 권리를 준 사전으로 구분하여 국가 토지를 관리하던 제도
9) 조선 중기 이후 토지 겸병, 매입, 개간 등이 활성화되면서 토지를 소유한 지주와 그것을 빌려서 농사를 짓는 농민들로 이루어진 경제 체제
10) 토지의 소유권이 개인에게 인정된 지주전호제하에서 지주의 토지를 빌려서 경작하고 수확량의 반을 지주에게 바치는 제도

또한 소작농이나 머슴으로 오랫동안 살아온 사람들에게 공통으로 나타나는 습성이 있다. 땅을 빌려준 사람이나 일할 여건을 제공한 주인에게 고마운 마음을 갖고 있지 않다는 것이다. 그들은 항상 손해만 보고 있다고 생각하는 것이 원인이다. 누구나 사람은 근본적으로 자기중심적이고 타산적이다. 자기가 상대방을 어떻게 대하고 있는지 생각하기 전에 상대방이 나에게 어떻게 대하는지를 먼저 생각한다. 또한 자신의 입장을 항상 우선해서 생각한다. 그렇다 보니 도움을 받는 사람의 입장에서는 항상"조금만 더 도와주지!" 하는 아쉬움을 같게 된다. 도움을 받는 사람들이 자기는 항상 손해를 보고 있다고 생각하는 이유이다. 주인이 자기에게 땅을 빌려준 것이나 일자리를 마련해준 것에 대해 절대로 고맙다고 생각하지 않는다. 자기와 주인과의 계약은 가진 자와 못 가진 자의 계약으로서 근본적으로 불평등하다고 생각한다. 그에 더해 자기는 열심히 일해 준 대가로 삶을 받기 때문에 절대로 고마워할 이유가 없다고 생각한다. 위에서 언급한 대로 오늘날 한국인의 선조들 대부분은 소작농이나 머슴 같은 약자의 위치에서 어려운 삶을 살았다. 선조 대대로 그러한 약자로서의 습성이 마음 저변에 습성화되어 대부분 한국인은 매우 타산적이며 감사할 줄을 모르는 성향이 강하게 내재해 있다. 도와준 사람들에게까지도 고마워할 줄 모르는 사회 약자로서의 습성이 아직 잔재해 있다는 견해이다.

한국인들은 자기중심적 평등사상이 의식화되어 있다.

한국인들에게는 일제 치하와 해방 후의 정치적 혼란기, 1950년의 토지개혁, 6.25 한국전쟁, 교육 기회 확대 등을 통해 평등사상이 강하게 의식화되어 있다. 그런데도 오랫동안 유교 사상의 영향을 받아 자기중심적 평등의식이다. 조선은 일제 치하를 거치면서 철저히 망했다. 왕족이나 양반 귀족 등 기존의 지배층 권위가 인정되지 않았다. 더욱이 해방되면서 서양 문물이 무분별하게 밀려들어 와 근대화가 추진되었다. 그 과정에서 기존의 사회질서는 혼란에 빠졌다. 전통문화나 사대부, 기존의 지식인들에 대한 인식이 폄하되었다. 식민지 지배와 해방 후 무분별한 서양 문물의 범람 속에 사회질서 혼란기를 거치면서 한국 사회에서는 많은 전근대적인 불평등한 잔재들이 없어지게 되었다.

6.25 한국전쟁 발발 직후 한국은 부산을 포함한 일부 경남지역을 제외하고는 비록 3개월 미만의 짧은 기간이었지만 공산군 점령하에 통치받았다. 공산 치하에 있는 동안 많은 사람의 신분이 위·아래로 뒤바뀌었다. 공산 점령군들은 상민·천민 출신들을 공산당 프락치로 내세웠다. 또한 전쟁 기간 중 북한 인구의 3/8에 해당하는 300만 명이 남한으로 내려왔다. 과거 신분을 서로 모른 채 남한 사람들과 뒤섞이어 평등하게 살게 되었다. 오랜 세월 한국 사회를 지배해 온 양반과 상놈으로 구분되는 반상(班常)의식 같은 봉건적 잔재가 뿌리째 뽑히게 된 계기이다. 6.25 한국전쟁은 한국에 엄청난 인명과 재산의 피해, 그리고 파괴와 희

생을 치르게 했다. 그렇지만 어떤 종류의 혁명도 이루지 못할 전근대적 전통과 신분 질서의 잔재를 철저히 제거해 주는 계기도 되었다.8

1950년 이승만 정권이 시행한 토지개혁은 농촌의 민주화와 농업의 생산과 분배의 합리화가 목적이었다. 이를 위해 토지 소유권을 부재지주로부터 경작자에게 이양했다. 농사에 종사하는 농민 보호에 중점을 둔 토지개혁의 영향은 실질적이었다. 지주 계급은 소멸하고, 대부분의 소작농이 자작농으로 바뀌게 되었다. 이 역시 보이지 않는 가진 자와 가지지 못한 자 사이에 계급적 잔재를 제거해 주는 계기가 되었다. 이에 더해 한국전쟁 후 이승만 대통령의 국민교육 중시 정책 시행에 따라 많은 국민들이 민주주의식 고등교육을 받게 되면서 한국 사회에 자유민주주의 이념 확산에 따른 평등사상이 뿌리를 내리게 되었다.

진정한 민주주의적 평등사상은 남의 평등함도 존중하는 평등사상을 말한다. 이는 사회적 평등사상으로서 나의 자유와 권리가 존중받기를 원하는 만큼 상대방의 자유와 권리도 존중받아야 하며, 자유와 권리에 따르는 의무를 다하는 사상을 말한다. 그런데 불행하게도 한국인들에게는 20세기에 들어와 평등사상이 체화되면서 그 저변에 차등애적인 유교 사상을 배경으로 정립되었다. 그 결과 그들에게 체화된 평등사상은 자기중심적이며 아전인수식이다. 이는 과거 선조 대대로 심한 생존경쟁을 통해 몸에 체화된 성향이기도 하다. 한국인들의 자기중심적 평등사상은 말 그대로 사람은 누구나가 평등하다고 말하면서 자신의 자유와 권리만을 주장한다. 자신의 준수해야 할 의무는 안중에도 없다. 남의 자유나 권리에도 관심이 없다. 그러면서 남의 의무 준수는 강하게 요구한다. 그것이 한국인들의 평등사상이 자기중심적이며 아전인수식이라는 증거이다. 그런데도 한국인들에게 의식화된 평등의식이 새마을운동의 성공 동력으로서, 정치 민주화의 견인 동력으로서 큰 역할을 해 온 것도 사실이다.

한국인들은 새마을운동에 의해 열정과 신념이 강한 오늘의 한국인으로 개조되었다.

동글납작하며 가운데에 네모진 구멍이 있는 놋쇠로 만든 옛날 동전을 '엽전'이라 한다. 1970년대까지만 해도 일부 한국인들은 스스로 엽전이라고 자신을 깎아내려서 표현하기도 했다. "엽전이 하는 일인데 별수 있겠니?, 정말 마음에 안 들어!, 아무리 해 봤자 그게 그거니 말이야!" 등 한국인 자신을 깎아내리는 것도 모자라 자학하는 의미로 엽전이란 말을 많이 사용했다.

이는 어쩌면 36년 일제 식민 통치 기간 일본인들에 의한 식민 사관 주입의 영향일 수도 있다. 어쩌면 이는 일본의 식민 통치하에서 한국인들이 주권국가 국민이라면 당연히 받아야 하는 권리들에 대한 많은 제한과 구속에 기인한다고 필자는 생각한다. 아무리 능력을 계발하고 기술을 익혀 봐도 정상적으로 뜻을 펼칠 수 있는 여건이 안 되었다. 능력이 있고 기술이 있어도 그것을 펼칠 수 있는 여건이 전혀 되지 못했다. 자기 뜻을 펼칠 수 없는 벽에 부딪혀 좌절감이 싸이면 어떻게 되는가? 자포자기 상태가 된다. 그러한 악순환이 계속되어 체질화된 탓이라는 견해이다. 더욱이 1945년 해방이 되면 좋아질 줄 알았는데 조국은 남과 북으로 분단되었다. 동·서 이념 분쟁의 첨예화로 정치와 사회는 더욱 혼란에 빠졌다. 끝내는 동족상잔의 6.25 한국전쟁을 거치면서 살상과 파괴로 삶의 터전은 폐허가 되었다. 폐허 위에서 거의 희망이 보이지 않는 삶이었다. 입에 풀칠하기도 어려운 세계 최빈국에 국민의 삶이었다. 우리는 어쩔 수 없다는 자포자기식의 자학 의식이 당시 대부분 한국인을 지배했다. 그 결과라고 생각한다.

1960년대 초까지 한국의 기반 산업은 농업이었다. 농업을 기반으로 하는 사회에서는 농업 생산성이 인구 증가에 비례하여 증가하지 않는 한, 배는 그만큼 더 고프게 되어 있다. 앞에서 언급한 대로 조선 중기 이후 대부분이 소작농이었던 농민들은 같은 크기의 소작 농지를 대여 받기 위해 세월이 지나면서 점점 더 많은 소작료를 부담해야 했다. 임금노동자들의 품삯 역시 줄어드는 악순환이 지속되었다. 한국인의 선조들은 살아남기 위해 더욱 치열한 생존경쟁을 벌여야 했다. 오죽했으면, 조선말에 일본이 이길 경우 조선의 운명이 풍전등화의 상황이었음에도 러일전쟁에서 일본이 승리한 것에 대해 대대적으로 크게 축복했을까? 1910년 국권 피탈에 대해서도 조선 청년 대부분이 이를 반대하지 않았다고 한다. 더 나아가 일본의 옹호 하에 새로운 조선 문화를 건설하자는 데 찬성했다고까지 한다.[9]

그러한 기대와 달리 조선인들에게 불어 닥친 식민 지배의 시련은 점점 참혹해져만 갔다. 일제의 식민 통치는 무단통치(1910년대), 문화통치(1920년대), 민족 말살 통치(1930년대 이후)로 이어졌다. 그들은 먼저 조선인들의 땅을 빼앗았다. (토지조사사업: 1912~1918), 다음은 쌀을 빼앗았다. (산미증식 계획: 1920~1934), 그다음은 총동원령으로 모든 것을 빼앗아 갔다. 연합군의 승리로 일본의 지배에서 벗어나게 되었다. 해방되었지만 정치 이념적으로 혼란한 사회가 그들을 기다리고 있었다. 통일 대신 남·북한이 민주와 공산 국가로 분단되었다. 북한 공산 정권의 남침으로 발발한 3년간의 6.25 한국전쟁은 삶의 대부분을 파괴했다. 한국인들에게 남아 있는 것이라고는 폐허가 된 삶의 터전과 동족상잔의 아픈 상흔뿐이었다. 누가 보아도 희망이 전혀 보이지 않는 막막하고 비참한 환경이었다. 그곳에서 살아남은 사람들과 그 후예들이 오늘의 한국인이다.

1960년대 초 5·16 군사정권은 범국가적 차원의 경제개발을 도시 중심으로 시작했다. 이어서 말 그대로 농촌의 소득을 도시 수준으로 끌어올리기 위해 「새마을운동」을 채택했다. 이 새마을운동은 1970.4.22일 당시 박정희 대통령에 의해 제안된 '농촌 현대화 운동'이다. 이후 새마을운동은 범국가적 차원으로 발전하여 시행되었다. 새마을운동은 농어촌 근대화를 위해 1969.11.1일 발표된 농어촌근대화촉진법에 연원한다. 새마을운동은 조선 시대 향약11)에 기반을 두고 있다. 민중이 중심이 되어 자발적인 협동체를 조직하여 사회개혁 운동을 주도하도록 유도되었다.

1972.4.21일에는 박정희 대통령이 「새마을 노래」를 직접 작사·작곡하여 범국가적으로 보급함으로써 더욱 활기를 띠게 된다.

　새마을운동은 1960년대 말 농한기를 이용한 단순한 농로 넓히기와 가마니 짜기, 지붕개량, 산림녹화 사업 등 조그마한 농가소득증대사업에서 시작된 운동이다. 하지만 이는 오늘날 한국의 엄청난 경제발전의 기틀을 마련하였다. 세계적으로 유례가 없는 경제성장을 이룩하게 한 바탕이라 할 수 있다. 새마을운동으로 인해 농촌 경제는 활기를 찾았다. 사람들에게 열심히 일하면 잘 살 수 있다는 희망을 주었다. 경부고속도로가 개통되면서 물류수송이 빨라졌다. 국가 경제가 부흥하기 시작했다. 이런 새마을운동과 경제개발 5개년계획이 시발점이 되어 오늘날 한강의 기적이 이루어진 것이다. 민둥산에 대한 산림녹화사업이 성공했다. 해마다 겪어야 했던 가뭄과 수해를 극복하게 된 것이다. 이제는 오히려 울창한 산림 국가가 되어 정부에서 돈을 들여 간벌작업을 하는 것이 현실이다. 이처럼 1973년부터 시작된 범정부 차원의 새마을운동은 대대적으로 전 국민운동으로 확산, 전개되었다. 새마을운동은 오늘날 한국 경제성장의 기틀을 마련해 주었을 뿐만 아니라 한국인들에게 "우리도 노력하면 잘 살 수 있다."는 자신감과 그에 못지않게 "빨리빨리" 노력하는 근면성을 갖게 해주었다.

---

11) 조선시대에 좋은 일은 서로 권장하고, 잘못한 일은 꾸짖으며, 올바른 예속은 나누고, 재난과 어려움은 돕는 유교적 윤리를 지켜가자는 향촌 사람들 사이에 맺은 약속

1970년대 정부 주도로 시행한 새마을운동은 "우리가 무엇을 할 수 있겠나? 우리가 하는 것이 오죽하겠어!"하고 자포자기적인 자학 의식이 강하게 내재해 있던 한국인들을 "우리도 할 수 있다, 책임완수를 위해 빨리빨리 일해야 한다, 최선을 다하면 목표를 달성할 수 있다."는 자신감과 책임감이 강하며 자신의 목표 달성을 위해 열정적으로 일하는 오늘의 한국인으로 개조시켜 주었다.

우리는 할 수 있다는 자신감이 습성화되었다.

"쥐구멍에도 볕들 날이 있다."는 한국 속담이 있다. 역사적으로 모진 생활환경을 겪으면서 살아오는 과정에 생긴 속담이라 생각된다. 이루어진다는 것은 불가능하다 해도 마음이라도 위안을 얻기 위해 희망적으로 생각하자는 말이다. 요즈음의 한국은 1960년대 초와 비교할 때 쥐구멍에 볕이 든 경우 이상이라 할 수 있다. 한국인들은 오랫동안 막연하게나마 "쥐구멍에도 볕들 날이 있겠지!" 하는 실현 불가능한 희망을 품고 자신을 위로하면서 살아왔다. 그런데 새마을운동은 농사지을 땅이 없어도 자신이 성실하게 노력하면 잘 살 수 있다는 희망과 자신감을 느끼게 해 주는 계기가 되었다.

새마을운동은 국제사회에 농촌개발전략으로 소개된다. 그런데 이는 한국인의 「의식개혁 운동」이었다. 희망이 전혀 보이지 않았던 한국인들에게 우리도 할 수 있다는 신념을 불어 넣어준 정신운동이었다. 새마을운동의 기본이념은 「근면·자조·협동」의 정신을 가지고 어제보다 나은 내일의 새마을을 만드는 것이었다. 이는 국민 개개의 생활 향상과 자유로운 성장은 물론 당시 국가의 발전과 민족의 중흥을 이룩하려는 시대적 이념인 「조국 근대화 이념」과도 일치한다. 한국인들은 새마을운동을 통해 "우리도 하면 된다. 할 수 있다."는 신념을 갖게 되었다. 그러한 자신감에 더해 21세기에 들어와서는 이제 "우리도 노력하면 최고가 될 수 있다."는 세계로 뻗어나가는 한국인들의 기상을 갖게 해주는 기초를 마련해 준 것이 되었다. 이제 한국인들은 "할 수 있다고 믿는 사람은 그렇게 되고, 할 수 없다고 믿는 사람 역시 그렇게 된다."는 말을 믿는다.

소임 완수를 위해 매사에 서둘러 빨리빨리 일하는 것이 습성화되었다.

'빨리빨리'란 말은 이제 한국인의 대명사가 된 듯하다. 많은 외국인이 한국인 하면 말하는 것이 '빨리빨리'이기 때문이다. 그런데 분명히 알아야 할 것은 한국인들이 천성적으로 빨리빨리 서두르는 스타일은 아니었다는 것이다. 오늘날 한국인의 문화를 '빨리빨리 문화'라고 부를 정도로 한국인들에게 습성화된 것은 1970년대 범국가적으로 시행된 「새마을운동」의 영향 때문이다. 새마을운동을 하면서 해야 할 일들을 적시에 다하기 위해 '빨리빨리' 서두르다 보니 생활 태도로 습성화되어 버린 것이다. 새마을운동이 시행되는 과정에 한국인들은 '빨리빨리' 일해야 했다. 당시에 마을 발전을 위한 새마을운동에 참여해서 해야 하는 일들과 자신의 생업을 위한 일들을 동시에 해야 했기 때문이다. 이른 아침부터 빨리빨리 서두르지 않으면 해야 할 일 모두를 마칠 수 없는 상황이었다. 그로 인해 '빨리빨리' 서두르는 것이 습성화된 것이다.

한국인들은 일반적으로 "정서적이며 감정 기복이 심하다."고 말한다. 류성룡의 징비록을 참조하면 16세기 말 한국인들은 대체로 성격이 몹시 급했다. 무엇이든지 오래 지속을 못하는 성격이었다. 현재는 어떤가? 외국인들의 눈에 한국인의 가장 대표적인 기질적 특성은 매사에 서두르는 "빨리빨리식"의 급한 성격이다. 유사한 특성이다. 반면에 100년 전 외국인들에게 비친 조선인은 어떠했는가? "느긋하고 매사에 서둘지 않으며, 유장(悠長)[12]한 기질을 갖고 있다."는 기록이 있다.

---

12) 침착하여 성미가 느릿함

다음은 1910~1924년간 일본인들이 관찰하고 기록한 조선인들의 기질적 특성이다. "느긋하며 대범하고 침착하다. 성미가 느릿한 성격과 본분을 중시하는 성격, 긴장 속에서도 여유를 찾을 줄 아는 낙천성이 있다.10"고 언급하고 있다. 조선인은 감정 표현이 격렬하지 않다. 매섭거나 살벌하지 않다. 희로애락 모두에 여유가 있다. 온화하며, 봄바람같이 훈훈한 기상이다. 거동이 유유자적하고 서두르지 않는다. 걸음걸이도 여유와 위엄이 있어 가히 존경스럽다. 이런 장점은 당시 경성이나 지방의 양반, 토호, 세가 등 생활난을 모르는 사람들에서 현저하게 나타난다. 그렇지만 조선인 전부를 일본인 전부와 대조해 보아도 확실히 이 특성이 나타난다고 말하고 있다. 당시 경성에 거주하는 조선인 중에 생계 대책이 세워진 사람은 극히 소수에 불과했다. 대부분 빈곤층으로 내리막길을 걷고 있는 생활이 위험한 상황이었다. 그들의 의복이나 가마의 외관은 헤어졌다. 하지만 그 태도와 용모는 같은 상황에 부닥쳐 있는 일본인과 비교 시 황공해 하지 않는다. 신경질적인 기상13)도 극히 미미하여 전무할 정도였다고 한다. 시골의 농민들은 조선조 수백 년 동안 관청과 지주들의 착취 탓에 곡간이 항상 텅 비듯 가난하게 살아왔다. 그런데도 가히 일본의 농민과 똑같은 또는 그 이상의 낙천성과 느긋한 기상을 지녔다고 평가했다. 그리고는 조선인 전체가 너그럽고 소탈하다. 적어도 그렇게 보이는 태도와 용모를 갖추고 있다. 이러한

---

13) 자신의 초라하거나 구차한 외관에 대해 자신을 깎아내려 부끄러워하거나 불안해하면서 몹시 신경을 쓰는 기상

기상은 조선인의 장점으로서 아름다운 기질이라고 높게 평가했다. 재미있게도 "조선인들이 매사에 서두르지 않고 느긋하다."는 말은 100년 전 조선을 방문한 서양인들의 여러 기록에도 언급되어 있다.

그런데 100여 년이 지난 지금은 어떠한가? 오늘날 한국인의 모습은 참고 기다리지 못한다. 여유 있게 일하는 모습이 아니다. 더욱이 상대방을 배려하여 기다리거나 남과 같이 쉴 때는 쉬면서 일하는 모습과도 거리가 멀다. 일함에 있어서는 어떠한가? 특히 누구와 경쟁 관계에 있을 때는 매사에 쫓기듯 '빨리빨리' 서두르는 모습으로 묘사된다. 오죽하면 외국인들은 한국인을 보면 '빨리빨리!' 하고 연호하겠는가?

이렇게 16세기 말엽, 20세기 초엽과 중엽 이후 한국인들의 모습이 달리 나타나는 이유는 어디에 연유하는 것일까? 각 개개인이 천부적으로 부여받은 인간으로서의 본래 기질적 특성은 변하지 않는다고 한다.14) 그렇지만 어느 국가를 구성하고 있는 국민들의 객관적인 기질적 특성은 고정불변이 아니다. 오랜 세월 사회 및 환경의 변화 속에서 선조들이 겪었던 역사적 체험과 본인 삶의 경험에 따라 다르게 표출되기 때문이라 생각한다. 필자는 2000년 10월에 1980년도 중반까지 공산 체제하에서 살았던 사람들과 범국가적 차원의 초대형 무기체계 획득사업에 시험평가와 협상을 주관하는 과정에서 이를 경험한 적이 있어

---

14) 이제마 선생의 사상의학의 기본원리

아래에 소개한다.

필자가 그들을 만난 시기는 그 사람들의 국가에 공산정권이 무너진 지 15년 이상 세월이 흐른 후였다. 그런데도 그들은 조직에서 자기에게 주어진 일에 의욕이나 애착이 전혀 없었다. 절대 책임질 언행을 하지 않았다. 오로지 개인의 이해만 추구할 뿐이었다. 자기가 속한 조직이나 국가에 어떠한 책임감도 느끼지 않는 듯했다. 누구도 자국에 이익이 되는 시험평가 결과나 협상에는 관심이 없었다. 너무나 예상 밖의 그들 모습에 필자와 동료들은 어리둥절했다. 아마 70년 가까이 공산당 소수 특권층 지배하에 머슴으로 살다 보니 머슴의 기질적 특성이 몸에 젖은 때문이라고 결론을 내렸다. 이처럼 사람 각 개인의 기질적 특성은 오랜 세월 선조들이 겪어온 삶에 체험과 자신이 겪은 경험에 의해 다르게 표출될 수도 있다. 또한 보는 사람에 따라 다르게 보여질 수도 있다고 생각한다.

위에 서술한 내용을 정리한다. 16세기 말 조선인들은 서둘기만 하다가 중도에서 그만두는 모습이었다. 반면에 1910~20년대 조선인들은 느긋하고 대범하다 못해 여유 있는 모습이었다. 그리고 1970년 이후 현대의 한국인들은 매사에 쫓기듯 서두르는 모습이다. 이처럼 한국인들의 기질적 특성은 시대에 따라 전혀 다른 모습으로 나타났다. 그리고 다르게 보이기도 했다.

류성룡 선생은 징비록에서 서둘기만 하다가 중도에 폐지하는 모습으로 조선인들을 평하고 있다. 그것은 당시 조정의 수장으로서 그가 임진왜란을 겪는 과정에서 경험한 대부분 조정 대신들의 모습이 아닌가 싶다. 당시 조정 대신들이라는 사람들은 국가 존망의 위급한 상황에서 문제 해결을 위한 건설적인 제안이나 대책을 세우려 하지 않았다. 그저 임금의 눈치나 살펴 그의 의중 읽는 것에 바빴다. 상황에 따라 우왕좌왕 서둘기만 했다. 상황 극복을 위한 어떠한 대안도 제시하지 못했다. 그러면서 이해가 같은 사람들끼리 파당을 지어 건설적인 제안까지도 폄하하고 반대했다. 그러한 당시 조정 대신들의 모습을 오랫동안 보아온 결과 얻은 결론이라고 생각한다.

그 후 300여 년이 지난 20세기 초엽에는 어떻게 조선인들이 느긋하며 여유가 있는 아름다운 기질을 가진 모습으로 일본인들에게 보일 수 있었을까? 그 이유에 대해 당시 일본인들은 다음과 같이 기록하고 있다.[11] 첫째, 조선인은 기분이 유장(悠長)[15] 하여 감정의 격앙이 풍부하지 않음에 연유한다고 했다. 조선 속담에 "조선인의 얼굴 길이, 담뱃대 길이 및 기(氣)의 길이는 3장(三長)에 이른다."는 말이 있다. 이는 항상 무사한 데서 향락을 느끼는 조선 민족의 유장하고 느긋한 평정된 감정을 나타내는 표현이라 할 수 있다. 둘째는 조선이 범국가적 차원에서 극단적으로 예의를 중시한 데서 연유한다고 말하고 있다. 앞에서 설명한 대로 예로부터 조선인은 자기들이 사는 나라가 「동방예의지국」이라는 데 긍지를 느끼며 살아왔기 때문이라는 것이다. 예의에 근본은 너그럽고 화목한 데 있다. 능히 예의에 익숙한 조선인

---

15) 침착하여 성미가 느긋함

이기에 그들에게 태도는 당연히 매가 하늘을 날 듯 당당해야 한다. 기상이 너그럽고 느긋할 수밖에 없다는 논리이다. 당시 조선인의 유장한 모습의 원인에 대한 일본인들의 평가에는 일부 긍정이 가는 부분도 있다.

필자는 다르게 생각한다. 당시 조선인들의 생활환경 탓이라는 것이다. 일부 친일의 부유한 특권층 사람들은 큰 비용들이지 않고 값싸게 사람들을 고용하여 편하게 살 수 있는 환경이었다. 서두르거나 바빠야 할 이유가 전혀 없었다. 품삯을 받고 일하는 사람들의 위치에서도 품삯을 받은 만큼만 일하면 되었다. 역시 서두르거나 바빠야 할 이유가 없었다. 그렇다면 당시 대부분을 차지했던 일부 자작농이나 소작농의 경우는 어떠했는가? 아무리 열심히 일해서 수확이 많다고 해도 대부분을 지주와 일제에 수탈당했다. 열심히 일한다고 해도 그 대가가 자신에게 돌아오지 않는 환경이었다. 서두르며 바쁘게 열심히 일해야 할 이유가 없었다. 또한 조선왕조에서 500년 이상 선조 대대로 살아오면서 몸에 밴 유교의 「위선적 형식주의」도 유장한 조선인의 모습을 갖게 하는 데 한몫하였다는 견해이다.

1960년대 말까지 일부 한국인들은 어른들에게 아침에 "아침 잡수셨어요?"라고 인사했다. 어른들은 아침 식사를 하지 않고도 집에서 나올 때는 이를 쑤시면서 나온다는 말도 있었다. 전자는 당시 한국인들의 생활이 아침 식사도 거를 정도로 가난했다는 것을 의미한다. 후자는 오랫동안 유교 문화에 영향을 받아 습성화된 체면 중시의 일면이라 할 수 있다. 20세기 초 일본인들에게 보인 조선인들의 유장한 모습은 당시 조선인들의 위선적 체면 중시 문화와 서두르며 열심히 일해야 하는 이유가 전혀 없는 생활환경이 복합적으로 작용하여 나타난 결과라는 견해이다.

오늘날 한국인들은 "빨리빨리" 서두르며 일하는 모습이다. 한국인들은 1950년대 초까지 참으로 게으르고 나태한 모습이었다. 한국은 1950년 6.25 한국전쟁 발발 바로 전에 농업의 생산과 분배의 합리화를 위해 토지개혁을 단행했다. 당시 토지개혁은 국민의 70%에 가까운 소작농들을 자영농으로 만들어 많은 사람에게 자기 자신을 위해 일하는 계기를 마련해 주었다. 오랫동안 지주들에게 착취만 당해오면서 게으르고 나태하며 무책임한 모습의 한국인들을 열심히 일하는 근면하고 성실한 사람으로 바꾸는 계기가 되었다. 토지개혁으로 인해 근면하고 열심히 일하는 사람으로 바뀐 한국인들을 새마을운동은 "빨리빨리" 서두르며 일하는 모습으로 다시 한번 바꾸어 준 것이다. 무엇보다도 새마을운동은 한국인들에게"우리도 할 수 있다."는 의식을 심어준 정신운동이었다는 데 큰 의의가 있다. 또한 생활 근거지가 대부분 농촌이었던 당시 한국인들을 "빨리빨리" 서두르는 사람으로 만든 운동이었다. 새마을운동을 통해 사람들은 자신이 사는 마을에 초가집도 없앴다. 마을길도 넓혔다. 마을을 푸른 동산으로 가꾸어 새마을로 만들었다.

그러기 위해 마을 사람들 모두가 새벽이나 휴일에도 자신들이 사는 마을을 새마을로 만드는 데 필요한 일들을 해야 했다. 왜냐면 새마을을 만들기 위한 일들에 추가해서 각자 생업을 위해 해야 할 일들을 해야 했기 때문이다. 새마을로 만드는 일들을 새벽이나 휴일에 하지 않으면 생업을 위한 일할 시간이 줄어들 수밖에 없는 여건이었다. 당시 한국인들은 정말 새벽부터 휴일까지, 그에 더해 "빨리빨리" 서둘러 일하지 않으면 계획된 일들을 끝낼 수 없었던 상황이었다. 너도나도 일찍 일어나 서로 도와 땀 흘리면서 새마을 만드는 일들을 서로 협동해서 했다. 그리고는 자신의 개인적인 일들을 했다. 자연스레 매사에 "빨리빨리" 서두르는 태도가 습관화된 연유이다. 스스로 돕는 모습이 습관화된 것이다.

당시 무엇이 한국인들을 새마을운동에 적극적으로 참여하도록 유도했을까? 정부의 100% 무상 지원이 그 촉진제 역할을 했다. 마을 사람들이 서로 협동해서 마을을 새마을로 단장하는 데 필요한 일들을 계획대로 시행했을 경우 그에 든 시멘트, 철근 등을 마을 단위로 국가에서 모두 지원해주었다. 그에 더해 계획대로 시행했을 경우 지원을 확대해주었다. 한마디로 국가가 국민들의 새마을운동 적극적인 참여에 따른 보상을 분명히 해주었기 때문에 국민들을 "빨리빨리" 일하도록 만들었으며 새마을운동 또한 성공할 수 있었다. 당시 정부의 올바른 정책이 그렇지 않아도 근면한 국민들을 이제는 무엇이든지 "빨리빨리" 일하는 더욱 근면한 국민으로 만든 것이다.

외국인들 눈에는 한국인들은 항상 "빨리빨리" 서두르는 모습으로 보이는 듯하다. 오늘날에 한국인들은 모든 일에 자신감을 가지고 자신이 누려야 할 권리보다는 대부분 책임완수를 우선시한다. 해야 할 일들을 기한 내에 끝내기 위해 매사에 빨리빨리 서두르는 사람으로 바뀐 것이다. 한국인들은 무엇보다도 자신의 책임완수를 중요시한다. 한국인들의 자기 일을 완수하기 위해 최선을 다하는 성실한 모습 때문에 외국인들에게 빨리빨리 서두르는 모습으로 보인다는 견해이다. 서구인들도 자신의 책임완수를 중요시한다. 하지만 누려야 할 권리도 책임 이상으로 중요시한다. 규정에 명시된 책임만큼만 일한다. 동계와 하계휴가 계절에는 회사가 정상 가동이 안 될 정도로 자기의 휴가 권리를 누린다. 더운 지방에 사는 사람들은 예로부터 자연의 혜택을 받아 부지런히 일할 필요가 없었다. 부지런히 일하지 않아도 최소한의 의식주 생활이 가능하다. 그들의 눈에 개인의 휴가 권리보다 수행업무에 대한 책임을 우선시하고 성실하게 일하는 한국인들의 모습은 매사에 "빨리빨리" 서둘러 일만 하는 모습으로 보일 수밖에 없는 것이다.

한국인들은 성취욕구가 강해 자기 일에 열정적으로 매진하는 타입이다.

1990년 미국에서 '그레그 챔피온' 감독이 제작한 영화 제목에 「죽기 아니면 까무러치기(Die or Spit)」가 있다. 1969년 19세에 사관학교에 입교해서 56세까지 군 생활을 한 필자의 머릿속에 "죽기 아니면 까무러치기"라는 말은 낯이 익은 말이다. 어쩌면 20대 초반 젊었을 당시 사관학교에서 견디기 힘든 훈련이나 상황이 닥쳤을 때, 장교가 되어 전투기 조종하면서 신체적으로 극복하기 어려운 상황에 직면했을 때, 늦게 시작한 미국 유학 생활에 수학이 어려웠을 때 떠 올렸던 생각이라 그렇게 낯이 익은 말이 아닌가 생각된다. 자신이 견디기 힘들다고 생각될 때 호출하는 개념이다. "이 정도 어려움에 절대 물러설 내가 아니지!"하며 어려움을 극복할 수 있다고 다짐할 때 쓰는 말이다. 그런데 그러한 말이 미국 영화 제목에도 있는 것을 보면 이는 만국의 용어인 듯하다.

"죽기 아니면 까무러치기"란 개념의 최초 기록은 어쩌면 사마천의 사기 '회음후열전'에 언급된 배수진(背水陣)이 아닌가 싶다. 배수진은 정면에 위치한 적과의 전투에 대비해서 물을 등지고 설치하는 진을 말한다. 이는 병사들에게 "물을 등지고 있기 때문에 물러서야 물에 빠져 죽는 길밖에 없다. 살 수 있는 길이란 오직 정면에 적과 싸워서 격퇴하는 방법밖에 없다. 우리 모두 목숨을 다해 적과 싸워 승리하자!"는 각오로 설치하던 진이다. 즉, 옛날에 장수들이 상대적으로 강한 적에 대항해서 일말의 승리를 기대하면서 병사들에게 "죽기 아니면 까무러치기"식으로 싸워야 함을 강조하기 위해 설치했던 진을 말한다. 배수진의 개념으로 설명한 바와 같이 "죽기 아니면 까무러치기"라는 말은 어떤 일에 목숨을 걸 만큼 결사적인 각오로 임해야 할 때 사용하는 말이다.

한국인의 선조들은 수천 년 동안 사계절이 분명한 한반도에서 농경사회를 이루고 살아왔다. 그들은 70% 이상이 산지인 제한된 농지에서 농사를 생계 수단으로 살아왔다. 그 과정에 인구가 기하급수적으로 늘어나면서 그들은 먹고사는 문제를 환경에 적응하여 대내적으로 해결하려 노력해왔다. 당시 한국인 선조들의 어려운 생활을 나타내주는 사자성어가 초근목피(草根木皮)라는 용어이다. 얼마나 먹을 것이 없으면 풀뿌리와 나무의 껍질을 먹었겠는가? 그러한 선조들의 죽기 아니면 까무러치기식으로 어려움을 극복한 지혜 덕분에 오늘날 한국인들은 산에서 나오는 갖가지 산나물과 바다에서 생산되는 김, 미역/다시마, 파래, 감태 등 해초류 가공식품을 건강식품으로 즐겨 먹고 있다. 그러나 과거에는 굶주림을 면하기 위해 먹는 구황식품이었다. 특히 의술의 발달에 병행해서 16세기 이후 한반도에 인구가 지속해서 증가하면서 소수의 지주계급을 제외하고 대부분 농업을 생계 수단으로 살아온 한국인의 조상들은 항상 굶주림 속에 살아올 수밖에 없는 여건이었다. 항상 굶주리다 보니 한국인의 선조들은 생존을 위한 식욕 충족이 삶에 최우선 목표였다. 그들은 항상 인생에 일차적 생존 욕구인 배불리 먹고 싶다는 강렬한 희망을 품고 살아왔다. 그렇게 수백 년 강렬한 생존 욕구가 선조 대대로 쌓이고 쌓여서 한국인들에게는 현재보다 좀 더 나은 생활을 추구하는 강렬한 희망이 자신들의 하는 일에 열정으로 체화되어 나타난다는 견해이다.

그에 더해 한국인들은 1960년대 들어와 범국가적 차원의 경제개발이 시작되어서도 인적자산밖에 없는 환경에서 경제개발에 활용될 수 있는 인적 자원이 되기 위해 엄청난 경쟁 속에서 살아남아야 했다. 부단한 자기 계발을 위한 노력이 없이는 경쟁에서 살아남을 수 없는 환경이었다. 경제개발이 추진되면서 과거와는 성격이 전혀 다른 더욱 좋은 인적 자원이 되기 위한 치열한 생존경쟁 환경에서의 삶이 시작된 셈이다. 본인은 못 했어도 자식만은 일류대학에 진학시키겠다는 일념으로 자기 삶을 헌신하는 부모 세대의 처절한 삶! 경제개발 정책 시행 이후 최근에 한국인들의 삶 모습이다. 그렇게 치열한 죽기 아니면 까무러치기식의 생존경쟁 사회 속에서 살아남기 위해 투쟁적으로 살다 보니 한국인들의 시새움과 경쟁 심리는 강렬하다.

어쩌면 그러한 치열한 생존경쟁이 있었기에 위에서 언급한 범국가적 차원의 새마을운동이 성공했다고도 할 수 있다. 마을 간의 더 나은 새마을 단장 경쟁, 이웃 간의 더 많은 소득경쟁을 통해 사람들은 빨리빨리 열정적으로 일하는 사람으로 바뀌었다. 그러한 삶의 과정을 거쳐 우리도 할 수 있다는 자신감이 있는 오늘의 한국인으로 변화된 것이다.

한국인들은 수백 년 동안 1차 생존 욕구도 충족하지 못한 채 살아남기 위해 투쟁적으로 살아왔다. 그 결과 시새움과 경쟁심이 강렬하며 그 이상으로 자신이 목적한 바를 성취하겠다는 욕구 또한 강렬하다. 최근 새마을운동을 통해 "나도 최선을 다해 노력한다면 할 수 있다."는 자신감을 갖게 되었다. 그에 더해 치열한 경쟁 속에서 살아남기 위해서는 강자가 되어야 만이 살아남을 수 있다는 인식 또한 의식화되었다. 그렇다 보니 한국인들은 자신을 과소평가한다. 자신이 잘하는 것보다 잘못하는 것에 더 신경을 쓴다. 비교 우위에 서기 위해서는 특출나게 뛰어나야 하며 결점이 없어야 한다는 것을 강하게 인식하고 있기 때문이다. 그러한 연유에서 한국인들은 무엇이든지 극단적으로 접근하는 것처럼 보인다. 무엇을 하든지 일단 시작하게 되면 죽기 아니면 까무러치기식으로 반드시 끝을 보아야 한다는 듯이 행동한다. 술을 먹는 것까지도 끝을 볼 듯이 퍼마시지 않는가?

논어에 "말하면 반드시 실천하고, 행하면 반드시 성과를 거두는 사람"을 선비라 말 할 수 있다고 공자가 언급한 구절16)이 있다. 한국인들 사이에는 "남자가 칼을 뽑았으면 무라도 썰어야 한다." 말이 있다. 이는 "칼을 뽑았다면 그대로 칼집에 꽂지 않는다."는 속담의 또 다른 표현이라 할 수 있다. 이 속담은 아마 논어에 언급된 선비정신에서 유래된 말이 아닌가 생각된다. 성취란 목적한 바를 이룸을 말하며, 열정적이란 어떤 일에 열렬한 애정을 가지고 열중한다는 말이다. 자기 일에 성취욕구가 있어 열정적으로 매진할 때 무엇이든 이룰 수 있다는 견해이다.

이제 한국인들은 나도 최선을 다해 노력하면 목적한 바를 달성할 수 있다는 자신감이 있기에 목적한 바에 대한 성취욕구가 강하다. 말하면 반드시 실천하고 행하면 반드시 성과를 거두어야 한다는 마음속 깊이 내재해 있는 선비정신의 발현으로 자신이 수행하는 일에 매우 열정적인 것이다.

그러한 대표적 사례 몇 가지를 아래에 제시한다. 한국 사회에

---

16) 자로 20편

골프라는 운동이 그렇게 대중적인 운동이라고 생각되지는 않는다. 100년이 넘는 세월이 지나 올림픽 정식 종목이 된 여자 골프에서 한국에 여자 골퍼가 2016년 리우 올림픽에서 금메달을 차지했다. 그녀는 2021년 5월 기준 메이저 대회 7회 우승 기록 보유자로서 한국이 10년 동안 세계 여자 골프를 완전히 장악하는 데 기여한 큰 공로자이기도 하다. 한국의 여자 프로골퍼들은 1998년 박세리의 US 여자오픈 우승을 시작으로 지금까지 최소한 17명의 한국 여자골퍼들이 총 34번의 메이저대회 우승을 차지한 기록[12]을 보유하고 있다. 한국 여자골퍼들의 강렬한 성취 욕구와 열정적인 노력의 결과가 거둔 성과이다.

다음은 2022년 한국인의 혁신상(CES) 수상 사례[13]이다. 미국 소비자 기술협회(CTA)가 미국 라스베이거스에서 2022.1.5~7일간 개최한 세계 최대 가전·정보기술(IT) 전시회「CES 2022」에서 한국의 139개 기술·제품이 CES 혁신상을 받으며 최대 수상 기록을 수립했다. 2022년 CES 혁신상은 27개 카테고리별로 623개 기술·제품에 수여됐는데, 한국 기업은 역대 최대인 416개 회사가 참여, CES 혁신상 139개(22.3%) 기술과 제품이 수상함으로써 2020년의 101개와 2021년의 100개 수상 기록을 뛰어넘은 역대 최대 기록을 수립했다. 한국 기업들이 코로나 팬데믹으로 인한 어려움 속에서도 급변하는 환경 속에서 자신들이 생산한 제품의 경쟁력 강화를 위해 기술 혁신과 제품 개발에 꾸준히 매진함으로써 거둔 성과이다. 한국인의 목적한 바에 대한 강한 성취욕구와 그에 따른 죽기 아니면 까무러치기식의 노력의 결과가 아니겠는가? 또한, 아래에서 서술할 한국의 기능올림픽 연속수상 사례, 한국공군의 국제 에어쇼 수상 사례 등 한국인들의 목적한 바에 대한 강한 성취욕구와 목적을 달성하기 위한 최선을 다하는 열정적인 노력의 사례들은 수없이 많다.

한국인들은 '목표를 달성하기 위해 최선을 다해 노력한다면 할 수 있다.'는 신념을 가지고 있다. 그리고 원하는 목표를 향해 '죽기 아니면 까무러치기식'으로 열정을 가지고 정성을 들인다. 인간의 아름다운 모습이 아닌가! 이러한 모습에 공감하는 사람들에 의해 오늘날 한국인들은 세계 곳곳에서 환영받는 것이다.

사상 및 종교적 영향으로 형성된 특성

유교는 동양의 범신론적 토착 사상을 내포하고 있다. 오늘날 한국인들의 일상생활에서 많이 나타나는 특징들이 이 유교 사상에 연원하고 있음을 알 수 있다. 한국인은 선조들을 통해 2,000여 년 이상 유교 사상을 접해왔다. 그 결과 유교 사상은 한국인의 생활과 문화, 그리고 역사에 엄청난 영향을 끼쳐왔다. 그러한 까닭에 오늘날 한국인들의 생활 태도와 행동양식, 의식구조를 이해하는 데 유교와 분리해서는 거의 이해를 할 수 없을 정도이다.

유교 사상은 중국 민족의 오랜 역사 속에 생활화 과정을 거쳐 체계화된 사상적·문화적 전통이다. 기원전 108년 고대 중국의 한나라가 한반도를 주 강역으로 하는 위만조선을 멸망시키고 군현을 설치했다. 그로 인해 한반도의 일부 지역이 한나라에 편입된 적이 있다. 당시에 유교 사상은 중국의 한자와 함께 제자백가 사상들에 포함되어 한반도에 전해졌다고 추정이 된다. 이후 삼국시대에는 삼국이 모두 유교 경전으로 교육받은 인재를 관리로 등용하는 제도를 가지고 있었다. 사회규범 또한 유교 사상에 근거한 충(忠)과 효(孝)를 주축으로 하는 유교적 윤리 실천이 근간을 이루었다. 정치와 사회제도 역시 유교적 체제를 기반으로 구축되었다.[14]

이렇게 한국 사회에 점차 정착하게 된 유교는 이후 왕권 강화를 위한 국가의 통치이념으로 발전했다. 고려시대에는 치국의 근원으로, 조선시대에는 왕조의 통치이념으로 유교의 성리학이 정착하게 된다. 그 결과 성리학 사상은 110여 년 전까지 한반도를 지배한 조선왕조의 기본 통치이념이었다. 조선 왕조는 성리학 사상을 기반으로 법전 및 사회제도를 만들어 조선 사회를 500년 이상 통치했다. 그 결과 한국인의 선조들은 대대로 성리학 사상에 동화되었다. 오늘의 한국 사회의 일상에 나타나는 많은 한국인 특성으로 나타나는 습성과 성향들이 그에 연유하고 있음을 알 수 있다. 물론 도교나 불교, 토착 신앙 그리고 조선 후기 유입된 서양의 기독교 사상 역시 오늘날 한국인의 습성과 성향에 영향을 주었다고 말할 수도 있다. 그러나 그 영향은 상대적으로 미미하다는 것이다.

전통유교의 덕목들은 삼강오륜의 도덕규범 체계에 의해 확립되었다. 삼강오륜은 유교의 사서오경(四書五經) 등 경전에 내용이 아니다. 삼강오륜은 한의 동중서에 의해 유교의 기본이념이면서 전제군주 체제의 통치이념으로 보완·발전된 사상이다. 삼강오륜은 중국의 전한 시대 당시 정치·사회적 환경에 부합하도록 법가 및 도가 사상을 일부 흡수하여 새로이 생활 종교로 변형된 유교의 기본 도덕규범이다. 삼강의 특징은 자연의 중요한 원리와 인간의 근본이 되는 관계를 연계했다는 것이다. 하늘과 땅의 원리를 임금과 신하의 관계로, 양과 음의 원리를 남편과 아내의 관계로, 그리고 봄과 여름의 원리를 아버지와 아들의 관계로 비유했다. 이 세 가지 인간의 가장 근본이 되는 관계에서 지켜야 할 도리로서 전자에 대한 후자의 절대적인 종속을 제시했다. 이렇게 삼강은 전제 군주적 통치기준에 입각한 윤리로서 상하가 분명한 절대적이고 일방적인 윤리로 해석하여 적용했다는 것이 특징이다.

또한, 사람으로서 지켜야 할 다섯 가지 도리를 말하는 오상(五常) 즉, 오륜(五倫)은 유교의 인(仁)·의(義)·예(禮)·지(智)·신(信) 다섯 가지 덕목(德目)을 말한다. 공자는 인간이 구비해야 할 덕목으로 인(仁)을 가르쳤고, 맹자는 이에 의(義)와 예(禮)·지(智)를 추가하였으며, 동중서는 오행설의 개념을 적용하여 신(信)을 더해 사람들이 지켜야 할 기본윤리로서 오상설(五常說)을 확립했다.

이러한 삼강오륜이 한반도의 고대 삼국에 전파되어 왕권 강화를 위한 국가의 통치이념으로 점점 자리를 잡아가게 된다. 고려 시대에 와서 불교는 수신의 근본으로, 유교는 치국의 근본으로 삼았다. 유교 사상에 입각한 새로운 사회 질서가 마련되었다. 덕치와 왕도정치를 기반으로 유교 정치이념이 정립되었다. 관료 선발을 위해 과거제도가 시행되었다. 태조 왕건은 후대에 전할 가치가 있는 삼강 행실을 수록해서 후대에 전할 것을 유훈으로 남겼다. 그 결과 삼강오륜에 대한 도덕 지침은 백성들의 생활에 기본윤리로 퍼져나가 자리 잡게 되었다.

충(忠)과 효(孝), 절의(節義)에 대한 삼강행실을 기리는 비와 기록이 신라시대부터 고려 중기 이후 널리 퍼져 조선조에 들어 더욱 번성하면서 삼강오륜에 대한 도덕 지침은 백성들의 생활에 기본윤리로 정착하게 된다. 특히 조선의 세종대왕이 역사적으로 전해 내려오는 충신·효자·열녀 105명의 행적을 기록한 〈삼강행실도〉를 간행하여 널리 배포한 후 성종 12년, 영조 5년에 이르기까지 여러 번 중간되었다. 이에 더해 삼강에 위배되는 행위에 대해서는 세종 이후 강상죄라 하여 중한 벌을 부과하고 그 실천을 장려했다. 그러한 국가 통치 차원의 범국가적 정책 시행으로 삼강의 윤리는 백성들의 생활에 반드시 지켜야 할 기본윤리로서 자리 잡게 되었다. 또한 조선시대에는 성리학을 통치이념으로 고려시대에 수신의 근본으로 간주했던 불교를 배척하고 유교를 장려했다. 그 결과 유교의 윤리 규범들이 삶의 기본지침으로서 사회를 선도하던 학자 및 관료들에게 널리 퍼져나가게 되었다.

조선의 교육기관으로는 초등 교육기관인 서당과 중등 교육기관인 국가가 세운 한양의 4부 학당과 지방에 향교가 있었다. 고등교육기관으로는 서울에 성균관이 있었다. 16세기 이후 사림에 의해 지방에 사립대학에 해당하는 서원이 건립되어 교육의 기회는 더욱 넓어지게 된다. 서원에서는 각기 해당 서원에서 지정한 유학자를 제사 지냈다. 그 운영도 독자적으로 이루어졌다. 그 결과 학풍에 따라 다양한 정치세력을 배출하는 계기가 되었다. 서원은 교육과 제향 기능을 가지고 있었다. 관학의 향교와 달리 사학 특유의 자율성과 특수성을 바탕으로 양반들이 모여 여론을 형성하는 공공장소의 기능도 하였다. 어쩌면 서원은 해당 서원에서 정계에 진출하여 출세한 사람을 구심점으로 형성된 하나의 정치적 권력 집단의 기반 역할을 하였다고 할 수 있다.

조선을 건국한 관료들은 유교 이념 구현을 목표로 하는 선비들이었다. 선비들은 조선 사회가 안정되어 성장하는 과정에서 훈고와 사림으로 나뉘어 발전하였다. 사림(士林)은 성종 때를 전후해서 등장한 정치세력이다. 영남과 기호 지방에 사회적·경제적 기반을 두고, 인간의 심성을 연구하는 성리학을 학문의 주류로 삼고 성장하였다. 사림은 성리학 이외의 학문이나 사상을 이단으로 배격하였다. 중앙집권 체제보다 향촌 자치를 내세웠다. 기존의 사장17)을 중시하는 훈구세력과 대립해온 사림은 16세기 후반에 이르러 중앙 정치 무대에서 주도권을 잡게 된다.

사림이 중앙 정치의 주도권을 잡게 되면서 조선 사회는 성리학적 문화가 정착하게 된다. 그들은 불교·도교와 관련된 종교행

---

17) 과거 보는데 필요한 한문학·시무책 등 정치에 현실적으로 필요한 능력

사를 폐지했다. 유교적 가치관의 생활화와 향약을 통한 향촌 자치 사회 건설을 추진하였다. 그들은 세력을 확대하여 성리학의 원칙에 따르는 사회를 건설하려 했다. 그 결과 성리학적 유교 문화와 대립하는 어떠한 문화도 이단으로 배격했다. 유학의 도덕론과 관념주의를 강조하였다. 그 결과 예학[18]이 발달했다. 가정의례는 주자가례(朱子家禮)를 본보기로 하는 학문으로 발전하여 조선 사회에 뿌리를 내리게 하였다. 족보를 만들도록 유도하여 종족의 내력을 기록하고 암기하는 보학(譜學)을 필수교양으로 발전시켰다.

사림은 부계적 가계 계승 원칙하에 가부장 중심의 부계 중심 사회를 구축하였다. 또한 국가 차원에서 유교적 사회질서를 확립하기 위해 윤리서들을 편찬하여 보급하고 유교적 윤리의 실천을 적극적으로 권장했다. 종법 제도에 연원하는 주자가례를 보급하고 부계 중심의 친족들이 문중을 형성하여 향촌 사회를 이끌도록 권장하였다. 장자 중심의 상속 제도도 정착시켰다. 그 결과 아직도 오늘날 한국 사회 저변에는 과거 한국 사회를 지배해 온 유교의 기본이념인 삼강오륜과 성리학에 뿌리를 둔 향약의 생활 지침이 남아 있음을 알 수 있다. 한국인들의 의식체계에 체질화되어 윤리 의식과 생활 태도, 행동 양식들로 나타나고 있는 것이 그 증거이다.

---

18) 상장제례(喪葬祭禮)의 규범을 연구하는 학문

한국인들에게는 유교 사상이 의식화되어 나타난다.

현세적 가치를 중시하며 기복 신앙적이다.

교육심리학자인 칸트는 "어린아이에게 있어서 교육은 아무것도 쓰여 있지 않은 흑판에 글을 써넣는 것과 같고, 나이 많은 사람에게 있어서 교육은 낙서가 많은 흑판에 빈 곳을 찾아 써넣은 것과 같다."고 했다. 유교가 전래한 이후 한국인의 선조들은 어려서부터 유교적 가치관에 입각한 구사구용(九思九容)[19]을 배우게 되었다고 추정된다. 그 이유는 8세기 중엽 중국의 당나라 현종이 신라 사자에게 "좌작진퇴(坐作進退)[20]의 법도가 있으며, 예의가 찬연함을 칭찬하였다."는 역사적 기록이 있기 때문이다.[15] 기원전 100년 전후 한사군(漢四郡)이 한반도에 설치되면서 한반도에 유학이 공식적으로 수용[16]되었다. 고구려에서는 귀족 자제교육을 위해 중앙에 국립대학인 태학(太學)을, 지방에 일반 평민층 자제교육을 위한 사립학교인 경당(扃堂)을 설치하여 유교의 경전을 가르쳤다는 기록이 있다. 이를 고려할 때 일부 한국인의 선조들은 2,100여 년 전부터 어려서부터 유학의 경전을 접해 왔음을 알 수 있다.

그처럼 오랜 세월 한국인의 선조들이 접했던 유교(儒教)는 공

---

19) 유교의 육경에 하나인 예기(禮記)에 '아홉 가지 올바른 태도'와 논어(論語) 계씨 10편에 '군자가 지켜야 할 아홉 가지 생각'에 기초한 내용으로 주희의 소학(小學)에 포함된 내용이다.

20) 유교의 가르침에 기초한 일상의 앉고, 서고, 나아가고, 물러가는 일거일동의 방법

자 중심의 가르침을 말한다. 오늘날 한국인들은 유교와 유학을 특별히 구분하지 않고 혼용하여 사용한다.17 유교란 원래 윤리 도덕적인 의미가 강한 공자·맹자 시대의 가르침을 의미한다. 유학은 중국의 한대(漢代) 이후 유교를 이론적으로 체계화한 경학(經學)을 의미한다. 공자의 가르침인 유교의 목적은 수신·제가·치국·평천하(修身·齊家·治國·平天下)를 할 수 있는 군자를 도야하여 인덕(仁德) 정치를 실현함으로써 사회를 바로 잡는 것이다. 그래서 교육의 목표는 사람에게 인간애(人間愛)를 의미하는 인(仁)의 품성을 갖게 하는 것이다. 여기서 인은 부모에 대한 효(孝)로부터 발원하여 남에게 효(孝)·제(悌)·충(忠)·신(信)·예(禮)·의(義)·염(廉)·치(恥)를 공손하게 지킬 때 필연적으로 온 인류에게 퍼져나가게 되어 있다는 개념이다. 유교적 차원에서 개인적 배움의 목적(目的)은 인(仁)을 구비한 선인(善人)이 되는 것이다. 이는 수신·제가·치국·평천하를 할 수 있는 군자(君子)로 성장하는 것을 의미한다. 그렇게 하여 현실정치에 참여하게 되면 인(仁)으로써 백성을 다스리는 왕도정치를 구현하게 된다는 개념이다.

유교의 사상적 특성은 어떠한가? 고대 중국 사마천의 『사기열전』에 제자백가의 사상들을 논하면서 유학 사상에 대해 논한 내용이 있어 소개한다.18 역경(易經)에 따르면 세상사의 극치는 하나이나 거기에 이르는 사고 방법은 백 가지가 되며 귀착되는 것은 같으나 길은 다르다. 그중에 유가(儒家)의 학문은 경서(經書)와 주석(註釋)이 천만을 헤아릴 정도로 많다. 대대로 배워도

학문에 통할 수 없는 육경(六經)[21]을 법으로 하고 있다. 육경(六經)은 사람에게 세상사에 변화와 사실, 대의를 가르친다. 삶을 절도 있게 하며, 마음에 화목함을 일으켜준다. 정의(情意)를 창달시키는 내용들을 포함하고 있어 그 범위가 크고 넓다. 하지만 요점이 적고 번거로움이 많아 쓸모가 적다. 전면적으로 그것을 따르기는 어렵지만, 군신(君臣)과 부자(父子)간의 예(禮)를 순서 짓고, 부부(夫婦)와 장유(長幼)의 서열을 구별 지은 점은 바꿀 수가 없다고 했다.

유교 사상은 사람이 현실 세계에서 자신을 바르게 세워 사회에 정의를 실현할 수 있는 인간상으로 군자(君子)를 제시하고, 군자와 같은 지성인이 구비해야 할 삶에 덕목들을 포함하고 있다. 그리고 정의 사회를 구현하는 방법으로 예(禮)를 강조하고 있다. 예는 일이 발생하기 전 윤리·도덕의 실천을 통해 이를 예방하는 역할을 한다. 하지만 가시적으로 나타나지 않기 때문에 효과를 알기가 어렵다. 하지만 법(法)은 이미 발생한 일을 처리하는 기준으로써 그 효과가 눈에 잘 나타난다고 서술하고 있다. 이해가 가는 대목이다.

사람이 몸을 닦음에 가장 기본이 되는 효(孝)란 어버이를 섬기는 것이 처음이고, 임금을 섬기는 것이 중간이며, 입신(立身)하는 것이 끝이다. 그리고 이름을 후세에까지 날려 부모를 드러나게 하는 것이 큰 효라고 언급하고 있다.[22] 이는 유교적 시각에

---

21) 역경(易經), 서경(書經), 예기(禮記), 시경(詩經), 악경(樂經), 춘추(春秋)를 말한다.

서 사람이 심신을 단련함에 목적은 부모에게 효도하고, 훌륭한 관료가 되어, 덕망 있는 사람으로 성장하는 것이다. 그중에서도 최고는 후세에까지 이름을 남길만한 사람으로 지위를 얻고 출세하여 부모와 가문을 빛내는 사람이 되는 것이라고 사기 열전에 기록되어 있다. 이는 유교적 사회에서 인생에 최고의 가치는 사회에 훌륭한 사람으로 성장하여 후세까지 이름을 남겨 부모와 가문을 빛내는 것이라는 말이다.

유교적 가치관은 철저하게 인간이 모든 것의 중심이 되는, 인간의 관심과 이상에 집중하는 인본주의적 철학을 배경으로 하고 있다. 대부분의 인본주의적 철학은 인격적인 신(神)의 존재와 그 신성 및 영감을 인정하지 않는다. 그러나 범신론적 세계관을 배경으로 하는 유교는 신을 부정하지 않는다. 그렇다고 분명하게 인정하지도 않고 있다. 신의 존재에 대해 공자는 어떻게 생각하고 있었을까? 그의 언행록(言行錄)인 논어(論語)에 신 관련 특별한 언급은 없다. 그러나 "조상의 영혼과 천지신명에 대해서 가끔 언급하였다."는 기록, "야외에서 식사할 때는 반드시 고수레 제사23)를 하였다."는 기록, "사람으로 해야 할 도리에 힘쓰고 신을 공경하되 가까이하지 않는다면 지혜롭다."고 한 기록, "제사는 형식보다 성의와 공경하는 마음으로 받들어야 한다."고 말한 기록 등이 있다. 이를 종합해 보면, 일사일물에 신이 내재해 있다

---

22) 사마천의 사기열전 70편(태사공자서)에 아버지 사마담이 사마천에게 남긴 글 중에서
23) 무당이 굿을 하거나 들에서 음식을 먹을 때, 귀신에게 먼저 바친다는 뜻으로 음식을 조금씩 떼어 던지는 일

는 범신론적 사상에는 공감하고 있음을 알 수 있다. 그러나 비현실적, 비이성적, 초자연적 사고는 배격하고 있다. 현실적이며 이성적인 인본주의 사상을 우선하고 있음을 알 수 있다. 유교는 지극히 현실을 중시하는 인간답게 살아가는 데 필요한 생활 규범인 것이다.

한국인의 선조들은 2,000여 년 이상 유교 사상을 접해왔다. 그중에서도 조선시대에는 유교 사상을 국가통치이념으로 하여 설계 운영되는 사회제도들을 경험했다. 그 결과 오늘의 한국인들에게는 아직도 선조들에게 의식화된 유교적 의식과 사상, 가치관, 생활습성들이 많이 남아 있다. 그 대표적인 것 중의 하나가 다수의 60~70세 이상의 한국인들 마음속에 강하게 내재해 있는 '훌륭한 사람이 되어 가문을 빛내고 후세에 이름을 남기겠다.'는 인생에 가치관이다. 다른 사례로는 한국 기독교인들의 모습을 말할 수가 있다. 성경(마 6:8-13)에 "하나님은 네가 구하는 바를 알고 계시니 이렇게 기도하라!"고 기도하는 방법이 분명하게 명시되어 있음에도 "좋은 학교에 보내 달라! 좋은 직장을 갖게 해 달라! 아픈 병을 고쳐 달라! 부자가 되게 해 달라!"고 새벽부터 성도들이 함께 교회에 모여 기도하는 모습이다. 같은 목적이나 이유로 사찰에 가서 기한까지 정해 놓고 기원하는 불자들의 모습도 동일한 사례이다. 이 모두 사후세계보다는 현실 세계에서 원하는 바를 성취하기 위해 간구하는 한국인들의 신앙하는 모습이다. 아직도 한국에 기독교인들이나 불교인들에게는 현세적 가치를 중시하는 유교적 사상이 오랫동안 선조 대대로 마음 저변에 의식화되어 전해 내려와 남아 있다는 증거이기도 하다. 그러한 연유로 아직 다수의 한국인은 당연히 유교적 가치인 현세적 가치를 중시하며 신앙에서도 기복적인 특성이 강하게 나타나고 있다.

한국인들에게는 차등애적 사랑이 체질화되어 있다.

일반적으로 한국인들은 자신 및 가정을 최우선시하고 남을 배려함이 부족하다고 한다. 이 역시 선조 대대로 유교 사상의 영향을 받은 탓이다. 차등애적 사상이 의식화된 결과이다. 유교의 근본 가르침인 인(仁)이란 자기가 바라지 않는 것을 남에게 베풀지 않는 것, 사람을 사랑하는 것, 사람들에게 공손한 것, 다스림에는 공경하고 공손한 것, 관대하며 신의가 있는 것, 민첩한 것, 은혜를 베푸는 것24) 등으로 정의하고 있다. 일반적으로 사람에 대한 사랑을 의미한다고 할 수 있다. "네 이웃을 네 몸과 같이 사랑하라.25)"는 기독교적 박애주의 사랑이 아니다. 유교적 사랑은 차등애적 사랑이란 특징이 있다.

차등애적 사랑은 유교의 지침서인 논어에 면면히 흐르고 있는 사상이다. 논어에 "나만 못한 자는 벗으로 사귀지 말며, 벗을 사귐에 있어 성실하게 잘 이끌어 주되, 되지 않거든 그만두어 자신에게 욕됨이 없도록 해야 한다.26)"고 언급하고 있다. 사람

---

24) 논어 안연 2, 22편, 양화 6편
25) 마태복음 22장 39절
26) 논어 학이 8편, 안연 23편

을 군자(君子)와 소인(小人), 성인·현인·인자·군자·선인·선비, 유익한 벗과 해로운 벗, 알기만 하는 자와 좋아하는 자, 그리고 즐기는 자 등으로 차별해서 구분하고 있다. 모든 사람은 날 때부터 누구나가 똑같이 죄인이라는 것을 대전제로 하는 기독교와는 대조적이다. 논어에는 많은 내용이 사람들을 구체적으로 차등을 두어 구분하고 있다. 때로는 그 모습들까지 제시하고 있다. 그러한 서술형식은 이해를 돕는 데 효과적이며 교훈적이다. 반면에 사람들과의 인간관계를 맺어가는 과정에서는 무의식적으로 상대방을 차별적으로 평가하게 한다. 그리고는 차등적으로 대하게 한다.

원수를 대함에 있어, 기독교 사상은 "너희 원수를 사랑하며 너희를 핍박하는 자를 위하여 기도하라!, 형제가 나에게 죄를 범했을 때는 일흔 번씩 일곱 번이라도 용서하라!27)"고 한다. 노자 사상은 "원한을 은혜로 갚아라!"고 한다. 반면에 유교 사상은 "원한을 원한으로 갚을 수 없으니 강직 즉 올바름을 보여주어야 한다.28)"고 말하고 있다. 이 역시 유교에서 말하는 인(仁) 즉, 사랑은 박애주의적이기보다는 차등애적임을 단적으로 말해주는 구절이다.

유교는 사람이 자기 몸을 학문과 덕으로 갈고닦아 수신·제가·치국·평천하를 할 수 있는 능력을 육성하는 학문이다. 이는 사람이 먼저 자신의 심신을 닦아 바르게 정립하고, 가정을 올바르

---

27) 마태복음 5장 43절, 18장 21~22절
28) 논어 헌문 36편

게 세운 다음, 나라를 다스려 세상을 편안케 한다는 사상이다. 이 역시 차등적 사상을 기반으로 하고 있다. 나를 중심으로 나의 능력이 가정, 지역사회, 국가로 퍼져나가는 개념이다. 이러한 유교의 사람에 대한 차등애적 사상이 한국인들에게는 체질화되어 있다는 견해이다. 한국이 전 세계 1위의 입양아 수출국이라는 사실이 이를 말해주고 있다. 차등애적 사상이 의식화되어 있는 사람일수록 남의 자식은 절대로 내 자식이 될 수 없다는 생각 때문에 입양을 기피하기 때문이다.

다수의 한국인에게는 올곧고 강직한 선비정신이 마음 저변에 의식화되어 있다.

중국인에게는 춘추대의[29] 정신이 있다면, 일본인에게는 사무라이 정신이 있고. 한국인에게는 선비정신이 있다. 마음이나 정신 상태가 바르고 곧은 것을 올곧다고 한다. 마음이 굳세고 곧은 것을 강직하다고 한다. 한국에서 고위 공직자 인사청문회가 열릴 때마다 많은 국민들은 너나 할 것 없이 큰 허탈감과 자괴(自愧)에 빠진다. 일반적으로 사람들은 고위 공직 대상자로 임명될 정도의 사람이라면 보통 사람들과 다를 것이라고 생각한다. 또한, 공직자가 되겠다고 하는 사람이라면 최소한의 올곧음과 강직함이 있어야 한다고 생각한다. 그런데 그렇지 않았다는 데서 느끼는 감정인 것이다. 그의 삶이 너무 세속적이었으며 올곧지

---

29) 공자가 역사서인 〈춘추〉에서 내린 '사람으로서 마땅히 지키고 행하여야 할 엄중한 도리나 명분인 대의명분(Cause)'을 의미함

않았다는 사실에 큰 허탈감과 자괴감에 빠지게 되는 것이다. 그뿐인가? "당시는 관행이었다. 그때는 그럴 수밖에 없지 않았냐?"고 뻔뻔스럽게 말한다. 자신의 올곧지 못했거나 강직함을 견지하지 못한 행위를 전혀 부끄러워하지 않는다. 오히려 후안무치의 당당한 태도이다. 질문하는 사람들은 어떠한가? 똥 묻은 개가 겨 묻은 개를 나무라는 모습이다. 그런데도 낯 뜨겁게 자신들은 올곧음과 강직함의 대변인과 같은 그들의 오만불손한 태도는 국민들에게 분노와 허탈감을 더 느끼게 한다.

　모든 사람이 죄인임을 전제하는 기독교 문화에서는 공직자도 분명 죄인 중의 한 사람일 뿐이다. 반면에 지인정기치인(知人正己治人)30) 사상의 유교문화에서는 '공직자는 보통 사람보다는 다른 수준의 인격을 도야한 사람 즉 선비이어야 한다.'는 의식이 자리 잡고 있다. 논리적으로는 맞는 개념이다. 청문회에서 질문자들이 요구하는 한국 고위 공직자의 수준은 거의 무결점의 올곧고 강직한 인간을 요구하는 것 같다. 전과 기록까지 있는 파렴치한 수준의 정치인들이 자신들이 저지른 전과에 비하면 문제가 되지도 않는 피청문자의 언행에 대해 삿대질하는 행동이 그 증거이다. 그들에게 "왜 별로 문제가 되지도 않는 것을 문제시하느냐?"고 묻는다면, "도둑도 자식보고는 도둑이 되라고 하지 않는다."고 당당하게 변명할 것이다.

　역사적 시각에서 조선에 대해 질문하면 많은 사람은 조선 정

---

30) 사람이 무엇인지를 알고 나를 바로 세운 후 사람을 다스린다는 사상

부는 대내적으로 당파싸움에만 골몰하였다고 말할 것이다. 그로 인해 양민들은 양반과 아전, 토호들의 수탈 때문에 죽지 못해 목숨을 유지할 정도로 어려운 생활을 하였다. 대외적으로는 '힘으로는 대적할 수 없다.'는 전제하에 사대주의 사상이 지배적이었다. 모든 것을 중국에 의지하여 해결하려 하였다고 말한다. 사람들은 조선의 타율성·정체성·당파성·모방성 등의 용어에 익숙하다. 그런데도 조선 왕조는 전 세계에서 500년 이상 존속된 몇 안 되는 왕조 중의 하나이다. 물론 한반도가 변방에 위치한 지정학적 영향 때문이라고 할 수도 있다. 그렇지만 조선 왕조를 500년 이상 지탱할 수 있었던 무엇인가가 있었기 때문에 가능했음을 알아야 한다. 조선 왕조를 500년 이상 지탱하게 한 것은 유교의 덕치주의와 백성을 근본으로 생각하는 민본사상, 도덕과 윤리를 바탕으로 하는 왕도정치 이념이다. 인본주의를 바탕으로 하는 유교의 「선비정신」을 삶의 가치로 여기는 지배사상이 있었기에 가능했다는 논리이다.

그렇다면 한국인의 선조들이 추구해온 선비정신은 무엇을 말하는가? 유교에 가르침을 종합하여 선비의 덕목을 정리하면 다음과 같이 요약된다.31) 첫째, 말한 것은 반드시 실천하고 행하면 반드시 성과를 거두어야 한다. 부모에게 효성스러우며 이웃에게는 우애가 있어야 한다. 자기의 행동에 대하여 부끄러워할 줄 알며, 외국에 가서는 자기 나라를 욕되게 하지 말아야 한다.

---

31) 논어 태백 7, 자로 20, 헌문 3, 위령공 9, 자장 1, 자한 26편

둘째, 벗에겐 선을 간절히 권하고 형제와 화목해야 한다. 정의를 사랑하는 사람으로서 편안히 살기만을 생각해서는 안 된다. 셋째, 곤궁하고 급박한 경우를 당해도 지조를 지켜 불의를 저질러서는 안 된다. 오히려 정의를 위해 목숨을 내놓을 수 있어야 한다. 넷째, 떨어진 무명 도포를 입고 여우나 담비 털옷을 입은 자와 함께 서서도 부끄러워하지 않아야 한다. 남을 해치지도 남의 것을 탐내지도 않는 당당함이 있어야 한다. 이러한 선비의 덕목을 종합하면, 선비란 「국가가 위태로우면 목숨을 내놓고, 이득을 보게 되면 의로움을 생각하며, 제사(祭祀)는 공경해야 하고, 상사(喪事)에는 슬픔을 같이 나누는 사람」으로 정의가 된다.

그러한 선비정신이 면면이 조선시대 백성들에게 흘렀다. 그랬기에 나라가 어려울 때마다 목숨을 내걸고 선비들이 앞장서서 나라를 지키기 위해 저항했다. 그것이 500년 이상 조선왕조를 유지할 수 있게 한 것이다. 임진 및 정유재란 동안 전국 방방곡곡에서 선비들이 주축이 된 의병들이 왜적을 물리치는 데 큰 힘이 되었다. 조선의 국운이 다해가는 19세기 말 20세기 초 일제의 침략에도 분연히 일어나 앞장서서 대항한 것은 한국인의 선비들이었다. 그러한 조선 선비들의 태도는 올곧고 강직한 선비정신[19]이 자리 잡고 있기 때문에 가능한 것이었다. 유교 사상이 지배한 조선에 대한 부정적 시각 때문에 유교 사상을 대변하는 선비정신을 깎아내리기도 한다. 그래서 선비정신의 조선 사회 순기능을 정확하게 알 필요가 있다. 조선시대 선비들의 활동이 가장 왕성했던 지역이 안동이다. 그곳에서는 전국에서 가장 많은 326명이나 되는 독립유공자를 배출했다. 일제는 퇴계 종갓집을 의병 활동의 정신적인 본거지로 판단하여 두 차례나 불태운 바 있다. 이러한 사실들이 나라가 어려울 때 불의에 대항하는 올곧은 정신의 원동력이 선비정신이었음을 입증해 주고 있다.

을사늑약이 체결되자 안중근 의사는 의병이 되어 1909.10월 하얼빈역에서 조선 침략의 원흉 이토 히로부미를 사살했다. 윤봉길 의사는 1932.4월 상하이사변 전승 축하식장에 투탄하여 세계를 놀라게 했다. 일제하 많은 독립투사가 나라의 독립을 위해 목숨을 초개같이 내던지고 일제에 대항한 저변에는 "나라가 위태로우면 목숨을 내놓아야 한다."는 한국인의 선비정신이 있었음을 입증해준다.

요즈음도 거의 매일 한국의 언론 보도에서 고위 공직자의 비리는 말할 것도 없고 돈 많은 기업인들의 윤리적으로 올바르지 못한 행위까지 질타하는 내용들을 볼 수 있다. 이는 한국인들의 마음 저변에 한국 사회의 리더라고 한다면 최소한 선비정신으로 대변되는 올곧음과 강직함이 있어야 한다는 의식이 남아있기 때문이라고 생각한다.

다수의 한국인은 아직도 관료 지향적이며 인문을 중시하는 경향이 강하다.

다수 한국인의 학문하는 목적은 아직도 많은 사람이 관료(유력자)를 지향하는 듯이 보인다. 과거 오랫동안 유교의 영향을 받은 탓이다. 관료들은 인문 사회 전공자가 대부분이다. 기술보다는 인문을 중시한 데 기인하는 당연한 결과이다. 조선시대에 "3년 벼슬 살면 자손이 3대를 놀고먹으며 살 수 있다."는 속담이 있었다고 한다. 과거 한자 문화권의 중국과 한국 사회에서는 관료집단이 문화를 독점하여 개발하고 발전시켰다. 그들은 백성들을 가르치고 사회를 이끌었으며 국가를 다스렸다. 그 결과 과거 조선시대까지 한국의 문화에는 관료적 특색이 강하게 나타나고 있다.

중국의 경우 진(秦)의 시황제(B.C. 259~210)가 봉건제를 폐하고 군현제[32]를 실시했다. 관료에 의한 정치가 시작되었다. 한국의 경우는 신라 중기 태종무열왕(A.D. 654~ 661 재위)이 당나라의 관료정치 제도를 도입하여 운영했다. 그 이후부터 관료정치 체제였다고 말할 수 있다.[20] 중국과 비교해서 대략 800여년이 지난 후이다. 그런데 과거 관료 정치체제 하에서 관리는 현대의 관리 성격과는 여러 가지 면에서 다르다. 시대에 따라 다소차이는 있지만 관리 선발을 위한 과거시험 기준은 직무수행이나 관련 법률 지식의 유무가 아니었다. 유학과 문학 습득 능력이었다. 훌륭한 문장과 시를 짓는 능력이 관리 선발에 기준이었다. 말하자면 「관리=지식인」이라는 공식이 과거 유교를 통치이념으로 삼았던 중국과 한국에 오래전부터 확립되어 있었다.

이는 유교의 정의를 참고하면 이해가 가는 대목이다. 앞에서

---

32) 중국 및 신라·고려·조선시대에 실시한 지방 행정제도로서 국왕의 지배권을 강화하기 위해 지방을 직할지화하여 중앙으로부터 관리를 파견하여 통치한 제도

설명했듯이 유교란 종교가 아니라 도덕과 정치를 위한 가르침(敎學 思想)이다. 유교에서 학문의 목적은 이러한 가르침을 배우고 익혀서 수신·제가·치국·평천하를 이룰 수 있는 「군자(君子)」 즉, 세상을 올바르게 다스리는 사람을 육성하는 것이다. 학문의 내용은 '사람이 자신을 수양하여 군자가 되는 방법'이다[33]. 이처럼 유교를 통치이념으로 하는 국가에서 「지식인」이란 '자신을 수양하여 군자가 되어 정치에 참여하기 위해 학문을 하는 사람들'이었다. 유교 사회에서 관리가 되는 것은 학문을 추구하는 사람들에게 목표였으며 꿈이었다. 이는 논어에 "3년을 배우고도 벼슬에 뜻을 두지 않기란 쉽지 않으니라!"라고 언급한 구절[34]만 보아도 알 수 있다. 더욱이 관리가 되면 권력과 명성, 막대한 수입이 따르지 않는가? 당시 막대한 수입은 봉급이 많아서가 아니었다. 국가에서 지급하는 봉급은 국가의 세수에서 지급되었기 때문에 제한적이었다. 오히려 낮은 수준이었다. 이를 보충하고도 남음이 있었던 것은 뇌물과 부정 수입이 있었기 때문이다. 이는 과거에 교통 및 통신시설이 발달하지 않아 중앙으로부터의 감찰의 눈이 미칠 수 없다는 이유도 있었다. 그렇지만 당시 관료사회에서 묵인되었기에 가능했다. 정식 봉급만으로는 생활할 수 없다는 사실이 거의 공공연한 비밀로 되어 있었기 때문이다.

과거 중국이나 한국에서 관리는 권력과 명성 외에 어떠한 실업가도 못 미치는 막대한 수입을 보장 받으니 부러울 게 없었다.

---

33) 논어 자장 6편
34) 논어 태백 12편

세상에서 이만큼 축복받은 직업이 있을까? 유교 사회에서는 적어도 문자를 읽고 쓸 수 있는 사람이라면 누구나가 관리를 지망하는 풍조가 만연할 수밖에 없었던 이유이기도 하다. 인텔리라는 사람들은 모두 관리가 되거나 아니면 관리 지향형의 사람이 되었다. 지식인이라는 사람들이 관료 사회에 흡수당하게 되면 관리가 문화를 주관하고 독점하게 되어 있다. 과거 중국과 한국에서 사람들은 더욱 문화인이 되기 위해서도 관료를 지향하게 되었다.

과거 고려에서는 관료들이 정치권력을 귀족들과 나누어 가졌었다. 반면에 조선에서는 관료들이 정치권력을 독점했다. 과거 시험을 통과한 관료 중심의 정치체제로 발전한 것이다. 능력 위주의 사회가 된 것이다. 양인에게도 과거 응시 자격을 주었다. 학교가 늘어나 교육의 기회도 확대되었다. 조선시대에는 법적으로 양반·중인·상민·천민의 네 신분이 존재했었다. 최고의 지배층을 일컫는 양반은 원래 문반과 무반을 통칭하는 말이었다. 점차 유학을 공부하는 선비를 일컫는 말로 변모되어 오늘날까지 그렇게 인식되고 있다. 선비들은 관료가 되어 자신들의 신분을 지속해서 유지하기 위해 유학 공부에 전념했다. 관료의 삶을 추구했다. 학식이 높은 학자가 되기보다는 과거시험에 급제하여 관료가 되기 위해 학문에 힘썼다. 오늘날 한국인에게 각인된 의식이다. 오늘날 한국이 이룬 성취를 고려한다면 그에 걸맞게 여러 분야에 다수의 한국인 노벨상 수상자가 나왔어야 한다. 그런데도 전혀 그렇지 못한 이유는 무엇 때문인가? 대다수 한국인이 관련 해당 분야 발전을 위해 학문하는 것이 아니고 관료가 되어 좋은 직장에 들어가기 위해 학문하기 때문이다.

중인은 양반층 아래에서 행정 실무를 맡아보던 기술관·향리·서리·군교·서얼 등 하부 지배 신분 계층이었다. 일반 백성은 상민으로서 평민 또는 양민이었다. 가장 최하위층인 천인에는 백정·광대·무당·창기 등이 있었다. 조선 왕조에서는 농본 정책에 의해 양인들 대부분은 농민으로서 생산 활동에 종사했다. 국가를 지탱하는 근간으로서 국가에 전세·역·공납 등을 담당했다. 고려 시대와 달리 법적으로 교육을 받고 관료가 되는 길이 열려 있는 자유인이었다. 그러나 관료가 되기에는 매우 어려운 여건이었다. 오랜 기간 과거 시험을 준비할 수 있는 경제적 여유가 없었기 때문이다. 그런데도 양인들에게 부여한 과거시험에 응시 기회는 백성의 대다수를 차지하는 그들에게 큰 꿈을 갖게 해주었다. 어려운 만큼이나 자신들도 과거시험에 급제만 하면 관료가 되어 양반이 될 수 있다는 희망이 있었기 때문이다.

과거시험에 합격하여 관료가 되면 개인적으로 큰 영광이었다. 이에 더해 혈족들과 고향 사람들까지 자신의 과거 합격을 자랑스럽게 여겼다. 당시의 이러한 사회적 풍조는 더욱 관료가 되는 것을 선망의 대상으로 만들었다. 이름을 날릴 수 있었기 때문이다. 관료가 되면 그 직능에 따라 차이가 있었다. 지방관의 경우는 행정은 물론 사법권까지 부여받았다. 그런데도 그들을 선발하는 시험내용은 유교 정치이념을 구현하는데 관료에게 필요하다고 판단되는 한문학·시무책 등의 시와 문장 구사 능력이었다.

실무 현장에서 백성들을 다스리는 데 요구되는 실무 행정 능력은 아니었다.

반면에 사역원(통역), 형조, 전의감(의학), 관상감(천문·역법·음양술) 등의 관서에서는 해당 기술 과목을 교육했다. 필요한 특수 기술관은 잡과 시험을 통해 선발하였다. 잡과의 경우는 출사하였다 해도 하급 관리로서 양반이 아닌 향리·서리·군교 등과 같이 중인 신분에 불과했다. 그들의 고위직은 모두 유학을 공부해서 문과에 급제한 문관들의 차지였다. 인문 중시·기술 경시 사상이 고려조 이후 1,000년 가까이 국가 정책적 차원에서 유지되어 온 것이다.

유교 사회에서는 군자가 되기 위해 각 개인이 인성 함양에 정진한다. 유교적 차원에서는 이 인성 함양을 위한 실천과 훈련만을 학문으로 생각한다. 과거 조선시대 사대부들은 수학이나 과학은 단지 실생활에 이용할 수 있는 수준이면 충분하다고 생각했다. 수학에서 수의 성질이나 방정식의 근과 계수와의 관계와 같이 추상적인 문제는 필요하다고 생각하지 않았다. 논어에 "아무리 작은 기술에도 반드시 볼만한 것이 있기는 하다. 하지만 원대한 목표를 달성하는 데 방해될까 두렵기 때문에 군자는 그런 것을 하지 않으니라!35)"는 언급이 있다. 공자의 전문특수 기술을 깎아내린 이 구절이 동양의 유교 사회에 수천 년 전해 내려왔다. 이 구절이 유교 사회의 사람들에게 결정적으로 과학기술을

---

35) 논어 자장 4편

외면하게 하는 결과를 초래했다고 필자는 생각한다. 중국을 대표로 하는 유교권 국가들이 과학의 낙후 자가 된 것은 당연한 귀결이라는 견해이다.

　한국인들에게도 그러한 유교적 인식이 1,000년 가까이 전해져 내려와 의식화되어 있다. 그래서인지 1948년 대한민국 건국 후 시행해 온 현행의 고급 관리 등용문인 고시도 인문 사회 분야인 행정과 사법으로 나누어 시행되었다. 조선의 과거제도와 유사한 형태이다. 1970년대 이후 산업화가 급속하게 이루어지면서 행정관료만으로는 시대적 흐름에 적응하기가 어렵게 되었다. 이후 정부 차원에서 기술사 제도를 시행해 오고 있다. 일부 정부 고위직에 기술 관료들을 채용하기도 한다. 그런데도 아직 대부분은 행정관료 출신들이 정부 고위직을 차지하고 있는 것이 현실이다.

　옛날에 선비들은 "벼슬을 하면서도 여력이 있으면 배우고, 배워서 여력이 생기거든 벼슬해야 한다.36)"는 논어의 구절로 인해 끊임없이 학문에 정진했다고 한다. 그런데 미안하게도 고시에 합격하여 평생을 고위 공무원으로 지내신 분들의 학력을 고시와 무관한 직업에 종사해온 사람들과 비교해 볼 때 현저하게 차이가 나는 것을 발견할 수가 있다. 대부분 추가 학력이 없다는 것이다. 이는 "내가 고시까지 합격했는데 무슨 추가 학력이 필요한가?" 하는 교만한 마음 때문은 아닐까? 그것은 아니겠지만…. 한국 사회에 어두운 면을 견인하는 요인 중의 하나가 아니었으면

---

36) 논어 자장 13편

하는 마음이다.

또 다른 인문 중심 사회에서 나타나는 부정적 사례를 하나 제시해 본다. 조선시대 과거시험 준비의 현대판 모습은 정부 부처 고시 시험 준비 모습이다. 정부 관료를 지향하는 사람들은 대학교 재학 중이나 졸업 후 고시 시험을 치른다. 물론 재학 중 합격하는 경우는 대상이 아니다. 졸업 후 고시를 준비하는 사람들은 대부분이 합격할 때까지 고시 준비에 모든 것을 희생한다. 그렇게 모든 것을 희생하고 집중한 사람들일수록 자신의 고시 합격에 엄청난 자부심을 표출하는 모습이다. 물론 고시에 합격했다는 것은 현실적으로 정부의 5급 공무원 이상이 보장되었다는 의미이다. 당연하다 할 수 있다. 물론 그들 대부분은 자부심 못지않게 사명감을 가지고 열심히 노력한다. 문제는 능력이 없으면서도 고시 합격자라는 이유만으로 조직 내에서 고위직에 우선 승차한다는 것이다. 필자가 정부 부처에 있을 때 경험한 사실이다. 고위 공무원사회는 고시 출신 중심 사회이다 보니 자연스러운 모습이라고 생각한다. 아마 조선시대 관료사회 역시 같은 모습이 아니었겠는가? 어디 그뿐인가? 사람들은 정부의 고위직에 오른 사람들은 보통 사람들과 달리 모범적으로 생활하여 그 자리까지 승차한 것으로 생각한다. 물론 그러한 사람들도 적지 않을 것이다. 그렇지만 그들 중 상당수는 자식의 병역면제를 위해 자신의 고위 직책을 이용한다. 부동산 투기, 뇌물수수 등 비리를 부끄러움 없이 자행한다. 오늘날 한국인들을 가장 슬프게 하는 국회 청문회에서 나타나는 모습들이다.

21세기에 진입하면서 사회는 인공지능, 빅 데이터, 사물인터넷, 클라우드 시스템 등이 주도하는 지식/정보화 사회를 지향하고 있다. 우리 사회는 정보통신 기술의 발달, 정보 유통 네트워크의 확장, 다양한 미디어의 출현, 정보 서비스의 확장 등 기술 공학적 지원을 요구하고 있다. 실상이 그러함에도 오랫동안 형성되어 온 정부 고위 관료가 되는 것이 출세라는 외형적 가치는 아직도 많은 한국인에게 각인되어 있다. 그렇다 보니 과학이나 기술보다는 관료 지향적이며 인문을 중시하는 인식이 그들의 뇌리에 각인되어 나타나고 있다. 그렇지만 이는 미래지향적 차원에서 하루빨리 지양되어야 할 가치관이라 생각한다.

다수의 한국인은 체험적 직관37)을 중시하며 사변적 사고에 익숙하다.

한자문화권에 속하는 사람들은 학문하는 과정에 논리적으로 사물을 생각하고 무엇을 표현하는 것에 서투르다. 한자의 영향 때문이다. 형식이나 표현이 단편적이며 논증적이지 못하다. 한자는 고립어이며 뜻글자이다. 어미변화와 접사38) 등이 없다. 각 단어는 관념을 가지고 있으며, 문장 속에서 위치에 따라 문법적 기능을 하는 성질을 가지고 있다. 논리학에서는 단어의 뜻보다

---

37) 경험·판단·추리 등의 사유(思惟) 작용을 거치지 않고 대상을 직접적으로 파악하는 작용
38) 어떤 단어나 어간(語幹)에 첨가되어 새 단어를 이루게 하는 말. 접두사와 접미사로 나뉨.

는 오히려 단어들을 결합하고 연결해 주는 접사가 필요하다. 한자에 접사가 없다는 것은 논리학의 성립과 발전에 치명적인 결함이다. 한자문화권에서 논리적 사고가 충분히 발달하지 못한 연유이다. 그래서 논리적 사고보다 체험적 직관을 중요시하며 직관에 근거해 비유에 의한 표현이나 상징적인 표현이 발달했다. 그러한 표현들이 「논어」에 잘 나타나 있다.

불교의 경우, 중국 불교는 당말(唐末) 이후 선종과 정토교만이 왕조에 따라 흥망성쇠를 겪으면서 오늘날까지 전해져 내려오고 있다. 불교에 선종은 이심전심(以心傳心)·견성성불(見性成佛)[39]을 주장한다. 정토교는 나무아미타불[40]하고 염불만 하면 정토에 갈 수 있다고 주장한다. 이 사실 또한 이론보다는 간명하며 실천을 중시하는 한자문화권 사람들의 특색을 나타내는 하나의 단서이기도 하다. 특히 선종의 불립문자(不立文字) 사상은 중국을 포함한 한자문화권 국가들에 지대한 영향을 미쳤다. 중국을 포함한 한자문화권의 국가에도 뛰어난 기술이나 발명이 있었다. 그런데도 기술이나 발명이 체계가 정립된 과학으로 발전하여 전해 내려오지 못한 것도 그 영향 탓이라고 필자는 생각한다. 한자문화권 국가들에 지대한 영향을 미친 성리학 역시 체험적 직관을 중시하는 불립문자 사상이 그 저변에 깔려 있음을 알 수 있다.

---

39) 진리는 문자나 언어의 매개에 의하지 않고 마음과 마음의 상통으로서만 체득되는 것으로써 마음속에 있는 본성을 직관함으로써 참된 깨달음이 얻어진다는 의미로 체험적 직관이 진리로의 유일한 통로로 보는 불립문자(不立文字) 개념을 나타내는 말
40) 극락세계를 관장하는 아미타불에 귀의한다는 의미

전통사상 가운데 가장 오랫동안 한국인의 정신과 의식을 지배해온 것은 성리학이다. 송(宋)대의 유학자들에 의해 공자-맹자의 도통을 계승한다는 도통론이 정립되었다. 도통 의식에 기초한 경학 체계[41]와 그 철학적 기초로서 성리학이 확립되었다. 주자가 이를 집대성했다. 그들의 학풍을 도학이라 한다. 도학의 구성 체계는 경학, 정통론, 의리론, 성리학, 지행론, 수양론, 예학, 경세론 등 여덟 영역으로 구분된다. 이 중 성리학은 도학의 세계관을 철학적인 이론으로 제시한 것이다. 우주론과 인간론으로 대별된다. 우주론은 우주의 생성과 자연의 모든 이치를 설명하는 이기론으로 요약된다. 인간론은 인간 이해의 체계인 심성론으로 요약이 가능하다. 그런데 송대 주자학의 우주론이나 조선유학에 인간학의 문제들은 모두 경험이나 사실적인 근거에 의하지 않았다. 경학적 방법[42]과 사변적(思辨的) 사고[43]에 의해 체계화되었다. 그런데도 주자에 의해 구축된 주자학은 훌륭하게 완결성을 갖춘 철학 체계이다. 그렇지만 구체적 현실이나 사실에 근거하지 않고 너무 추상적인 관념과 표상에 치우쳤다. 그 결과 학문적으로 관념적이라는 한계가 있을 수밖에 없다. 또한, 내용은 구질서의 보전 유지와 체제의 수호를 지향하고 있다. 체질적으로도 보수적이라는 한계를 내재하고 있다. 또한 성리학은

---

41) 시(詩)·서(書)·예(禮)·역(易)·춘추(春秋)의 오경(五經)과 논어(論語)·맹자(孟子)·대학(大學)·중용(中庸)의 사서(四書)의 뜻을 해석하거나 천술(闡述)하는 학문
42) 경서의 뜻을 연구하는 방법
43) 경험에 의하지 않고 순전히 사유만을 통해서 인식에 도달하도록 생각하고 궁리함

체험적 직관을 중요시하는 불립문자 사상하에 경학적 연구 방법과 사변적 사고에 강하다. 한국인들은 고려말 성리학이 전래한 이후 선조 대대로 그러한 성리학의 영향을 받으며 살아왔다. 그 결과 한국인들은 오늘날까지도 논리적 사고보다는 체험적 직관을 중시하며 사변적 사고에 익숙한 편이다.

관념적이어서 논리적 문제해결 능력이 부족한 편이다.

독립운동가 이동휘 선생은 도산 안창호 선생의 계몽사상에 공명하여 일찍이 개화운동에 투신한 사람 중 한 명이다. 그는 3.1운동 후 상해 대한민국임시정부의 군무총장과 국무총리까지 역임했다. 그에 대한 당시 러시아 레닌의 평가는 한국인의 단면을 여실히 보여주는 대목이라 할 수 있다. 그는 당시 상해 임시정부의 국무총리로서 크렘린궁을 방문했다. 만주 지역 조선인의 적화에 필요한 자금 30만 엔을 레닌에게 청구하기 위해서였다. 레닌은 그에게 조선의 만주 철도 경정 킬로수와 그 부설 예정선, 만주 조선인의 생산능력, 학교 교육 보급상태, 은행 수, 조선과 일본이 운영하는 은행의 공칭 총자본금 규모 등에 대해 질문을 했다. 그런데 그는 한 가지도 만족스럽게 대답하지 못했다고 한다. 그러자 레닌은 다소 노기를 띤 채로 "조선인은 무척 달변이지만 실내용이 없다. 조선을 어떻게 해서 기세를 회복시키지 않으면 안 된다느니, 이렇게 해야 한다느니 하면서 웅변을 토한다. 하지만 과학적으로 조선을 논할 수 있는 인물은 지금도 옛적에도 나는 한 명도 만난 적이 없다. 조선의 내정도 모르는 자가 무슨 적화를 이룰 수 있겠는가? 그들이 말하는 것은 전부 나에게는 잠꼬대로 밖에 들리지 않는다. 더욱더 공부해야 한다."고 말한 것이 기록되어 있다.21 이는 오랫동안 경학적 연구 방법만을 강조해온 성리학의 영향 탓이다. 명분과 도리에 익숙할 뿐 문제해결을 위한 과학적이며 논리적인 접근 능력이 부족함을 보여주는 전형적인 일화이며 사례라고 할 수 있다.

중국의 한자문화권에서 살아온 사람들의 특색은 사고와 표현에 논리성이 부족하다. 반면에 체험적 직관에 따른 비유와 상징적 표현에 능하다. 체험적 직관을 중시하며 사변적 사고에 익숙하다 보니, 논증적인 이론보다는 체험적 실천을 좋아한다. 구체적으로 하나하나 검증하기보다는 단순하게 사실 여부 확인을 선호한다. 그 결과 한국인들은 일반적으로 명분과 도리에 익숙하다. 실사구시보다는 관념적이다. 그러한 이유에서 과거에는 논리적이며 과학적인 문제해결 능력이 아주 취약한 편이었다.

다수의 한국인은 타협에 서투르다.

한국인들은 "목소리 큰 놈이 논쟁에서 이긴다."고 말한다. 이는 다음과 같이 의미하는 바가 여러 가지다. 논쟁이 논리적으로 이루어지지 않음을 의미한다. 자기주장의 흠결은 생각하지 않고 상대방 주장의 흠결만 공격함을 의미하기도 한다. 상대방의 주장에 대해 심사숙고하지 않음도 의미한다. 논쟁이 합리적으로 이루어지지 않으며 또한 힘이 있는 쪽이 이긴다는 의미이기도 하다. 이는 한국인들이 논쟁의 주제에 대해 옳고 그름은 중요하지 않으며, 목소리를 높여 강하게 주장하여 상대방의 기를 꺾을 수 있으면 논쟁에서 이길 수 있다고 생각함을 의미한다.

한국인들은 타협에 서투르다. 한 가지 사안이나 일에 대해 서로 다른 의견을 가진 사람들이 모여 토론을 통해 좋은 결과를 도출하는 토의문화에 익숙하지 않다. 사상에 고착성이 강해서 자신이 한번 옳다고 생각하면 그와 상반되는 생각은 무조건 그르다고 생각한다. 경쟁심이 강해 자기주장을 절대 양보하려고도 하지 않는다. 감정적이며 다혈질이다. 자기 의견에 상대방이 이의를 제기하면 그 옳고 그름을 떠나 화부터 낸다. 자신에게 불리한 상황이 되면 그러한 감정적 특성이 더욱 두드러지게 나타난다.

한국인들은 자신의 주장이 틀렸다는 증거 앞에서까지 자신의 주장에 오류를 인정하거나 수용하지 않는 성향이 강하다. 한국인들이 버려야 할 가장 좋지 않은 태도 중의 하나이다. 이는 한국인들이 실사구시적이기 보다 관념적이며, 논리적이며 과학적인 접근보다는 직관적 체험을 중시하기 때문에 나타나는 행동양식이다. 논리적이거나 과학적인 증거보다 자신이 마음속에서 옳다고 직관적으로 판단한 것을 믿는 품성이 체질화되어 있기 때문이다. 한국인들은 자신이 한번 옳다고 주장을 하게 되면 절대로 틀리지 않았다고 굳게 믿으며 굽히지 않는 성향이 강하다. 그러한 연유로 한국인들 사이에서는 토론 문화가 성숙할 수가 없는 것이다. 대부분이 자신의 주장에 오류가 있음에도 인정하지 않는데 어떻게 토론할 수 있는가? 대부분이 상대방의 호의적인 지적에 대해서도 격렬한 반격과 성토로 일관한다. 종국에는 감정적 싸움으로까지 번지는 것이 다반사이기도 하다. 한국인들은 정말 자기주장의 오류를 쉽게 인정하지 않으며 타협에 서투르다는 것이 특징 중의 하나이다.

한국인들에게는 전통 유교의 도덕규범이 각인된 듯하다.

한국 사회는 윤리가 지배하는 안전한 사회이다.

윤리란 사람이 살아가는데 지켜야 할 도덕 및 규범이 되는 원리와 인륜을 말한다. 유교 사상 내지 도덕규범은 조선시대에 들어와 정부 정책에 따라 초등·중등·고등교육기관의 교육 주제에 주요 의제로서 단계적으로 심화학습토록 하였다. 어디 그뿐인가? 글을 읽고 쓸 줄 아는 집안에서는 가정교육의 핵심의제로서 부모들이 자식들을 어려서부터 가르쳐왔다. 그러한 연유에서 유교적 도덕규범은 자연스럽게 일상생활 속에서 부모로부터 자식들에게, 학교생활에서는 스승으로부터 제자들에게 수백 년 동안 교육이 이루어졌다. 그 결과 유교적 도덕규범이 조선인들에게 의식화내지는 이데올로기화되어 조선 사회를 지탱하는 기본윤리로 존중되어 왔다. 그렇게 100여 년 전까지 조선 사회를 지탱했던 유교적 윤리 규범들은 아직도 한국인들의 마음 저 깊은 곳에 의식화내지는 체질화되어 있어 일상생활에서 다양한 형태와 모습으로 표출되고 있음을 알 수 있다.

유교의 대표적인 사회적 규범은 "사람을 대함에 있어서는 인자해야 하고, 일함에 있어서는 청렴해야 하며, 의식주에 있어서는 검약해야 하고, 주위에 약한 사람들에게는 은혜를 베풀어야 한다."로 요약할 수 있다. 이러한 사회적 규범이 한국인들의 의식 속에 아직도 강하게 내재해 있는 듯하다. 그러한 연유에서 인지, 한국인들은 상대방이 인자하게 대해주지 않으면 무례하다고 욕한다. 부자가 청렴하지 못하면 돈 좀 있다고 멋대로 산다고 비판한다. 의식주에 검약하지 않으면 헤프다고 깎아내린다. 도와줄 수 있는 위치에 있는 사람이 모르는 체하면 힘 있다고 사람을 무시한다고 불쾌해한다. 외국인들이 다수의 한국인에게서 느끼는 특이한 모습이라고 한다. 이러한 한국인들의 특이한 모습들은 유교적 윤리 의식이 그들의 마음 저변에 의식화되어 있어 인간관계에서 자연스럽게 표출되는 특징이라는 견해이다. 특히 외국인들이 한국인들의 특성 중 이해하기 어려운 점 하나는 "한국인들은 경제적인 도움을 받고도 별로 고마워하지 않는다."는 것이다. 그런데 그것은 한국인들에게 "부자는 가난한 사람들을 당연히 도와주어야 한다."는 의식이 각인되어 있기 때문에 그들은 어려운 상황에서 경제적인 도움을 받아도 별로 고마워하지 않는 것이다.

"방과 거실에 먼지가 있으면 물을 뿌리고 청소해야 하며, 효도는 힘을 다해야 하고, 충성은 목숨을 다해야 한다. 선생님 섬기기를 어버이와 같이하고, 어린이는 어른을 공경해야 하며, 나이가 많아 곱절이 되거든 아버지로 섬겨라. 손님이 찾아오면 정성

스레 접대하고, 바른 사람을 벗해서 나도 바르게 하라. 친구에게 잘못이 있으면 충고하고, 착한 행실을 보면 그것을 따르라. 사람이 귀한 이유는 삼강오륜이 있기 때문이니 이를 준수하라. 말은 성실하게 그리고 일은 정성스레 할 것이며, 의심나는 것은 묻고, 화가 날 때는 후환을 생각하며, 무엇을 얻게 되면 올바른 것인지 생각하라. 언행은 정직하고 신실해야 하며, 음식을 먹고 마실 때는 삼가고 절제해야 한다. 좋은 일들은 서로 권하고 잘못은 서로 타이르며, 좋은 풍속은 서로 사귀고 재앙과 어려운 일이 닥치면 서로 구휼하라. 부지런하고 검소함은 집안을 일으키는 근본이며 선행을 쌓게 되면 반드시 뒤에 경사가 있다. 재앙과 복은 특정한 문이 없이 오직 사람이 불러들인 것이다."는 가르침은 유교 사회에서 초등학교 필독 교과서 중의 하나인 소학(小學)에 포함된 내용이다. 이 또한 오늘날 한국인들의 일상생활 속에서 무의식중에 표출되는 언행의 배경이라고 판단되는 내용들이라 제시했다.

위에서 언급한 대로 한국인들은 선조 대대로 2,000여 년 이상 유교 사상을 접해왔다. 한반도에 전래 초기부터 유교 사상은 왕권 강화를 위한 핵심 정치사상으로서 국가의 적극적인 지원을 받게 되었다. 수신의 근본은 물론 치국의 근본 사상으로 발전하여 조선왕조에 들어와서는 국가의 통치이념으로 발전했다. 유교적 정치이념이 정립되고, 유교 사상에 입각한 새로운 사회 질서가 확립되는 계기를 제공했다. 이후 500년 이상 한국인들의 선조들은 국가 통치이념으로서의 유교적 정치이념과 사회제도 아래에 살아왔다. 그 결과 수신과 치국의 근본인 유교 사상과 그에 따른 사회적 인습(因襲)에 영향을 받아 오늘날까지도 한국 사회는 윤리가 주도하는 사회가 된 것이다. 제도나 절차 즉, 법보다는 윤리가 상대적으로 우위인 사회인 것이다. 현대사회에서 중요시하는 규정이나 절차를 지키는 것보다 유교 사회에서 강조하는 내 동료를 살려야 하는 명분이 우선이다. 규정 준수보다 동료로서 의리를 지키는 것이 우선인 사회인 것이다. 명분이 설 때 법과 규정이 올바르게 시행될 수 있다는 이유에서다. 현대 서구 사회에서는 윤리보다 법이 우선이다. 그래서 서구 사람들은 자유민주주의 국가인 한국 국회에서 소수당의 국회의원들이 다수당의 표결 처리를 물리적으로 저지하는 것을 이해하지 못했다. 시청 앞에서 행인의 길을 가로막고 불법으로 자행하는 데모를 저지하는 경찰에게 데모 대원들이 폭행하는 것을 의아해할 수밖에 없는 것이다. 한국 사회에서는 한국인들에게 지켜야 할 도리라고 공감하는 명분이 있을 때 그들을 설득할 수 있다. 그들의 지지를 받을 수가 있다는 말이다.

대체로 윤리가 지배하는 사회가 법이 지배하는 사회보다 안전하다. 사람들이 기본적으로 지켜야 할 도덕률이 마음 저변에 자리 잡고 있기 때문이다. 세계에서 몇 번째 안 되는 대도시에 속하는 서울의 뒷골목을 밤늦게까지도 위험을 느끼지 않고 다닐 수 있는 것도 그 때문이다. 반면에 법이 우선인 사회에서는 그렇지 않다. 법 집행을 담당하고 있는 사람의 손이 미치지 않는 상황에서는 언제든지 불법이 자행된다. 법이 지켜질 수 없는 지진이 쓸고 간 폐허에 약탈과 강도가 성행하는 이유이다. 그와 같은 현상들은 법이 지켜질 수 없는 상황에서는 곧바로 일어난다. 그 대표적 사례가 일명 선진국이라 말하는 국가들의 대도시 뒷골목에서 백주에도 신변 안전이 보장되지 않는 것이다. 그렇지만 한국 사회는 윤리가 우선하는 사회이기 때문에 밤늦게까지도 사람들이 신변의 위협을 느끼지 않고 자유롭게 왕래할 수 있는 비교적 안전한 사회인 것이다.

한국인의 애국심은 세계 최고 수준이다.

"한국인들은 자신이 욕먹는 것보다 조국이 욕먹는 것을 더 참지 못한다. 평시에는 특이하지 않다가 국가에 위기 상황이 발생하면 나타나는 한국인들의 국가를 위한 희생·봉사 정신은 가히 상상을 초월할 정도이다." 그동안 많은 외국인이 1997년 IMF 경제위기 상황에서 시행된 금 모으기 운동과 2007년 태안 앞바다 기름유출 제거 운동에서 보여준 한국인들의 진정한 애국심 표출에 대한 평가이다. 한국인인 필자도 100% 공감하는 내용이다.

금 모으기 운동이란? 1997년 IMF에 대한민국의 외채를 갚기 위해 국민들이 자발적으로 자신이 소유하고 있던 금을 나라에 기부한 운동이다. 경제적으로 나라가 위태롭게 되자 이를 타개하는 데 조그마한 힘이라도 보태겠다고 국민들이 나섰다. 신혼부부의 결혼반지, 아이들의 돌 반지, 어른들의 각종 기념 반지가 거침없이 쏟아져 나왔다. 1907년 일본에 국채를 갚기 위해 조선 민중들이 일으킨 국채보상운동에 이어, 꼭 90년 만에 다시 한국 국민들이 국가적 외환위기 극복을 위해 자발적으로 '나라 구하기'에 나선 운동이었다.

또한, 태안 기름유출 제거 운동은 범국민적 차원의 자원봉사 운동이다. 2007.12.7.일 태안 만리포 앞바다에 해상 크레인과 유조선이 충돌해서 기름 유출에 의한 사상 최악의 해양오염 사고가 발생했다. 전문가들은 수십 년이 걸려도 사고 이전으로 되돌리기 힘들 것이라고 비관적으로 전망했다. 하지만 사고 이후 전국에서 대략 123만 명의 자원봉사자들이 해양오염을 일으킨 기름 제거를 위해 달려왔다. 해수 위에 떠 있는 기름을 양동이로 퍼 나르고, 바위 사이에 낀 기름을 닦아내던 손들이 모여 기적을 만들었다. 그 덕분에 10년 만에 태안해안국립공원은 국립공원 등급으로 세계자연보전연맹(IUCN)으로부터 인증받았다. 생태적 가치가 우수하고 관리보전 상태가 뛰어났던 과거의 생태계를 되찾은 것이다. 태안은 대한민국 자원봉사자들의 노력과 정신을 상징하는 세계적인 희망의 성지로 거듭났다. 이 또한 한국 국민의 저력 즉 그들의 애국심을 보여주는 역사적 상징이 된 것이다.

위에서 열거한 한국인들의 금 모으기 운동과 태안 앞바다 기름 제거 자원봉사는 오늘날 한국인들의 애국심이 어떠한지를 전 세계에 보여준 대표적인 사례들이다. 그런데 이러한 한국인의 세계 최고 수준의 애국심은 어디에서 연유하는 것일까? 필자는 대략 아래에 서술한 세 가지 사실들에서 연유한다는 견해이다.

첫째, 지정학적 영향 탓에 선조 대대로 숱한 외세에 핍박받은 결과에 기인한다는 것이다. 앞에서 언급한 대로 한국인들은 삶의 터전인 한반도의 지정학적 특성으로 인해 선조 대대로 대륙과 해양 세력의 중간에서 세력 균형이 깨질 때나, 엄청난 규모의 신흥세력이 형성될 때 그 힘의 불출 대상이 될 수밖에 없는 여건이었다. 그들의 침략에 맞서 한국인의 선조들은 굴복보다는 있는 힘껏 대항했다. 그 과정에 대부분은 처절한 고통을 감수할 수밖에 없었다. 무엇이 남았겠는가? 한국인이 조상으로 떠받드는 단군의 건국이념은 홍익인간이다. 한국인은 선조 대대로 자신의 나라를 동방예의지국이라고 자랑해왔다. 남의 나라를 공격하지 않은 선민으로 자신들을 미화해왔다. 이러한 미화는 어쩌면 침략이나 일삼는 대륙 및 해양 세력의 무력에 대한 무언의 저항 의식의 분출이 아닐까 하는 생각이 든다.

한국인들의 선조들은 외침이 있을 때마다 자신의 조국이 국력이 약해서 겪어야 하는 쓰라린 고초를 마음속 깊이 뼈저리게 느끼면서 살아왔다. 다음은 그 몇 가지 최근 사례들이다. 19세기 말 일본의 살수들에 의해 조선 제국의 황제가 거주하는 경복궁에서 명성황후가 시해되었다. 당시 황제라는 사람은 일본에 항의 한번 제대로 못 하고 러시아 공사관으로 피신했다. 그러한 상황에 조선의 국민들은 얼마나 울분을 토했겠는가? 일본은 러·일 전쟁(1904~1905) 중 조선의 영토인 독도를 자기들의 영토에 편입시켰다. 어디 그뿐인가? 조선이 관리를 파견하여 다스리는 만주의 간도 지역을 조선의 외교권을 가진 일본이 만주지역 철도부설권을 받아내는 대가로 중국 청나라에 넘겨주었다(1909). 이러한 말도 되지 않는 국토를 침탈하는 불법행위에 국가가 힘이 없어 저지할 수 없는 현실에 국민들은 얼마나 애통해했을까?

1910.8.29일 조선이 일본에 합병되었다. 직후 조선총독부는 토지조사사업이라는 명목하에 당시 조선인들의 삶의 터전인 농지와 임야를 강탈해갔다. 자기 삶의 터전을 강탈당한 조선인들은 얼마나 분했을까? 민족의 분노는 3.1일 독립운동으로 폭발되었다. 하지만 일본인들은 무자비하게 이를 진압했다. 많은 사람이 살해되고 학살당했다. 이어 조선이 일본의 식량 공급지가 되면서 많은 조선인은 고향 산천을 버려야 했다. 이러한 일본의 조선 식민정책은 일제의 침략전쟁이 심화하면서 더욱 심해졌다. 조선인들은 식민지 신민으로서 죽지 못해 살아야 하는 고통을 겪어야 했다. 망국의 서러움을 감내하며 그들은 무슨 생각들을 했을까? 1945.8.15일 일본의 항복으로 조선 반도도 해방이 되

었다. 전쟁에서는 일본이 졌는데 영토 분할은 한국이 당했다. 이 또한 얼마나 억울하고 분한 일인가? 힘이 미약한 약소 민족의 비애가 아닐 수 없었다. 이어서 동서 진영의 대리전쟁 형식으로 치러진 6·25 한국전쟁은 얼마나 많은 사람을 억울하게 죽게 했는가? 그뿐인가? 살아남은 사람 중 많은 사람이 아직도 이산가족의 아픔을 겪고 있지 않은가? 한국인의 선조들은 조국이 자신의 보호막 역할을 못 해줄 때 국민이 겪어야 하는 별의별 모습들의 고통을 감내하면서 1950년대까지 살아온 것이다. 그 결과 오늘의 한국인들 의식 속에는 마키아벨리의 말처럼 '조국의 생존과 자유보다 앞서는 건 없다.'는 인식이 각인되어 있다는 견해이다.

둘째, 도학의 영향에 유래한다고 할 수 있다.22 도학이란 유학(儒學)의 한 분파로서 중국의 송대에 발달한 성리학(性理學)의 별칭이다. 도학은 주희가 완성한 새로운 유학으로서 성리학이란 이름으로 고려 말 충렬왕 때 고려에 도입되어 조선의 사상과 문화의 초석으로 기능했다. 성리학은 조선 건국 과정에 조선이 유교 국가로서의 체제를 갖추는 법전과 헌장의 기본이념이 되면서 자연스럽게 조선 유학자들은 다 같이 주희를 존숭하게 되었다.

도학파는 공자와 맹자의 인(仁)에 입각한 인도주의 정신을 실현하고자 유교 경전을 재해석했다. 도학파는 유학 본래의 정신이라 할 인간의 현실적 문제와 사회와 국가에 대한 책임 의식을 무엇보다 강조했다. 도학파의 현실에 대한 관심은 일찍이 공자가 주장했던 개인이 인격을 완성한 후 군자로서 정치에 참여하여야 사심 없는 정치에 의해 민중이 복락을 누릴 수 있다는 것이었다. 그렇지만 정치 현실은 항상 이상에 부합되는 것이 아닌 까닭에 도학파는 당대의 현실에 대해 첨예한 비판 정신을 견지하고 있었다. 도학파는 대내적으로 인도주의에 입각한 정치의 실현을 주장하며, 이에 역행하는 현실에 대해서는 강력하게 항거하고, 대외적으로 외침의 위험이 있을 때는 국가와 민족을 위해 순사하는 충렬의 정신을 발휘하였다.

특히 도학의 정립자인 주희는 당시 금(金)나라에 의해 상실된 송나라 북부 영토의 국권 회복을 위해 진력했다. 그는 타국의 권리를 침해함도 잘못이요, 자기 나라의 국권을 침탈당하는 일도 잘못이라고 주장하였다. 민족 주체성의 고취와 국권의 수호는 도학파의 중요한 과제였다. 도학자들의 국가관은 한갓 배타적 민족주의나 국수주의와는 다른 것이었다. 국가 이기주의에 입각한 국수주의나 침략적 제국주의를 배격하였다. 개별자의 자존적 특성을 살리고 전체와의 조화를 추구하는 평화 공존의 이상을 제시했다. 자주독립과 상호 존중이라는 대의명분을 기본원리로 주장했다.

조선시대에 들어와서는 새 왕조의 통치이념으로 성리학이 정착하게 된다. 더욱이 16세기 후반에 이르러 조선의 중앙 정치 무대에서 사림이 주도권을 잡게 되면서 조선 사회에 성리학적 문화가 정착하게 된다. 국가에서는 삼강행실도와 같은 윤리서를 편찬 보급하여 유교 질서 확립을 권장하면서 유교 윤리의 이념들이 의식화되었다. 특히 삼강오륜에 대한 도덕 지침이 백성들의 생활 지침으로 자리 잡게 되었다. 삼강오륜에 임금과 신하와의 관계를 말하고 있는 군위신강(君爲臣綱)과 군신유의(君臣有義)는 현대적 개념으로 국가와 개인 간의 관계를 정의하고 있다. 그 의미는 개인이 국가를 섬기는 것은 근본이며, 국가가 위태로울 때는 목숨을 바쳐 충성해야 한다는 것을 의미한다. 한국인들이 선조 대대로 어려서부터 귀가 닳도록 들어서 그들의 의식 속에 각인된 사상이다. 그 결과 조선 중기 임진·병자 양란과 조선 말 일제 침략에 대항해서 국가 수호에 강한 의지를 갖추고 수많은 도학자가 국난 극복의 경륜과 방책을 제시했다. 또한 의병을 모아 침략군에게 대항해 싸우다 전사한 많은 사례가 이를 말해주고 있다. 그러한 이유로 도학의 불의에 대해 항쟁하고, 외침에 대해서는 국가를 수호해야 한다는 강력한 의리 사상이 오늘날 한국인들의 애국심 유발의 한 원인이라고 보는 것이다.

셋째, 오늘날까지도 다수 한국인의 마음 저변에 의식화되어 있는 선비정신23에 유래한다고 본다. 선비란 사전에 "학식은 있으나 벼슬하지 않는 사람, 학문을 닦는 사람의 예스러운 말"로 정의한다. 그러나 일반적으로 선비란 "전인적 인격의 완성을 위해 끊임없이 학문과 덕성을 키우며, 대의를 위해서는 일신의 영달을 버리고 목숨까지도 초개같이 버릴 수 있는 지조가 있는 올곧고 강인한 사람"으로 한국인들에게는 인식되어 있다. 조선왕조는 세계에 유례가 없을 정도로 500년 이상 지속된 장수국가라고 위에서 언급했다. 그 장수의 주요 원인으로서 사람들은 조선 사회가 성리학적 명분 사회였기에 가능했다고 말한다. 힘에 의한 지배가 아닌 왕도정치 즉 명분과 의리를 밝혀 국민을 설득하고 포용하는 정치를 지향하고, 법치보다는 덕치를 우선하는 성리학적 통치 철학이 조선 왕조를 500년 이상 지속시킨 힘이라는 견해이다. 여기서 덕치의 왕도정치는 강제적인 법의 집행에 의지하는 것보다 인간의 자율성에 의지하는 정치를 말한다. 명분과 의리로서 국민을 설득하고 덕치로서 국민을 포용하려는 조선 왕조가 추진한 인간화 과정에서 설정한 모범 인간형이 선비이다. 학문(文·史·哲)을 전공 필수요소로 닦아 이성 훈련을 체득하고 예술(詩·書·畵)을 교양 필수요소로 감성 훈련을 체질화한다. 그렇게 이성과 감성이 균형 있게 잘 조화된 인격체가 조선 왕조가 설정한 이상적 인간형 즉 선비였다. 여기서 주목해야 할 것이 조선에 최고 통치자인 왕마저도 이 인간화 작업에서 제외될 수 없었다는 사실이다. 그러한 사실이 조선 왕조를 장수하게 한 원인이었다는 사실이다. 그래서 현대를 살아가는 한국인들의 의식 속에 '특히 꼿꼿한 지조와 목에 칼이 들어와도 두려워하지 않는 강인한 기개, 옳은 일을 위해서는 죽음도 불사하던 불요불굴의 정신력, 항상 깨어 있는 청정한 마음가짐으로 특징지어지는 선비상은 아직도 많은 이들에게 한국인의 인간상이라는 데 공감을 불러일으키고 있다. 오늘날 한국인들이 고위공직자들의 현실 타협적 처신에 울분을 느끼는 감정도 한국인들의 마음 저변에 의식화된 이러한 선비정신에 연유한다고 본다.

선비정신이란 유교 사상을 국가의 통치이념으로 정립한 조선 왕조가 500년 이상의 흥망성쇠 과정에 이성과 감성이 잘 조화된 이상적 인간형으로 설정한 「선비의 정신」을 말한다. 그러한 연유로 선비를 지향하는 한국인의 선조들은 유교 사상에 입각한 사회 질서 속에서 수백 년에 걸쳐 자타가 인정하는 진정한 이상적 인간형인 선비가 되기 위해 부단히 노력하였다. 조선 사회에 수백 년에 걸쳐 학문을 하겠다는 사람들이 진정한 선비가 되겠다는 일념하에서 부단히 정진할 결과, 일명 「선비정신」은 오늘날 그 후손들인 한국인들의 마음 저변에 의식화되어 있다는 필자의 견해이다. 그런데 조선 왕조가 설정한 모범 인간형으로서의 선비가 추구해야 할 완성된 인간의 모습은 "이익을 눈앞에 보거든 올바른 것인가를 생각하고, 나라가 위태로움에 처하면 목숨을 바치며 오래된 약속일지라도 잊지 않고 지키는 사람[44]"이라는 것이다. 나라가 위태로우면 목숨을 바치는 선비정신이 조선왕조 500년 동안 나라를 지탱해온 힘이었다. 그러한 사상이 조선 사회에 지도자 격인 관료들과 도학자들을 통해 모든 백성이 추구해야 할 최고의 가치인 애국심으로 의식화되었다. 그랬기에 한국인들에게 나라가 어려울 때 목숨을 바쳐 지키는 것은 당연한 최고의 덕목이 되어버린 것이다.

이를 종합하면 한국인들은 지정학적 영향 탓에 선조 대대로 숱한 외세에 핍박받으면서 조국이라는 존재의 중요성을 뼈저리게 느껴왔다. 또한 조선왕조의 성리학을 추종하는 도학자들에 의해 민족 주체성의 고취와 국권의 수호에 중요성이 삶에 중요한 대의명분으로 의식화되어 전해 내려왔다. 어디 그뿐인가? 나라가 위

---

44) 논어 헌문 13편(見利思義 見危授命 久要不忘平生之言)

태로우면 목숨을 바쳐 수호해야 한다는 선비정신은 오늘날 한국인의 표상으로서 다수의 한국인에게 일반화되어 있는 수준이다. 이러한 세 가지 요인이 결합해서 표출되는 한국인들의 국가에 대한 사랑 즉 애국심은 가히 세계적 수준일 수밖에 없는 것이다.

연장자나 상관에 대한 존중은 무의식적 수준이다.

이 또한 조선시대에 백성들의 생활 지침으로 정착하게 된 유교의 기본윤리인 삼강오륜의 「장유유서(長幼有序)45)」 덕목에 연원하는 한국인의 습성이다.

필자가 1980년대 초 미국에 유학 갔을 때 일이다. 아파트에 세 들어 살게 된 지 며칠 되지 않았던 때이다. 학교에서 퇴근길에 아파트 계단에서 미국 어린아이를 만났다. 당시 7세였던 필자의 딸아이와 몇 번 왕래하였기에 서로 알게 된 사이였다. 어떻게 알았는지 필자의 이름을 부르면서 인사를 하는 것이었다. 필자는 순간적으로 어이가 없었다. "아니 어떻게 저렇게 어린 것이 자기 아버지 또래인 어른 이름을 함부로 불러?" 하는 생각이 들었기 때문이다. 필자는 당시 느꼈던 기분을 40여 년이 지난 지금도 생생하게 기억한다. 필자는 어이없다는 생각에 순간적으로 당황했다. 그렇지만 그 아이는 필자에게 호의로 아는 척하고 싶어서 인사를 했던 것이기에 곧바로 평정을 되찾을 수 있었다. 그 이후 필자는 가끔 생각해보곤 했다.

---

45) 어른과 아이 간에는 차례와 질서가 있어야 한다. (Younger brothers should yield to older brothers.)

"이름이란 부르라고 지어준 것인데 우리 한국에서는 부르면 안 되는 경우도 있다고…. 그렇게 사람들에게 오랜 인습들은 때로는 당연한 것까지도 달리 느끼게 한다고…."

　유교의 기본윤리인 삼강(三綱)에 군위신강(君爲臣綱)은 "신하가 임금을 섬기는 것은 근본이다."를 의미하는 것으로 이는 강자에게 거역하지 말고 존중해야 한다는 의미를 함축하고 있다. 또한 부위자강(父爲子綱)은 "아들이 아버지를 섬기는 것은 근본이다."를 의미하는 것으로 이는 어른을 존중해야 한다는 의미를 함축하고 있다. 오륜(五倫)에 군신유의(君臣有義)는 "임금과 신하 간에는 의(義)46)가 있어야 한다."를 의미하는 것으로 군주와 신하 간에는 목숨 바쳐 충성해야 한다는 의미를 함축하고 있다. 현대판으로 해석하면 나라가 위태로우면 목숨을 바쳐서라도 지켜야 함을 의미한다. 父子有親(부자유친)은 "아버지와 아들 간에는 친(親)이 있어야 한다."를 의미하는 것으로 이는 자기 자신을 사랑하듯 친밀히 사랑함(親愛)이 있어야 함을 함축하고 있다. 또한 「장유유서(長幼有序)」는 "어른과 아이 사이에는 차례와 질서가 있어야 한다."를 의미하는 것으로 분명히 인간관계에는 서열이 존재해야 함을 강조하고 있음을 알 수 있다. 이로 보아 삼강오륜의 사회 기본질서 유지 근간은 수직적 인간관계 형성에 있음을 알 수 있다.

---

46) '수절사의(守節死義); 의(義)를 위해 목숨을 바쳐 절개를 지킴'을 의미하는 사기(史記) 기록에 의거하여 군주와 신하 간에는 목숨 바쳐 충성해야하므로 해석

한국인은 유교적 사회에서 삼강오륜에 대한 교육을 오랜 세월 선조 대대로 부모나 스승으로부터 어린아이 시절부터 받아왔다. 그러한 영향 탓에 한국인들의 연장자나 조직 내에서 상관 등 윗사람들에 대해 기본적으로 존중하는 태도는 의식화되어 있는 듯하다. 아직도 도시 전철 안에서 노인이나 연장자에게 자리를 양보하는 젊은이들을 수시로 접하게 된다. 한국인들에게 장유유서의 윤리가 뿌리 깊게 자리 잡고 있다는 증거이다. 한국인들의 존댓말 언어체계 역시 장유유서 윤리 유지에 크게 작용한다고 말할 수 있다. 전 국민의 「국민개병제」에 기반을 둔 징병제도 역시 한국인들에게 연장자나 상관 등 윗사람들을 존중하고 예를 표하는 태도를 육성하는 데 큰 역할을 해왔다고 본다. 오랜 기간의 교육과 사용하는 언어체계, 사회제도 등에 의해 한국인들의 윗사람 존중 태도는 의식화되어 있는 것이다.

한국인의 자식 사랑은 각별하며 헌신적이다.

한국인들의 자식에 대한 투자는 헌신적이다. 자식 교육을 잘하면 자신이 원하는 바를 대신 성취할 수도 있다는 생각, 성공한 자식을 두면 좋은 대우도 받을 수도 있을 것이라는 기대심리 등이 크기 때문이다. 그러한 심리들이 복합적으로 작용해 자식의 교육, 혼사 등에 자신의 분수에도 맞지 않는 큰돈을 쏟아 붓는다. 그것도 모자라 집을 사주고 사업자금까지 대준다. 다음은 2010년대 초반 한국 여성부의 청소년 의식 조사 결과이다. "한국 청소년들의 93%는 대학 학자금을 부모가 모두 책임져야 한다. 87%는 결혼 비용을 부모가 책임져야 한다. 74%는 결혼할 때 부모가 집을 사주거나 전세자금을 마련해주어야 한다."고 생각한다는 것이다.

그러한 인식으로 인해 당시까지 노후에 자식의 사업자금을 대주었다가 길거리에 나앉는 노인들이 늘고 있다고 했다. 2012년 신한은행에 대출금을 갚지 못한 주택담보 대출은 2,100건이었다. 그중에 담보 대출금을 갚지 못한 20%가 자식이 부모 집을 담보로 사업자금을 빌려 쓴 경우라는 것이 은행 측의 분석 결과였다. 당시 금융기관들의 통계자료에 의하면 연간 대출연체 부동산이 40만 건에 달한다고 했다. 이를 고려할 때, 당시 매년 8만 명의 은퇴자가 파산 위기에 몰린다는 얘기였다. 그러다 보니 많은 은퇴자가 이후 자녀로부터 노후 자금을 지키기 위한 대책 마련에 고심하고 있다고 했다. 그 대표적인 사례가 퇴직 공무원들의 퇴직연금 수령 신청 비율이었다. 1998년에 47% 수준이 2012년에 95% 수준으로 늘어난 것이다. 퇴직금을 연금 대신 일시금으로 받았던 선배 공무원들이 자식의 주택구입, 사업자금 등을 지원해주었다가 거덜이 난 사례를 지켜본 결과라고 언급했다.

서구인들은 자식이 18세 성인이 되면 일반적으로 부모 곁을 떠난다. 자기만의 삶을 시작해서 배우면서 미래를 설계하기 위해서이다. 성인이 되어 부모에게서 독립하여 자신이 속한 사회의 구성 개체의 역할을 배우고 담당하는 것은 자연의 섭리이다. 그런데도 한국의 문화는 자연의 섭리에 반하는 것처럼 보인다.

성인이 되어도 부모 슬하에 머문다. 결혼하고도 부모가 집을 사주어야 분가한다. 자식 지상주의 삶이다. 부모와 자식 간에 미분화적 개념의 잔재이다.

이러한 한국인들의 자식 지상주의는 어디에서 연유하는 것인가? 한국에서 부자(父子)간의 관계는 사회의 일반적 인간관계 윤리와는 전혀 다르다. 역시 유교 사상의 영향이다. 유교 문화권에서 부모에게 효도하는 것은 사람다운 삶의 근본으로서 권면하고 있다. 한국인들은 선조 대대로 어려서부터 삼강오륜의 부위자강(父爲子綱)과 부자유친(父子有親)47)을 배워왔다. 그러한 기본 생활 지침이 오늘을 사는 한국인들의 인식 저변에 남아 있어 강하게 작용하는 것이다. 서구 사회에 부모와 자식 간의 인간관계는 개인주의적 평등 윤리를 기반으로 한다. 한국 사회에 부모와 자식 간에 인간관계는 보은, 도리 등을 기본적 속성으로 한다. 서로 간에 현격한 차이가 있는 것이다.

한국의 운동선수들은 국제대회에서 우승하고는 감격의 눈물을 흘리며 부모를 찾는다. 이러한 행동에 심리적인 동기는 자기 즐거움을 부모와 함께 나누려는 데 있다. 이러한 현상은 부모의 기쁨이 곧 나의 기쁨이라는 부모와 자식 간의 기쁨 동일체 감을 보여주는 단서이다. 한국의 부모들이 자식의 성공을 자신의 성공으로 느끼는 현상을 서구적 시각으로는 대리 만족이라고 해석한다. 그렇지만 부모와 자식 간의 관계를 독립된 개체가 아닌 동

---

47) 아들이 아버지를 섬기는 것은 근본이며, 아버지와 아들 간에는 자기 자신을 사랑하듯 하는 친밀한 사랑이 있어야 한다.

일체 관계의 시각에서 보면 이는 대리 만족이 아니고 곧 자신의 만족이다.

다음은 한국인의 부모와 자식 간에 동일체 관계를 보여주는 한국갤럽조사연구소 자료24이다. 한국의 부모들에게 자식을 키우는 의미를 묻는 문항에 대해, "나의 소망을 추구해 줄 수 있는 후계자를 갖고 싶기 때문이다(32.1%). 가문의 대를 잇게 하기 위해서이다(68.2%)."에 높은 응답률을 보였다. 한국의 어머니에게 자식을 키우는 의미를 묻는 문항에 대해서도, "가문 존속(48.3%), 자신의 꿈 성취(43.2%), 자기의 생명 연장(34%)"에 높은 응답률을 보였다고 한다. 그런데 이는 한국, 일본, 태국, 미국, 프랑스, 영국의 6개국 중 한국이 부모 자신이나 가문 연장에 가장 높은 응답률을 나타낸 결과이기도 하다. 한국인 부모들은 부부와 자식의 우선순위를 묻는 문항에서도, "부부가 이혼하고 싶어도 자녀의 장래를 생각해서 그냥 사는 것이 좋다."는 의견에 91.6%가 찬성했다고 한다. 이는 프랑스 51.3%, 미국 30.4%, 영국 21.8%가 찬성한 것과 비교해 볼 때 시사하는 바가 크다.

자식들에게 부모와 자식 간의 관계를 묻는 문항에 "부모에 대한 복종(83.6%)"이 비교 6개국 중 가장 높은 반응률을 보였다. 아동에게 자신감의 원천을 묻는 문항에는 "부모님의 나에 대한 기대가 크기 때문"에 한국 아동이 86.5%의 가장 높은 반응률을 보였다. 한국의 청소년을 대상으로 실시한 설문조사48)에서 "성

---

48) 동아일보, 1994.9.7.

적 하락 중고생들이 가장 우려하는 것은 부모님의 실망"으로 나타났다고 한다.[25]

이러한 설문조사 결과는, 한국 사회에서 부모와 자식 간의 관계는 '부모와 자식은 하나'라는 동일체 지각 경향이 강함을 시사한다. 자식은 부모의 고통을, 부모는 자식의 고통을 자신의 고통처럼 느끼는 성향이 높다는 것이다. 이러한 한국인의 부모와 자식 간에 특이한 관계는 선조 대대로 삼강오륜을 기본 윤리로서 배워온 것에 연유한다고 할 수 있다.

유교적 사회에서 예학과 보학 역시 한국인들의 자식 사랑에 영향을 미쳤다고도 할 수 있다. 조선 후기 예학과 보학은 한국인들의 선조들에게 가문 중시 의식을 심어주었다. "나를 이어 가문을 승계할 자식이 필요하다. 자식은 미래에 나의 연장선상에서 내 가문을 책임져야 한다. 그러니 자식은 나의 일부분이다."라는 사상을 갖게 한 것이다. 오늘날 특히 70~80세가 넘은 한국인들의 뇌리에 그러한 사상이 강하게 자리 잡고 있는 것이 그 증거이다. 그러한 연유로 한국인들의 자식 사랑은 아직도 세계적 수준이다.

한국에서는 대부분 부인이 가정의 살림을 책임진다.

전 세계 남자들이 한국인들에게 놀라는 것 한 가지가 부인이 남편 통장을 관리하는 것이라고 한다. 한국에서는 맞벌이 부부가 아닌 경우 대부분 부인이 남편의 통장을 관리한다. 일반적으로 맞벌이 부부까지도 집안 살림은 부인이 맡아서 한다. 이 역시 조선조에 들어와 백성들의 생활 지침으로 정착하게 된 유교의 기본윤리인 삼강오륜 덕목 중 하나인 「부부유별(夫婦有別)[49]」에 연원한다고 말할 수 있다. 경주지역에 최씨 가문은 서기 1600년 이후 1945년 해방 후까지 10대 300년 이상 거부(巨富)로 이름을 떨쳤다. "부자가 3대 가기 힘들다."는 옛말이 무색하다. 그런데도 그들은 무려 300년 이상 12대 동안 만석의 재산을 유지한 것이다. 그렇게 장기간 한 집안이 부를 유지한 사례는 전 세계적으로도 유례를 찾아보기가 힘들다고 한다. 그런데 그렇게 부(富)를 오랜 기간 유지할 수 있었던 비결은 그들이 대대로 기본적인 생활 지침 여섯 가지를 지켜왔기 때문이라고 사람들은 말한다. 그런데 생활지침 중 여섯 번째 생활 지침이 시사하는 바가 크다.

그 여섯 번째 생활 지침은 "최씨 가문의 며느리들은 시집온 후 3년간 무명옷을 입어라!"라는 것이다. 조선시대에 집안 창고의 열쇠는 안방마님이 가지고 있었다. 현대판으로 해석하면 안방마님이 통장관리를 하고 있었다. 최씨 가문의 여섯 번째 생활 지침은 "집안 살림을 담당하는 여자들은 검소한 생활 태도와 절약 정신을 가져야 한다."는 교훈이었음을 의미한다. 이는 조선시대에 가정에서 중요한 결정은 가장이 하지만 살림은 가정에 주부가 책임지고 있었음을 말해주는 증거이기도 하다. 이는 또한 가정에 창고의 열쇠를 집안 안주인이 갖는 것이 부부유별이었음을 알 수 있는 대목이기도 하다. 아직도 한국 사회에 부인이 남편

---

49) 부부간에는 서로 침범해서는 안 되는 분별이 있어야 한다. (Husband and wife are kept properly distinctive.)

통장을 관리하는 관습이 있는 것은 한국인들에게는 부부유별의 오랜 전통적 인식이 그대로 남아 있음을 시사한다. 아직도 집안 살림은 부인이 책임지고 맡아서 해야 한다는 인식이 보편화되어 있는 것이다. 어쩌면 부인이 남편 통장을 관리하는 것은 한국 사회에 당연한 가정 문화로 정착해 있는 듯하다.

한국인들은 신의를 중시한다.

동서고금을 불문하고 사람들은 "믿을만한 사람에게 큰일을 맡긴다."고 한다. 2000년 7월 초 필자가 한국의 공군 부대 지휘관 시절 이야기이다. 공군 본부가 있는 계룡대에서 공군 지휘관 회의 종료 후 공군 지휘관께서 불러 그의 사무실에 갔을 때 일이다.

"불과 장군, 지금 자네가 수행하고 있는 부대 지휘관은 자네 위치의 사람이라면 누구나 할 수 있네. 그렇지만 이번에 우리 군이 추진 중인 「00 무기체계사업」 단장은 아무나 할 수 있는 직책이 아니네. 그 사업이 올해 후반기부터 본격적으로 시작이 되네. 우리 군에서는 그 사업단장에 자네가 적임자라고 참모들이 추천하네. 하니 자네는 부대에 복귀해서 일주일 내로 부대 지휘관 업무를 후임자에게 인계하게. 그리고 곧바로 올라와서 그 사업단장 업무를 인계받도록 하게!"

군 지휘관의 예상치도 못한 뜻밖의 명령이라 순간적으로 당황했다. 그렇지만 곧 평정심을 찾고 감사드린 후 1주일 정도 더 업무 인계 시간을 허락받아 부대로 복귀하였다. 부대로 복귀하는 길에 논어에 한 구절50)이 필자의 뇌리에 떠올랐다. 인자(仁者)가 구비해야 할 「공(恭)·관(寬)·신(信)·민(敏)·혜(惠)」51)의 다섯 가지 덕목(德目)에 관한 구절이다. 다섯 가지 덕목 중 세 번째 덕목인 신(信)은 "신의(信義)가 있으면 남들이 일을 맡긴다."는 의미이다. 필자는 내심 "내가 선택해서 나의 젊음을 바친 우리 군으로부터 나는 최소한 인자(仁者)의 오덕(五德) 중 신(信)의 덕목은 구비했다고 인정받았구나!"하고 생각하게 되었다. 그런 생각을 하니 군 지휘관께서 자신에게 초대형 무기체계 획득사업의 책임자로 추천·임명해 주신 데에 대해 진심으로 감사한 마음이 들었다. 더불어 영광스럽다는 자부심도 느끼게 되었다. 진정 감사하고 영광스러운 마음에 걸맞게 업무를 수행하겠다고 굳게 다짐도했다. 그러한 자부심과 다짐이 있었기에 업무를 시작해서 끝까지 초심을 지킬 수 있었다. 필자가 떠맡은 무기체계 획득사업은 유사 이래 당시까지 한국군의 무기체계 획득사업 중 가장 큰 규모였다. 규모가 큰 만큼이나 전대미문의 사업추진 방해 공작, 사업 책임자인 필자에 대한 유혹 시도와 음해공작, 편파적인 선전공작 등에도 필자는 의연하게 대처했다. 그 결과, 필자는 자신이 속한 군에 신의를 지켜 최대한의 국익 확보와 군이 원하는 무기체계 획득이 가능하도록 임무를 성공적으로 수행했다고 지금도 자부하고 있다.

---

50) 양화 6편
51) 공손(恭遜)하면 모욕당하지 않고, 관대(寬大)하면 여러 사람의 지지를 얻고, 신의(信義)가 있으면 일을 맡기고, 민첩(敏捷)하면 공적을 올릴 수 있고, 은혜(恩惠)를 베풀면 능히 사람을 부릴 수 있다는 말

교육혁명을 통해 국민의 교육 수준이 향상되었지만, 그에 상응하는 일자리가 마련되지 않게 되면 실업자 증대에 따른 사회적 불안 분위기 형성은 당연한 귀결이었다. 이는 정정 불안으로 이어졌으며 국가의 안보가 위태로운 상황에 이르자 결국은 군사혁명을 불러오게 되었다. 1961.5.16일 한국에서 군사혁명이 일어난 동기이다. 다행스럽게도 새로이 정권을 잡은 국가지도자는 빈곤과 실의, 불만이 쌓인 한국인들에게 희망과 꿈을 심어주고 국가 발전을 위한 대대적인 개조작업을 착수했다. 그의 탁월한 안목과 냉철한 판단력과 결단력, 그리고 추진력은 1950년대 범국가적 차원의 교육혁명을 통해 육성해 놓은 양질의 인적 자원 후보들을 활용하여 오늘의 한국을 건설하는 데 기반을 구축했다.

한국에서 매년 12.5일은 '무역의 날'이다. 한국의 경제개발은 1960년대 초 범국가적 차원의 수출주도형 공업화 전략으로 시작되었다. 그리고 매년 12.5일 기업들의 수출 실적을 1년 단위로 집계해서 금액 단위로 분류한 수출의 탑을 시상한다. 수출기업들의 노고를 격려하고, 사기를 진작시키는 날인 것이다. 무역의 날 명칭은 원래 '수출의 날'이었다. 1964.11.30일 한국은 수출 1억 달러 실적을 달성했다. 그것을 기념해 그날을 정부 차원에서 '수출의 날'로 제정하고 매년 행사를 계속 치러왔다. 이후 한국은 1977년 100억 달러, 1995년 1,000억 달러, 2018년 6,000억 달러 수출 기록을 달성했다. 연간 수입액도 최초로 6,000억 달러를 넘어서며 한국의 무역 규모 순위를 끌어올렸다. 2021년 한국의 무역 규모는 1조 2,596억 달러를 달성하면서 한국의 무역 규모 순위는 2013년 이후 유지했던 9위에서 8위에 올라섰다. 무역수지 역시 294.9억 달러로 13년 연속 흑자를 이어왔다.

후발주자로서 이미 구축된 세계 수출시장에 뛰어들어 오늘과 같이 세계 8위의 무역 규모에 달하는 세계 수출시장을 구축하는데 얼마나 어려움이 많았을까? 이해밖에 통하지 않는다는 국가 간의 무역전쟁에서 한국인들은 자신의 조국을 오늘의 경제 대국으로 만들었다. 그것은 한국인들에게 남과 다른 무엇이 있기 때문에 가능했다고 필자는 생각한다. 한국인들에게는 타인과의 관계에 핵심 요소인 신의를 중시하는 그들의 습성이 있었기에 가능했다는 논리이다.

위에서 신의가 있으면 일을 맡긴다고 했다. 한국인들이 국제 경쟁입찰을 통해 수주해서 납품한 최근의 대표적 사례 몇 가지를 사례로써 제시한다. 한국의 건설기업들은 2000년대 들어와 K-건설에 큰 업적을 쌓았다. 현재 세계에서 가장 높은 건물로 알려진 '두바이 부르즈 할리파' 건물(828m)을 한국의 삼성물산이 공사 전반을 맡아 시공하여 2009년 완공했다. 3개의 빌딩 상층부에 배가 떠 있는 모습으로 지어 싱가포르의 상징이 된 '마리나 베이 샌즈 호텔' 역시 한국의 쌍용건설이 2010년 완공한 건물이다. 이외 동남아시아에 5개 이상의 세계 랜드 마크들[52]을 치열한 국가 간 경쟁입찰에 한국기업들이 수주하여 건축하였다.

---

52) https://www.wikitree.co.kr/articles/228856

그것은 한국 기업들이 세계 각국에서 신뢰를 얻었기에 가능한 결과라고 평가한다. 이를 통해 세계 건축 기술 발전에 한국이 큰 기여를 했음도 알 수가 있다.

어디 그뿐인가? SK건설은 터키기업과 합작으로 2008년 유럽과 아시아를 연결하는 터키 유라시아 해저터널 사업을 수주해 2013.1월 착공하여 2016.12월 성공적으로 개통했다. 그 결과 국내외에서 우수한 기술력을 인정받아 2016년 국제터널 지하공간 학회(ITA)로부터 '메이저 프로젝트 상'을 수상하고, 같은 해 세계적 권위의 건설 전문지 ENR이 주는 2016년 터널·교량 분야 글로벌 베스트 프로젝트 상을 국내 건설사 최초로 수상했다. 그러한 기술력을 인정받아 SK건설은 2019년 런던 템스강 하저 터널 2개를 건설하는 실버타운 프로젝트를 수주해 2025년 개통을 목표로 건설 중이다.

그림 1. 한국의 건설기술로 건설한 차나칼레 현수교

그에 더해 한국의 DL이앤씨와 SK에코플랜트는 일본 및 중국 기업과의 치열한 입찰 경쟁 끝에 유럽과 아시아를 잇는 세계 최장의 '차나칼레 현수교' 건설 사업을 2017년 수주하여 2022. 3.18일 개통함으로써 세계를 놀라게 했다. 공사 기간을 계획보다 무려 1년 7개월이나 단축했다. 총길이 3,563m로 주 탑과 주탑 거리인 주경간장[53])이 현수교 중 세계에서 가장 긴 2,023m라고 한다. "터키 건국 100주년인 2023년을 기념해 2,023m로 설계했다."고 하는 데 2022년에 개통한 것이다. 이전까지 세계에서 가장 긴 현수교는 1998년 완공한 일본의 아카시 해협대교로 길이가 1,991m이다. 현수교는 해상 특수교량 중 시공 및 설계난이도가 가장 높은 교량으로서 특히 이 차나칼레대교가 세계적 주목을 받게 된 것은 주경간장 거리가 '마의 2km'를 넘는 설계이기 때문이다. 그러한 교량을 한국 건설기업의 기술로 완성한 것이다. 정말 자랑스럽다고 아니할 수 없다.

어디 그뿐인가? 대우건설은 중국 및 일본 기업들과 치열한 경쟁 속에 예상을 뒤엎고 남아프리카의 보츠와나, 잠비아, 짐바브웨, 나미비아 등 4개국 국경이 교차하는 카중굴라 지역의 잠베지강을 가로지르는 '카중굴라 대교' 건설 사업을 수주하여 2014. 12월 착공, 2020.5월 대교를 준공[26]했다. 대우건설 관계자는 "당초 4년 예정이던 공사가 열악한 인프라 여건과 현지인의 텃세로 인해 5년 넘게 걸리며 거의 무에서 유를 창조하다시피 했다"며 "대한민국 건설사라는 자부심 하나로 직원들이 견뎠던 것

53) 이는 주탑과 주탑 간의 거리로서, 길이를 길게 하는 것이 핵심기술임

같다"고 말했다. 앞서 중국, 일본과 치열한 경쟁을 벌인 카중굴라 대교 수주는 대우건설이 과거 아프리카 시공 경험에서 신뢰를 얻었기 때문에 가능했다고 사람들은 말한다. 대우 건설은 이번 장기간 공사에서도 신뢰 구축을 위해 노력한 결과 어떠한 중대 사고도 없이 1,000만 시간 무재해로 마칠 수 있었다.

카중굴라 대교 완공 이후 요즘 남부 아프리카 지역에서는 '카중굴라의 기적'이라는 말이 회자하고 있다고 한다. 카중굴라 대교 건설은 남부 아프리카 국가들의 40년에 걸친 숙원 사업이었다고 한다. 국경을 맞대고 있는 잠비아, 보츠와나, 짐바브웨, 나미비아 등 4개국 중 재정 여건이 좋은 보츠와나와 잠비아 두 국가가 비용을 절반씩 부담하기로 합의가 이루어져 2014년 다리 건설 사업이 본격화됐다. 카중굴라 대교 사업을 놓고 한국, 중국, 일본이 치열한 경쟁을 벌였다. 선공에 나선 일본 기업은 일본국제협력단의 국제 원조로 시작된 이 프로젝트의 장점을 살려 자신들이 유리하도록 일본국제협력단을 통해 특수공법 수행실적을 입찰 참여 조건에 넣었다. 중국 기업은 낮은 공사 금액을 앞세워 공격적으로 수주전에 나섰다고 한다. '뒷배'도 없고 '비용'으로도 경쟁력이 없는 대우건설이 수주전에 내세울 수 있는 것은 오직 기술 경쟁력과 현지 공사 노하우뿐이었다.

대우건설은 1986년부터 1991년까지 보츠와나에서 시행했던 5건의 도로 공사 실적을 통해 입증한 우수한 시공 품질과 합리적인 공사비를 제안했다고 한다. 결국은 뒷배도 없고 가격 경쟁력도 떨어지는 대우건설이 수주에 성공했다. 당시 보츠와나 사업 책임자는 "00 나라 기업이 만든 도로는 10년을 못 버티고 하자가 생기지만 대우건설이 만든 도로는 30년이 지나도록 멀쩡했다"며 "대우건설의 품질에 대한 믿음이 있어 중요한 공사를 맡겼다"고 설명했다고 한다. 결국 기술력에 대한 신뢰가 그들을 믿게 만들어 수주에 성공한 것이다. 카중굴라 지역에 랜드마크가 될 정도로 경관이 아름다운 카중굴라 대교의 성공적 건설은 일대일로 사업이란 명목하에 그간 중국이 독식하던 아프리카 건설 시장에서 한국 기업의 기회도 많아질 전망이라고 한다. 그만큼 한국기업이 신뢰를 구축했다고 생각하기 때문이다.

그림 2. 한국의 대우건설이 건설한 카중굴라 대교

신의란 믿음과 의리를 말한다. 한국인들이 특히 신의를 중시하는 이유 중의 하나는 역시 조선왕조의 생활 지침이었던 삼강오륜 덕목 중 하나인 「붕우유신(朋友有信)54)」에 연원한다고 말할 수 있다. 신(信)의 개념은 맹자가 인간이 구비해야 할 덕목이라고 말한 인(仁)·의(義)·예(禮)·지(智)에 전한 시대의 동중서가 오행설의 개념을 도입하여 추가한 인간이 지켜야 할 기본윤리중의 하나로서 정립된 오상설(五常說)의 한 가지 요소이다. 그런데 맹자가 주장한 인간이 구비해야 할 4가지 덕목은 말 그대로 인간 자신이 내면적으로 구비하도록 노력해야 할 요소들이다. 반면에 신(信)은 상대적 개념의 덕목이다. 인간관계에서 상대방에게 지켜야 할 나의 도리라는 것이다. 친구가 아무리 인의예지를 구비했다고 해도 믿음이 가지 않으면 아무런 의미가 없게 된다. 어쩌면 그러한 연유에서 친구 간에는 신의가 있어야 함을 강조하는 붕우유신(朋友有信)을 추가하여 오륜을 완성한 것이 아닌가 싶다. 유학에 어린아이들에게 가르치는 소학에는 믿음에 대해 다음과 같이 강조하고 있다.

"일함에 있어서는 조심해서 미덥게 해야 하며, 말을 하되 미덥지 못하면 정직한 친구가 아니고, 인의예지(仁義禮智)는 모든 사람이 필수적으로 지켜야 할 기본적인 도덕과 규범이며, 벗과 벗 사이에도 벼리와 같이 신의가 지켜져야 한다."

유교가 전래하면서 삼강오륜은 한국인의 2,000년 이상 선조 대대로 생활에 기본윤리로서 익혀왔다. 조선 왕조에 들어와서는

---

54) 친구 간에는 믿음이 있어야 한다(Confidence should be maintained between friends.).

어린아이들이 교과서 '소학'을 배우면서 붕우유신(朋友有信)을 수백 년 암기하다 보니 오늘의 한국인들 의식 속에까지 신의 중시 사상 역시 체질화되어 있다는 견해이다. 1998년 러시아가 국가부도 위기의 어려운 시기에 봉착했을 때 대부분의 외국 기업들은 서로 앞다투며 러시아를 떠났다. 그렇지만 당시 러시아에 진출해있던 한국의 기업들은 외국 기업으로는 유일하게 러시아에 남아 그들과 어려움을 함께했던 사례가 한국인들이 신의를 중시함을 입증해주고 있다.

한국인들에게는 아직도 유교적 관습들이 많이 나타나고 있다.

중요한 가정의례에 유교적 관습을 따른다.

한국에 기독교인은 2015년 기준 대략 전체인구의 28%에 근접한 1,340만명 수준이라고 한다. 그런데도 다수의 한국인은 아직도 개인이나 가정에 큰 행사라 할 수 있는 혼례55), 상례56), 제례57) 등에 유교적 절차를 따르고 있음을 알 수 있다. 물론 기독교의 영향으로 장례식이나 제례 절차상에 고인에 대한 추모형식이 바뀌기는 했어도 의례의 진행은 대부분 유교적 절차를 따르고 있다.

---

55) 혼인의 의의를 구체적으로 나타내는 의식절차
56) 죽은 사람에 대해 거상(居喪) 중에 있는 동안에 치러지는 모든 의례
57) 시체를 묻거나 화장하는 의례

아직 한국인들에게 혼례의 경우 결혼에 대한 인식부터가 유교적이라는 것이다. 한국인들은 결혼이란 사회에 성인이 된 것을 증명하고 사회의 최소단위인 가정을 만드는 계기가 되며 자손을 번성하게 하는 출발점이라고 인식한다. 조선시대에 유교적 종법제도58)에 기반을 두고 네 단계로 간소화되어 정착된 혼례 규범과 절차가 아직도 선별적으로 시행되고 있다. 양가가 혼인하기로 하면 신랑의 집에서는 사주단자(四柱單子)와 청혼서를 약혼의 징표로 보낸다. 신부의 집에서는 사주받은 답례로 혼인 날짜를 택일하여 보내는 연길단자(涓吉單子)와 허혼서를 보낸다. 다음은 신랑의 집에서 선물을 함(函)에 넣어 신부의 집에 보내어 혼인의 성립을 확실하게 한다. 결혼식을 한 후에는 신부가 친정을 떠나 시가(媤家)에 편입되는 것을 의미하는 폐백 드리기를 한다. 신혼여행 갔다가 와서 신혼부부가 근친(覲親)을 다녀오면 혼례가 마무리된다.

장례 절차 역시 과거 주자가례에 기반을 둔 유교적 절차가 현대사회에 부합되도록 간소화되어 진행됨을 알 수 있다. 죽은 후 죽은 자에 대한 습(襲)59)과 염(殮)60)을 한다. 주검이 장례식장을 떠나는 마지막 제사인 발인제(영결식)를 지낸다. 묘지를 정하여 시신을 땅에 치장(治葬)한다. 발인이 끝난 후 이틀 뒤 산소에서 지내는 첫 번째 제사인 삼우제(三虞祭)를 지낸다. 죽은 자를 사

---

58) 중국 주나라의 부계적 가계 계승을 원칙으로 하는 가족제도
59) 시체를 목욕시키고 수의(壽衣)를 입히는 일
60) 입관을 위해 습이 끝난 시체를 베로 감아 매듭을 짓는 일

당에 안치하고 탈상(脫喪)한다. 탈상으로 상례가 마무리된다.

조선시대에 들어와 정착하기 시작한 조상에게 제사 지내는 유교적 제례(祭禮) 역시 그 관습들이 아직 한국 사회에 많이 남아 있다. 주자가례와 전통적인 가정의례서에 명시된 제사 중 지금까지 행해지고 있는 제사에는 시제(時祭)[61], 기제(忌祭)[62], 명절 제사[63]가 있다. 제사상 차리기와 제사 절차들이 아직도 유교적 관습에 의해 진행되고 있다. 한국 사회에 아이러니하게 진행되는 하나의 유교적 제례 사례를 소개한다. 한국인들은 살아있는 조부모나 부모, 그에 상응하는 어른들에게는 중요한 행사에 예의를 표시하는 방법으로 살아계신 분들에게는 한번, 돌아가신 분들에게는 장례식이나 제사, 성묘 때에 두 번씩 절을 한다. 기독교에서는 제사에 절하는 것을 우상 숭배로 해석하여 금지하고 있다. 그런데도 기독교인들은 장례 진행 과정에는 유교적 절차에 따라 진행되는 염습, 발인, 삼우제, 탈상, 기일에 예배를 드린다. 얼마나 우스운 모습인가? 기독교적 장례 절차가 필요한 이유이다.

한국인들에게는 아직도 조상숭배의식이 강하다.

유교 교육 제일의 목표는 인(仁)을 가르치는 것이다. 인은 인간애(人間愛)로서 부모에 대한 효(孝)로부터 발원하여 남에게 공

---

61) 어떤 지역에 문중을 형성하고 있는 씨족 마을 성원들이 그 문중 중시조나 입향시조(入鄕始祖)를 시작으로 해서 5대조 이상의 조상을 위해 사계절의 가운데 달에 지내는 제사(현재는 가을에만 지냄)
62) 4대조 이하 조상이 돌아가신 날에 당사자께 올리는 제사
63) 설날과 추석에 종손 집에서 그 집의 4대조 조상까지 지내는 제사

손할 때 필연적으로 온 인류에게 퍼져나간다는 개념이다. 부모에 대한 효는 조상숭배에 기반을 두고 있다. 논어에 조상숭배에 대한 글들이 다수 있다. "공자는 상을 당한 사람 곁에서 식사하실 때는 배불리 잡수시는 일이 없으셨다. 공자는 조상의 제사를 지낼 때는 마치 조상이 와 계신 것같이 하셨다. 나 자신이 제사에 참여치 않으면 제사 지내지 아니함과 같다고 하셨다. 부모에 대한 상(喪)을 신중히 모시고, 먼 조상을 정성껏 추모하면 백성들의 덕성이 순후해질 것이다." 등64)이다. 이러한 글들은 부모에 대한 효는 사람이 살아가는 데 모든 언행의 근본이며, 상례(喪禮)를 예(禮)의 근본으로 보는 유교적 시각에서 상례는 치를 때는 조상이 마치 앞에 와 계신 것 같이 성의와 공경하는 마음으로 받들어야 함을 의미한다. 상례는 효가 겉으로 드러난 모습이라는 시각 때문이다. 살아계신 부모는 물론 돌아가신 부모나 조

상까지도 정성스럽게 섬겨야 한다. 그렇게 효행을 한다면 백성들의 덕성과 풍습은 저절로 순후해진다는 의미이다.

이처럼 유교에서는 효의 근본으로 조상숭배를 강력하게 지지하고 있다. 조상숭배는 필연적으로 조상의 영혼을 받드는 것이다. 따라서 사후의 영혼이나 사후의 세계가 있음을 전제하는 것처럼 인식

---

64) 논어 술이 9편, 팔일 12편, 학이 9편

한다. 조상숭배를 강조하는 한 유교도 역시 종교로서의 성격을 가지게 된다고 주장할 수도 있다. 이는 맞는 논리이다. 그러나 조상숭배와 사자숭배의 차이점을 알면 구분이 가능하다. 막스베버에 의하면27, 사자숭배란 고대 이집트 등에 전형적으로 나타나 있는 사자의 내세에 강한 관심을 두고 있다. 내세 신앙의 성격이 강하다. 반면에 조상숭배는 현실에 대한 관심을 중심으로 한다. 그 사례가 유교의 상례 중 좋은 조상의 묏자리를 찾는 전통이다. 이는 조상의 묏자리가 좋으면 미래에 후손들이 번창한다는 풍수지리설 주장 때문이다. 결국 조상의 영혼이 현세의 자손을 지켜준다는 현세적 관심이 그 중심 사상이다. 조상숭배의 핵심이라 할 수 있는 조상 영혼의 실재 여부, 사후 세계의 구성 등에 관해서는 관심을 두고 있지 않은 것이 특징이다.

유교에서는 죽은 선조의 영혼을 받드는 의식인 제례(祭禮)를 중시한다. 이는 경신숭조(敬神崇祖)의 관념을 기르는 데 효과적이라는 교육적 효과를 인정했기 때문이다. 제례는 가족과 혈족 간의 결속, 나아가 국가의 질서유지를 가져오는 정치적 효과도 크다. 이와 같은 제례의 효과 때문에 무신론적 입장에 서 있던 공자도 제례를 존중하였다는 견해이다. 그 근거로서 공자는 "사람으로 해야 할 도리에 힘쓰고 신을 공경하되 가까이하지 않는다면 가히 지혜롭다 할 수 있느니라.65)"라고 논어에 언급하고 있는데, 이는 신을 경원하는 것이 인텔리의 태도라는 의미로 해석이

---

65) 논어 옹야 20편

가능하기 때문이다. 또한, 공자의 병환이 위중하여 제자가 "공자를 위하여 천지신명에게 빌었다."고 말하자, "나의 그런 기도는 오래되었느니라.[66]"라고 했다. 이러한 공자가 언급한 내용[67]을 보면 공자는 "평소에 도덕만 지키고 있으면 특별히 신에게 빌 필요가 없다."고 무신론적으로 생각하고 있었음을 알 수 있다.

한국인들은 아직 오랜 유교 사회의 전통에 따라 설날과 추석, 한식과 시제, 돌아가신 기일에 친족들이 함께 모여서 제사를 지내고 있다. 선조 대대로 그러한 영향을 받아 온 한국인들에게는 아직도 부모에 대한 효의 연장선에서 고향의 애틋한 정서와 함께 조상숭배의식이 강하게 남아 있다.

부계 중심 가족제도와 장남 위주 상속, 그에 따른 부모봉사 개념이 남아 있다.[28]

가족제도는 그 집안의 가계를 이어 나가기 위한 상속, 분가, 양자 등과 관련된 제도를 말한다. 현재 한국인의 상속제도는 호주 및 아들 우대제도에서 1990년 이후 변경되었다. 배우자는 1.5, 자식은 각각 1씩 남녀 구분 없이 균분 상속으로 법제화 되어 있다. 그런데도 오랜 세월 유지되어 온 부계 위주로 집안의 대를 잇기 위한 아들 위주의 상속제도 영향이 면면히 남아 있다. 아직도 일부 한국인들은 적장자 중심 개념을 유지하고 있다. 한

---

66) 논어 술이 34편
67) 평소 하늘의 뜻을 받들어 천도에 어긋나지 않도록 바라고 조심하였으니 천지신명에게 기도하였음과 다를 바가 없지 않으냐 하는 의미

국인의 가족제도는 부계우위(父系優位)의 양계적 계승이었다. 역사적으로 보면 한국 사회는 18세기 들어와서야 장남 위주 부계 중심 사회로 바뀌었다. 기록에 의하면 고려 전기까지는 한 쌍의 부부 단위나 어느 한쪽의 노부모를 모시는 단위의 소가족 구성이 많았다. 고려 중기 이후 둘 이상의 부부 가족으로 구성되어 차차 대가족 구성으로 바뀐다. 조선시대에 들어와서는 대가족 구성이 중심적이었다. 이렇게 대가족제도로 바뀌게 된 것은 두 가지 이유에서였다. 한 가지는 유교 덕목 중 하나인 부모에 대해 효도를 이행하기 위해서였다. 다른 한 가지는 노동집약형의 농사일을 효과적으로 수행하기 위함이었다. 집집마다 농사에 필요한 최소한의 노동력이 필요했기 때문이다.

기록에 의하면 고려시대에 상속은 아들과 딸에게 결혼 여부와 관계없이 모든 재산을 똑같이 나누어 주는 방식이 일반적이었다. 당시에는 가족제도가 친가·외가·처가가 유기적으로 결합된 친족 형태로 유지되었다. 그 결과 딸 차별이나 장남 우대라는 사고방식이 아직 형성되어 있지 않았다. 자녀의 균분상속이 가능했다. 당시 남성이 여성의 집으로 장가를 가는 서류부가형(壻留婦家形)[68] 혼인 형태도 균분상속 제도의 성립에 영향을 주었다. 균분상속의 영향으로 제사 의무도 자녀가 균등하게 윤회봉사(輪回奉事) 개념으로 나누어서 지었다. 이 경우 재산 관리는 철저하게 자신의 몫별로 관리하고 기록하였다. 이러한 균분 상속은 조

---

68) 남자가 혼인 후 일정 기간 처가에서 살다가 남자 집으로 돌아가는 고구려의 혼인풍속; 데릴사위풍속

선 중기 16세기까지 계속되었다.

16세기 후반 이후 사림에 의해 종법적인 가족제도[69]가 확립되었다. 향약에 의해 향촌이 운영되어 유교 문화가 지방 곳곳 개인에게까지 침투하게 되었다. 그 영향으로 17세기 중엽부터 남녀 차별·장남우대가 서서히 나타나기 시작했다. 18세기에 이르러서는 균분 상속은 거의 사라지고 아들과 그중에서도 장남이 우대되는 상속제가 정착되었다. 사위가 제사에서 제외되었다. 시집올 때 가져온 여자의 재산도 남편의 재산으로 간주하였다. 상속제가 변하면서 18세기에 이르러 제사의 상속도 장남 단독 봉사로 정착되었다. 상속제가 부계 혈연으로 변화하면서 양자제도가 발달하게 되었다. 가족 유형도 부계 직계가족이 본격적으로 형성되게 되었다.

남녀 균분상속은 조상의 유산을 분산시키는 효과가 있다. 대내적으로 가족 간에는 빈부 차이가 발생하지 않도록 해주었다. 반면에 대외적으로는 불가피하게 남의 집안과 비교해 족세(族勢)·가세(家勢)를 약화하는 결과를 초래하게 되었다. 조선 후기로 들어 인구가 증가하면서 그러한 현상은 심화하여 나타나게 되었다. 유교적 문화권에서는 집안에 대를 잇는 것 못지않게 집안의 세력을 중시한다. 집안의 세력을 유지하기 위해 적장자 위주의 상속제도가 출현하게 된 것은 자연적 현상이라 할 수 있다. 조선 후기 이후 유산이 적장자에게 독점적으로 상속되었다. 그

---

69) 가부장제를 바탕으로 친족체계, 동성 불혼, 이성 불양, 장자 상속 및 자녀 차등 상속의 대가족 제도를 내용으로 하는 유교적 가족제도

집안의 가세에 따라 부유한 부모로부터 상속받은 형제간에도 빈부의 차이가 발생하게 되었다. 따라서 적장자의 부모 봉사에 대한 책임 또한 당연시되었다.

고려시대에 부모에 대한 효(孝)는 정부 차원의 강력한 권장 사항 중의 하나였다. 조선시대에 들어와 유교적 문화가 보편화되면서 사회적 윤리 중 하나로 승화하게 되었다. 조선 후기에 들어 부계 중심의 가족 형태로 발전하면서 효는 사회적 이데올로기[70]로까지 발전하게 되었다. 조선 사회를 가족주의 사회라고도 하는 것은 이렇게 가족 원리로서의 효가 사회적 이데올로기로 발전했기 때문이다. 오늘날 한국 사회에는 자식에게 균분상속이 법제화되어 있다. 그런데도 오늘날 많은 한국인의 가정은 오랜 유교적 문화의 영향 탓으로 아직 부계 중심의 가족제도와 장남 위주 상속과 부모봉사 개념이 여전히 남아 있음을 알 수 있다.

한국인들은 이웃 간에 서로 돕는 성향이 강하다.

대부분의 한국인은 어려운 이웃을 가리지 않고 도와주는 좋은 습성을 가지고 있다. 이웃이나 친척의 일에 발 벗고 나서서 적극적으로 돕는 상호부조 인식도 강하다. 이웃의 혼례나 장례식 등 그들의 주요한 애·경사(哀·慶事)에는 친척, 친구, 이웃 사람에 이르기까지 모두 힘을 합쳐 열심히 돕는다. 특히 주위에 재해를 입은 사람, 병이 든 사람, 갓 이사를 온 사람 등 도움이 필요한

---

70) 인간 행동, 정치·사회의 기본이 되는 근본적인 사고

사람에게도 정성을 다해 도와주는 습성이 강하다. 이웃 및 친지의 관혼상제 행사에 상부상조적(相扶相助的)이다. 한국인들의 이러한 좋은 습성과 성향은 어디서 유래한 것일까?

한곳에 모여 타지 사람의 왕래가 거의 없이 함께 오랫동안 살아온 사람들은 친척 간이 아니어도 서로에 대해 잘 알게 되어 있다. 「이웃사촌」이란 말이 있다. 서로 이웃에 살다 보니 사촌 친척처럼 되었다는 말이다. 사계절이 분명한 한반도의 기후에서는 절기에 맞추어 농사를 지어야 수확을 제대로 할 수 있다. 농사는 심한 육체적인 노동을 요구하며, 한 사람이 감당할 수 있는 일의 양은 제한적일 수밖에 없다. 한반도는 척박한 토양이면서 가뭄과 홍수가 자주 발생한다. 그와 같은 재해는 혼자 감당할 수 있는 것이 아니다. 여러 사람의 서로 돕는 삶이 절대적으로 필요하다. 그렇게 누군가의 도움이 필요한 생활환경에서 한국인들은 선조 대대로 수천 년 동안 농경사회를 이루어 살아온 것이다. 그러한 연유로 한국인들에게는 자연발생적으로 어려움에 부닥친 사람을 도와주며 이웃 간에 서로 돕는 상호부조 습성과 성향이 체질화되었다는 견해이다.

그러한 자연 환경적 요인으로 인해 자연스럽게 16세기 후반 이후 조선 사회에 서로 도우면서 살아야 하는 것이 도덕규범으로서 뿌리를 내리게 되었다. 향촌의 유교 사회에서 지켜야 하는 기본 윤리로서 "좋은 일은 서로 권하여 장려해야 하며, 나쁜 일은 서로 규제하여 못하도록 해야 하고, 좋은 풍속은 서로 교류해야 하며, 근심과 재난이 있을 때는 서로 구휼해야 한다."는 향약

4조 목의 생활 지침으로 발전하게 된 것이다. 이후 상부상조 개념의 향약 4조 목의 내용은 수백 년 동안 조선 사회에 면면히 스며들어 구성원들에게 의식화되었다. 그 결과, 주위에 어려운 사람이 있을 때 도움을 아끼지 않고, 이웃과 친지의 슬픈 일이나 기쁜 일에 서로 돕는 상호부조 성향이 강한 한국인의 좋은 습성이 오늘의 한국 사회에 남아 있다는 논리이다.

한마디로 상부상조가 절대적으로 요구되는 한반도의 생활환경이 당연하게 조선시대 향촌 생활 규범인 향약에 「상부상조」를 포함하게 유도했으며, 그 영향으로 한국인들에게 내재해 있던 상부상조 습성과 성향이 더욱 강화되어 오늘날까지 전해 내려오고 있다는 견해이다.

한국인들은 손님(외국인)을 잘 접대한다.

필자가 1980년대 미국 유학에서 겪은 일이다. 미국인들의 시각에서 필자가 겪은 것은 당연한 일이었을 것이다. 그러나 한국인인 필자에게는 상당히 당황스러운 경우였다. 그 일화를 소개한다. 1981.9월 낯설고 물이 설은 미국 캘리포니아주에 위치한 00 대학원 00 석사 과정에 한국의 국비 장학생의 신분으로 입학했다. 학교가 위치한 지역이 휴양지라서 기거할 집을 구하지 못해 3개월 동안 가족과 함께 모텔에 기거하며 학교에 다녔다. 그런데 필자가 다닌 00 대학원에는 학생들을 위한 좋은 기숙사 시설이 있었다. 그렇지만 필자와 같은 외국 학생들에게는 기숙사에 입주할 자격이 주어지지 않아 신청도 해보지 못했다. 그런데 한국의 대부분 대학교에서는 외국인 학생 전용의 기숙사를 별도로 운영한다. 외국 유학생이 낯설고 물이 설은 한국에 와서 쉽게 적응하기를 바라는 배려이다. 그래서 필자가 당황했었다는 말이다. 그렇게 철저하게 기숙사를 자국민 위주로 운영하는 것을 보고 "이 나라가 진정 선진국이야!" 하는 생각을 갖게 되었다. 선진국이라면 약자에 대한 배려가 있어야 한다고 생각했기 때문이다. 2년 6개월 동안의 미국에서 유학 생활을 마치고 귀국 전에 지도교수님께 감사 인사를 드리러 그의 연구실에 들렀다.

"불과 군, 그동안 수고 많았네! 자네는 이제 우리 미국에 대해 많은 좋은 인상과 추억을 가지고 가는 거지?"

"교수님, 그동안 친절하신 지도에 깊은 감사를 드립니다. 하지만 제가 고국에 돌아가게 되면 미국이라는 나라에 대해서는 결코 좋아할 것 같지 않습니다. 죄송합니다."

"그게 무슨 말인가? 무엇이 자네를 그렇게 만들었나?"

"한국과 미국의 차이가 무엇인지 아십니까? 한국을 다녀간 외국인은 한국을 좋아하게 되고 꼭 다시 방문하고 싶어 한답니다. 하지만 제가 아는 바로는 미국에 다녀간 사람 중에는 다수가 Anti-American이 된다고 들었습니다. 어쩌면 강자의 위치에서 약자를 전혀 배려해주지 않는 사람들의 태도와 사회제도 탓이 아닐까요?"

지금 기억에 필자를 아껴주셨던 교수님은 필자의 완강한 태도에 크게 낭패한 모습을 보이신 기억이 생생하다.

한국인들의 문화적 특성은 손님 특히, 한국을 찾아온 외국 손님들에게 친절하다는 것이다. 한국에서 살다 간 외국인들 대부분은 자신의 고국에 돌아가게 되면 한국을 그리워한다고 한다. 한국을 다녀간 유명 연예인들도 꼭 한국에 다시 오고 싶다고 말하며 어떤 사람은 한국을 적극적으로 홍보까지 해준다. 그것은 어떤 연유에서일까? 한국인들은 절대로 자신들이 잘났다고 생각하지도 않는다. 그렇다 보니 외국인들을 무시하거나 깔보는 것을 필자는 듣거나 본 적이 없다. 한국인들은 수천 년 전에 한반도에 정착하여 농경사회를 이루어 선조 대대로 이웃 간에 서로 도우며 살아왔기 때문에 그들의 심성은, 홍익인간의 건국이념이 대변해 주듯, 선량할 수밖에 없어 그렇다고 생각한다. 그러한 연유에서 한국인들은 옛날부터 우리 땅에 찾아온 낯이 설은 사람들에 대해 역지사지(易地思之)의 자세로 그들을 배려해주는 것이 몸에 배어있어 당연한 것으로 생각한다.

15세기 이후 유럽인의 동방 진출이 본격적으로 이루어지면서 조선에 표류해온 서양인의 기록 중 네덜란드인 하멜에 대한 기록이 있다. 그는 일행과 함께 제주도에 표류하여 한양으로 이송되어 당시 국왕이던 효종에게 불려갔다. 효종은 호기심을 나타내며 네덜란드의 풍속 놀이를 해볼 것을 지시했다고 한다. 당시 한양의 사대부들 역시 하멜 일행과 그들의 문화에 대한 관심이 많았다고 기록되어 있다. 그래서 하멜 일행은 한양에 이송된 후 상당한 후대를 받았다고 한다. 조선 현지화 교육을 통해 조선 신분증인 호패를 받았으며, 왕이 하사한 포목으로 한복을 지어 입었다고 기록되어 있다.[29] 1901년 독일인 겐테가 쓴 '신선한 나라 조선'에 당시 조선인들은 서양인들에 대해 참기 어려울 정도의 관심과 호기심을 가지고 있었다고 한다. 그런데 그런 호기심은 어느 정도 선의의 호의에서 비롯된 것으로서 절대 사람을 해치거나 화나게 하려는 의도가 아니었기에 여행에는 전혀 방해되지 않았다고 기록되어 있다.

　예로부터 한국인들의 선조들은 가족을 먹여 살리고 조금이나마 남은 쌀이 있는 한 나그네를 먹이는 데 아끼지 않았다고 한다. 점심이나 저녁 식사 때 손님이 찾아오게 되면 설령 그가 모르는 사람이라도 음식을 대접하는 것을 당연한 일로 여겼을 정도였다. 그들은 손님 접대를 하나의 의무로 생각했던 것 같다. 그러한 습성이 아직도 그 후손들에게 남아 있는 것이다. 오늘날에도 한국인들은 손님 접대에 소홀하지 않으며 후한 편이다. 그렇게 한국인들에게는 천성적으로 자신을 찾아온 손님들 접대에 소홀하지 않는 좋은 습성이 체질화되어 있는 듯하다. 한국인들의 보편화된 말 중에 "집 떠나면 고생이야!"라는 말이 있다. 그러한 연유에서 자기를 찾아온 손님에게는 집 떠나 찾아온 손님의 처지를 배려해서인지 절대로 소홀히 대하지 않는 모습이다. 그 영향으로 한국을 다녀간 사람들 대부분은 한국인들에 대해 좋은 인상을 받게 되는 것이다. 그렇다면 한국인들의 이러한 좋은 습성과 성향은 어디서 유래한 것일까?

　아시아 대륙의 동쪽 끝자락에 있으면서 일본열도에 둘러싸인 한반도의 지정학적 영향 탓에 과거에 한반도를 찾는 외국인이라면 대부분이 중국인과 일본인이 전부일 정도였다. 그에 더해 농경사회 특성상 활동 영역이 주변 수십 리 정도로 극히 한정된 지역에서 평생을 생활하다 보니 갑자기 나타난 이방인들에 대해 한국인의 선조들이 적의보다는 관심과 호기심을 갖게 되었던 것은 당연한 이치이다. 그것도 우리 동양인의 모습과 전혀 다른 서양인들이 나타났을 때 그러한 관심과 호기심은 더했을 것이다. 또한 향약 4조 목의 생활 지침에 의해 의식화된 '어려운 사람은 서로 도와야 한다.'는 습성이 더해져 한국인들은 오늘날에도 한국을 찾아온 외국 손님들에게 특별히 친절하다는 견해이다.

한국인들은 강자에 의뢰심이 많으면서도 그들의 도움을 별로 고마워하지 않는다.

20세기 초 외국인들이 느낀 조선인의 특성 중 하나가 '의뢰심이 많고 사은 감이 적다.'는 것이었다. 이는 오늘날 대부분 한국인이 강자에 의뢰심이 강하고 공짜를 좋아하며 그들의 도움에 고마워하는 마음이 부족한 특성과 그 맥을 같이 한다. 여기서 말하는 의뢰심이란 자신과 관련된 일을 제삼자의 손을 빌려서 일을 이기적으로 해결하려는 것을 말한다. 의뢰심이 악용되면 뇌물증여가 된다. 뇌물을 이용한 사기행각이 될 수도 있다. 법정에서 이루어지는 판결까지도 많은 한국인은 해당 판사나 검사에게 줄을 대어 청탁을 하게 되면 자기에게 유리한 판결을 받을 수 있다고 생각한다. 그러한 생각이 체질화되어 있다. 한국인들은 청

탁해야 할 대상과 손이 닿지 않을 경우 그 대상과 손이 닿는 제
삼자를 물색하여 증뢰와 청탁을 한다. 어떻게 해서라도 자기가
원하는 바를 달성하려고 한다. 한국인들의 마음속에 자리 잡고
있는 「無錢有罪·有錢無罪[71]」 의식이 그 증거이다. 이러한 한국
인의 청탁문화는 어디서 유래한 것일까? 여러 가지 이유가 있겠
지만 아래에 대표적인 사례 몇 가지 열거한다.

앞에서 언급한 대로 조선의 인구는 세종대왕 시절 15세기 중
반 100만 명 이하에서 대한제국 말기인 20세기 초에 1,000만
명을 넘어 조선조 500여 년 동안에 인구가 대략 10배 이상 증가
했다. 농업을 기반 산업으로 하는 한반도는 70% 이상이 산악지
역이어서 생산적인 토지는 일부 지역으로 국한된다. 제한된 토
지에 인구가 증가하게 되면 당연히 생존경쟁은 심해질 수밖에
없다.

조선 사회에서는 군수 3년만 하면 평생 안락한 생활이 보장되
었다고 한다. 관리가 되면 출세할 수 있고 돈도 벌 수 있었다는
말이다. 이는 관료들이 관권을 남용하여 사복을 채울 수 있었기
때문에 가능했다. 유교를 치국의 근본으로 하는 국가들에서 나
타나는 대표적인 관료문화이다. 조선에 인구가 늘어나면서 생존
경쟁이 치열해지자 관리들의 수탈은 더욱 지능화되었다. 양반이
라 하는 사람들 대부분은 관리가 되든가, 아니면 관권에 붙어서
실리를 얻으려 할 수밖에 없는 상황이 전개되었다. 제한된 관리

---

71) 무전유죄·유전무죄; 돈이 있으면 죄가 있음에도 죄가 없는 것으로 되고,
돈이 없으면 죄가 없음에도 죄가 있는 것으로 된다는 의미

자리에 그 자리를 희망하는 자가 점점 늘어나면 어떻게 되는가? 사람들은 그 자리에 임용되기 위해 더욱 수단과 방법을 가리지 않게 되어 있다. 그러한 세태가 지속되면서 온갖 음모와 악책이 꾸며지게 되었다.

조선시대에도 추천에 의해 필요한 인재를 선발하는 제도가 있었다. 조선을 피폐하게 만든 당쟁을 유발하게 한 제도로 평가되기도 한다. 조선의 당쟁은 관료추천권을 갖게 되는 관료(정 5품 전랑) 추천에서 비롯되었다. 조선에서 추천에 의해 관료가 되기 위해서는 전랑의 추천을 받아야 했다. 능력보다는 추천에 의해 관료가 된 사람은 승진하기 위해서도 자기를 추천해주는 사람이 필요하게 된다. 대부분 전랑과 인연을 맺은 사람들은 전랑 주위에 모이게 되어 있다. 전랑을 중심으로 세력화를 도모하게 되는 것은 당연한 귀결이다. 그러한 연유로 해서 조선 관료사회에 당파가 형성되었다고 한다. 능력이 부족한 사람일수록 세력을 규합하여 파당을 형성하려 한다. 파당의 힘으로 자기 능력에 한계를 극복하기 위해서이다. 파당의 힘으로 권력을 장악한 후에는 세력 확장이 필요하게 된다. 반대 세력에 대항하기 위해서이다. 다음은 권력 유지를 위해 자기 파당의 이익 추구에 몰두하게 된다. 그들에게 본연의 임무는 관심의 대상이 아니었다.

그렇게 끼리끼리 다 해 먹는 패거리 정치가 조선시대 중반 이후 수백 년 이어졌다. 그러한 정치 세태에서도 사람들은 관료가 되기를 선망했다. 그러면서도 임용된 관료들에 대해서는 능력이나 실력보다는 청탁에 의해 임용 및 승진된 것으로 깎아내려 왔다. 그러한 문화가 체질화된 것이다. 그렇다 보니 사람들의 의식 속에 자신도 뒤를 밀어주는 사람만 있으면 원하는 관료가 될 수 있다는 생각이 의식화되었다. 이는 무엇을 의미하는가? 자기의 원하는 목표를 달성하기 위한 자신의 능력개발 노력은 그렇게 중요하지 않다. 그 목표를 달성하게 해줄 힘 있는 자 즉 강자의 지원을 받도록 만드는 노력이 더 중요함을 의미한다. 그러한 자신의 중요한 문제까지도 제3의 강자에게 의뢰하여 해결하려는 사고행태가 수백 년 조선을 살아온 선조들부터 전해져 내려왔다. 그것이 의식 속에 굳어져서 오늘날 한국인의 특성으로 아직도 일부 나타나고 있다는 견해이다.

같은 차원에서 오늘날 한국인들은 공짜를 좋아하고 고마워하는 마음이 부족하다고 평가된다. 자기가 아쉬워 도움을 청할 일이나 제3의 실력 있는 자에게 청탁할 일이 있을 때는 귀찮은 정도로 빈번히 연락하고 찾아온다. 그런 후 일단 그 목적을 달성하고 나면 노력해 준 것에 대한 감사의 뜻을 표하지 않는다. 물론 거의 소식조차 전하지 않는다고 한다. 이는 청탁문화가 일반화되어 있는 사회에 당연히 나타나는 현상이다. 청탁을 하는 자는 청탁의 대가로 뇌물을 준다. 청탁을 들어준 자는 뇌물의 대가로 그가 원하는 바를 들어주었다. 그런데 더 이상 무엇을 감사해야하느냐고 생각하는 것이다. 그러한 생각이 체질화된 조선인들의 습성에 사은 감이 없는 것은 당연하다. 오죽하면, "뒷간 갈 때 마음과 나올 때 마음은 다르다."는 속담까지 전해져 내려오고 있겠는가? 또한 앞에서 언급한 향약에 '어려움이 있을 때는 서로 도

와야 한다.'는 생활 지침도 한국인들을 사은 감이 부족하게 하는
데 한몫했다고 할 수 있다. 향약의 지침은 '능력 있는 사람이 어
려움에 부닥쳐 있는 사람을 돕는 것은 당연한 도리'라고 규약하
고 있기 때문이다.

한국인들은 남의 일에 참견하고 흉을 잘 본다.

공자의 가르침으로 대변되는 유교는 사람들에게 인간애를 의
미하는 "인(仁)"의 품성을 갖게 하는 것이다. 仁은 위에서 언급
한 대로 부모에 대한 효(孝)에서 발원하여 타인에게 효·제·충·
신·예·의·염·치를 지켜 공손하게 대할 때 필연적으로 온 인류에
게 퍼져나가게 되어 있다는 개념이다. 또한, 유교적 차원에 개인
적 배움의 목적은 인(仁)을 구비한 선인으로 성장하여 수신·제
가·치국·평천하를 할 수 있는 군자(君子)가 되는 것이다. 이는
유교의 순기능 차원의 내용이다.

논어에는 유학의 핵심 가치들이 담겨있다. 일반적으로 사람들
이 올바르게 살아가는 방법을 제시하고 있다. 그렇지만 '선비·
군자·인자·성인의 언행은 어떠해야 하며, 상대적으로 소인은 언
행이 어떠하다.'는 형식으로 표현된 내용들이 많다. 예를 들면,
'군자는 덕을 생각하고 소인은 땅을 생각한다. 군자는 법을 생각
하고 소인은 특혜를 생각하느니라. 군자는 두루 사귀어 편당 하
지 않고, 소인은 편당 하여 두루 사귀지 못하느니라. 군자는 남
의 아름다운 점을 도와 이루게 하고 남의 악한 점을 선도하여 이

루지 못하게 하나니, 소인은 이와 반대니라!' 등이다. 그리고 '나만 못한 자, 유익한 벗과 해로운 벗, 알기만 하는 자, 좋아하는 자, 즐기는 자 등'[72)으로 차별해서 구분하고 있다. 훌륭한 인격의 모델도 성인, 인자, 군자, 선인, 선비 등으로 차등을 두어 분류하여 구분하고 있다. 그 결과, 유교의 역기능 차원에서 접근하면, 논어의 사람에 대한 차별적 구성 체계는 인간관계에 있어 무의식적으로 상대방을 평가하고 구분하여 차별하도록 유도한다는 것이다. 그러한 연유에서 유학자들은 무의식적으로 대하는 사람들을 평가하고 구분하는 습성을 갖게 되어 있다. 자연스레 상대방의 허물을 인식하게 된다는 것이다.

향약은 조선 사회에서 향촌의 생활 규범이었다. 향촌 사람들 사이에 맺은 유교적 인간관계 윤리를 지키자는 약속이었다. 이는 지역에 따라 내용이 조금씩 달랐다고 한다. 그렇지만 좋은 일은 서로 권하고, 잘못은 서로 바로잡아주며, 좋은 풍속은 서로 권장하고, 어려운 일이 있으면 서로 도와주어야 한다는 네 가지 윤리는 공통으로 포함하고 있었다. 유교적 인간관계 윤리를 국가 차원에서 백성들의 생활지표로 제정한 것이다. 인간관계 유지에 필요한 도덕규범이 삶의 현장에서 이데올로기로 발전하게 되었다. 이를 계기로 향약의 생활 규범은 한국인들의 선조 심리 저변에 각인되게 되었다. 농경사회는 농사일의 특성상 상부상조의 협력이 절대적으로 요구된다. 향약의 목적은 농사일이 거의

---

72) 논어 이인 11편, 위정 14편, 안연 16편, 학이 8편, 계씨 4편

전부인 한반도 생활환경하에서 민중 중심으로 자발적인 협동체를 조직하고 유교적 가치관의 생활화를 통해 향촌을 교화하는 것이었다. 이는 향약의 순기능 차원의 내용이다.

동전의 양면처럼 어느 것이든 순기능이 있으면 역기능이 있듯이 "좋은 일은 서로 권하고, 잘못은 서로 바로잡아주며, 좋은 풍속은 서로 권장하고, 어려운 일이 있으면 서로 도와주어야 한다."는 향약 4조항의 내용들은 주위 사람들의 언행을 참견하고 교화까지 해야만 하는 역기능을 포함하고 있다는 것이다. 현대적 개념으로 향약 4조항은 아주 가까운 친척이나 친구들에게조차도 조심해서 권유해야 하는 내용들이라는 것이다. 그렇게 위에서 언급한 유교적 가르침과 향촌 규약으로 생활 지침이 되어 왔던 향약의 내용들이 수백 년 동안 한국인들의 선조 대대로 의식화된 까닭에 그 역기능의 단면으로 오늘날까지도 한국인들에게 나타나는 것이 남의 일에 참견하고 흉을 잘 본다는 것이다.

뒤에서 욕을 하는 나쁜 습성도 있다. 한국인의 사상을 지배해온 유교의 가르침과 300년 이상 한국인 선조들을 지배해 온 향약의 규약이 오늘날까지도 아직 한국인들의 생활습성 및 인간관계에 전승되어 남아서 나타나는 현상 중 한 가지이다.

한국인들은 사회적으로 관계주의적이다.

다수의 한국인은 사회적으로 사람을 대함에 있어서 관계주의적이어서 자신의 역할을 중시하며 본분 및 도리에 충실해지려 노력한다. 사람들은 한국 사회를 개인주의나 집단주의와는 다른 관계주의적인 특징이 있다고 말한다. 개인이나 집단의 목적보다 타인과의 관계에 더 목적을 둔 행동을 많이 하는 경향이 있다는 말이다. 이는 나와 관계가 있는 사람의 이해를 소속집단의 정의나 공정성, 효율성 보다 우선시한다는 말이다30. 어쩌면 대아보다 소아를 중시하는 파벌주의도 이에 연유한다고 할 수 있다.

서구 기독교 사회에서는 사람은 누구나 평등하며 절대자만이 인간의 죄에서 구원해 줄 수 있다는 사상을 전제로 하고 있다. 나의 인생에 대한 평가는 절대자만이 해 줄 수 있다고 생각한다. 절대자의 피조물에 불과한 사람은 어느 누구도 내 인생에 도움이 될 수 없다. 나의 인생은 오직 절대자와 나와의 관계로 이루어져 있다고 정의한다. 그렇기 때문에 서구인의 사회관계는 개인주의적이다. 원칙에 충실하며 정직성 추구를 중요하게 여긴다.31

반면에 한국 사회를 지배해 온 유교의 기본 도덕규범은 인간관계에서 성립된다. 유교에서 추구하는 '인(仁)'이라는 글자는 두 사람(二와 人의 결합)을 의미한다는 해석에서도 유교의 도덕 인식은 '사람과 사람 사이'에 근거하고 있음을 보여 준다. 유교적 삶에 지침인 삼강오륜도 이러한 인간관계의 특정한 형식을 보여준 것뿐이다. 유교의 가장 일반적인 관계는 나(己)와 남(人)의 인간관계이다. 유교의 기본성격은 "나를 수련하고 남을 다스린다(修己治人)."라고 규정한다. 유교에서는 이렇게 나와 남의 관계는 상대방이 없이는 자신의 존재도 성립할 수 없다는 대대(對待) 구조적 개념이다. 나와 남의 대대적 구조 개념에는 부모·

자녀·이웃·스승·제자 등과의 구체적인 인간관계들이 포함된다. 사회적으로 관계주의적일 수밖에 없는 구조이다.

그런데 이 유교의 인간관계는 각각의 자신을 모든 인간관계의 주체로서 확립한다. 따라서 개인주의의 고립화가 아니라 인간관계 속에서 자신의 주체성을 확립하고 유지하는 주체 주의적 성격을 보여준다. 개인주의는 한 인간을 다른 인간에 대한 예속에서 벗어나는 자유를 제공해준다. 하지만 이기주의에 빠질 위험이 있다. 인간의 개체적 고립에 폐쇄될 위험도 있다. 반면에 인간이 모두 다른 인간과의 관계 속에서 자신이 주체가 될 때 오히려 인간의 근원적 평등성을 확인할 수 있다. 이는 어쩌면 한국인들에게 자유와 준법정신을 존중하는 시민정신으로서 민주주의를 건전하게 지키는 데 중요한 역할을 발현한다고 본다.

또한 유교 사회에서는 "사람은 개인이 스스로 배우고 실천과 훈련을 통해 익혀서 이상형 인간인 군자가 될 수 있다."는 사상을 전제로 하고 있다. 나의 인생에 대한 평가는 내 자신의 삶의 형태와 나의 외현적 언행에 의해 결정된다고 생각한다. 내 인생은 전적으로 자신의 인격 수양에 달려있으며 주위 사람들과 나와의 관계로 정의가 된다고 본다. 당연히 혈연, 지연, 학연 등의 공동체 사람들과 직장 구성원들과의 관계를 중시한다. 자기가 속한 사회적 집단의 구성원으로서 자신의 위치에서 타 구성원들에게 지켜야 할 본분, 도리 등을 중요한 가치로 여긴다.

한국인들에게 사회적으로 관계주의적인 특징이 나타나는 것은 유교적 영향은 물론 선조들이 오랜 세월 살아 온 사회·문화적 환경에 기인하는 측면도 있다. 한국인은 신석기 이후 안정된 한반도의 지질적 기반 위에 옹기종기 모여 농경 사회를 이루면서 살아왔다. 특히 조선시대에 들어와 농사 기술이 진일보하여 소득이 증대되면서 노동집약형의 힘든 농사일을 위해 가족제도는 대가족제도로 발전하였고, 동네 단위별로는 품앗이, 두레 등 서로 도와 일을 하는 방법들이 자연적으로 발생하게 되었다.

세종대왕 이후 삼강오륜이 점차 국민의 삶에 기본적인 생활이념으로 자리 잡게 되었다. 16세기 후반에 이르러서는 사림이 중앙 정치를 주도하면서 향촌 사회의 자치가 강조되어 향약 준수가 의무화되었다. 향약73)은 향촌을 교화하기 위한 규약이라는 의미이다. 함께 모여 사는 마을 공동체 내에 자치적으로 서로 지키기로 정한 약속 형태이다. 이는 삼강오륜이 설정하고 있는 인간관계에 주위 사람들과의 인간관계를 더해서 향촌 사람들 간에 서로 지켜야 할 생활 지침으로서 역할을 했다.

향약은 조선 사회에서 윤리 수준을 넘어 안 지킬 경우 공식적으로 처벌을 받았다. 법과 유사한 역할을 했다. 제도적으로 향촌에 사람들은 모두 향약에 속해야 했다. 그리고 이를 관장하는 유향소74)의 간부들에 의해 지배받게 되어 있었기 때문이다. 유교

---

73) 한 인간으로서 국가에 충성하고, 부모에 효도해야 한다. 남편에게 절의를 지키고, 어른을 공경해야 해야 한다. 친구 간에는 신의를 지켜야 하고, 이를 이웃 간에 서로 지키도록 권장해야 한다. 이를 지키지 않을 경우 꾸짖어 잡아주어야 한다. 서로 예의를 지켜야 하며, 재난이나 어려움이 있게 되면 서로 도와야 한다는 규약

74) 향촌에서 덕망 있고 인정받는 인사(양반)들로 구성되어 지방수령 보좌와 향리규찰, 지방행정을 관여한 향촌 자치기구

적 인간관계 윤리를 국가 차원에서 백성에게 생활지표로서 제공하고 지키도록 강요함으로써 백성의 기본적인 생활 지침으로 발전하게 된 것이다.

인간관계 유지에 필요한 도덕규범이 생활에 기본이념 즉 이데올로기로 발전하여 한국인의 선조들 심리 저변에 각인되어 전해져 내려오게 된 것이다. 그래서 한국인들에게는 사회적으로 개인이나 집단의 목적보다 타인과의 관계에 더 목적을 두는 관계주의적인 성향이 강하게 나타난다. 자기와 공식적이든 비공식적이든 관계가 있는 사회적 집단 즉, 가족, 직장, 지역 모임, 00 동우회 등에 속한 사람들에게 자신과의 관계 증진을 위해 자기 역할에 충실해지려 노력하며, 본분과 도리 지킴을 중요시한다. 그러한 사회적 특성과 그에 따른 생활 태도가 강하게 나타나고 있다.

문화적 영향으로 형성된 습성과 성향[32, 33, 34]

한국인들은 선조 대대로 오랜 세월 협소한 한반도에서 자신들보다 훨씬 강대한 대륙과 해양 세력 사이에서 살아왔다. 그러면서도 그들에게 동화되지 않은 채 독창적인 의식주 문화와 독특한 문화적 품성을 구축해왔다.

한반도에서는 50~60만 년 전부터 사람이 살았던 흔적이 발견되고 있다. 현재 한국인들의 선조라 할 수 있는 사람들은 본격적인 정착 농경이 시작된 청동기시대에 한반도 및 주변 일대에 살았던 주민들이라고 추정한다. 그 시기는 한국인이 단군의 자손으로서 단일 민족임을 주장하는 민족의 기원 시기와도 일치한다. 서양인들의 눈에 거의 똑같아 보이는 중국인과 한국인 그리고 일본인 중에서 한국인들은 한국인을 식별해 낸다.

한국인의 전형적인 얼굴은 인류의 조상이 더운 아프리카에서 추운 시베리아를 거쳐 한반도로 이주해 오는 과정에 정형화된 모습으로 추정한다. 쌍꺼풀이 없이 가늘게 찢어진 뱁새눈을 가지고 있다. 콧구멍이 크고 콧대가 낮다. 입술이 작고 얇다. 강한 의지력이 있어 보이는 것이 특색이다. 현재 한국인의 얼굴을 분석해보면, 토착적인 한반도인의 얼굴로 분류되는 80%의 북방계와 20%의 남방계 얼굴의 두 가지 형태로 나타난다. 북방계는 눈썹이 흐리고 쌍꺼풀이 없다. 입술이 얇고 귓불이 작다. 남방계는 눈썹이 진하고 눈이 크며 쌍꺼풀이 있다. 콧방울이 뚜렷한 데다 입술의 윤곽이 분명한 모습이다.

언제부터 남방계의 얼굴이 나타났는지는 알 수 없다. 한국인이 중국이나 일본 등의 주변 민족과 구별하여 하나의 단위로서 형성된 시기는 청동기 시대이다. 그 후에 혈통 상 어느 정도 혼합이 이루어졌다고 볼 수는 있다. 그렇지만 한국인만큼 혈통의 순수성을 지켜온 민족은 세계에서 흔하지 않다고 한다. 그런데도 한국 민족의 단일성은 생물학적 관점이 아닌 역사적 관점에서 성립한 개념임을 알아야 한다. 한국인들은 자신들의 선조들이 중국이나 일본 등 주변국과는 다른 독자적인 습속과 문화를 가지고 있다고 인식하고 있다는 사실이 이를 입증해 준다. 국가가 어려울 때마다 국민적 단결을 위해 선각자들이 강조해왔다.

그 덕분에 한국인이라면 누구나가 자신들은 오랜 역사를 가진 단일민족이라고 생각하고 있다. 그 사실 역시 역사적 관점에 단일성을 입증해 주는 근거라고 말할 수 있다.

한국인들의 선조는 고대부터 삼과 모시, 누에에서 실을 자아내고 길쌈을 통해 옷을 만들어 입었다. 옷의 기본은 남녀 혹은 신분과 관계없이 활동하기 편한 저고리와 바지였다. 저고리는 아랫단이 엉덩이에 이르고 깃은 왼쪽으로 여는 좌임(左袵)[75]이었다. 고려 공민왕 때 문익점이 목화씨를 들여와 면이 생산되게 되었다. 그 후 목화솜과 무명을 이용하여 겨울을 따뜻하게 지낼 수 있게 되었다. 현재 한국인들이 일상적으로 먹고 있는 쌀은 기원전부터 한강 유역에서 재배되었다. 초기에는 왕과 귀족들이나 먹을 수 있는 귀한 음식이었다. 조와 콩·밀·보리·수수·기장 등 곡물류가 주식이었다. 채소로는 쑥·아욱·무·배추 등을 재배했다. 소·돼지·닭·개 등 가축을 키워 부식으로 이용하였다고 한다. 사계절이 분명한 온대지역에 적응하여 콩·야채·소금을 주원료로 하는 장(醬)과 김치 같은 발효음식을 개발하여 겨울철까지 단백질과 비타민을 먹었다. 이는 한국인들의 환경 적응력을 증명해 주는 일면이기도 하다. 중국 기록에 의하면 오늘날 불고기와 같은 맥적을 한국인들의 선조인 고구려인들이 즐겨 먹었다고 한다. 이를 근거할 때, 현재 한국인에게 대명사처럼 붙어 다니는 음식 중에 불고기 역시 한국인들에게 오래된 전통 음식임을 알 수 있다.

---

75) 활을 즐겨 쓰는 내륙 아시아 기마민족의 관습임

그러면 주거문화는 어떠했는가? 한족은 대부분 방안의 맨바닥에 침상을 설치하고 기거한다. 한국인은 방안의 바닥에 온돌을 설치하고 그 위에서 기거한다. 온돌은 옥스퍼드 사전에 김치와 함께 실려 있을 정도로 널리 알려진 한국인의 난방체계이다. 고구려 시대에는 방안의 일부에만 구들을 설치하고 방안에서 불을 지피는 '쪽 구들' 형태였다. 고려시대를 거쳐 조선 전기에 들어서야 전국적으로 온돌 및 온돌방이라는 이름으로 발전하여 정착되었다. 고구려의 쪽 구들은 후에 서역과 몽골, 일본에까지 전해졌다고 한다.

한자는 기원전 4세기 무렵 철기시대에 중국과 교역이 시작되면서 자연스럽게 한반도에 유입되어 사용됐던 것으로 추정된다. 기원전 108년 중국의 한무제(漢武帝)가 위만조선을 공격하여 멸망시키고 자신들의 속방으로 군현을 설치했다. 이때부터 중국의 한자 문화와 제자백가 사상들이 한반도에 본격적으로 전해지는 계기가 되었다고 추정할 수 있다. 이때 동중서가 한 무제에게 전제군주 체제의 통치이념으로 제안한 「삼강오륜」도 한반도에 전해졌으리라 사료된다. 유학의 기본윤리인 삼강오륜은 인간관계에서 마땅히 지켜야 할 도리 및 행위를 규율하고 있는데, 점차 고대 삼국에 왕권 강화를 위한 국가 통치이념으로 자리를 잡아갔다.

고려시대에 접어들어 불교는 수신의 근본으로, 유교는 치국(정치)의 근원으로 삼기에 이르렀다. 조선시대에 와서는 새 왕조의 통치이념으로 성리학이 정착하게 된다. 더욱이 16세기 후반에 이르러 조선의 중앙 정치 무대에서 사림이 주도권을 잡게 되면서 조선 사회에 성리학적 문화가 정착하게 된다. 소학 교육을 통해 어려서부터 유교적 가치관을 생활화하도록 하였다. 향약의 전국적 시행을 추진하여 향촌 자치를 추구하였다. 국가에서는 유교 질서를 확립하기 위해 「삼강행실도」 등 윤리서(倫理書)를 편찬 보급하고 실천할 것을 적극적으로 권장했다. 유교문화에 입각한 습성과 성향이 체질화된 이유이다.

盡人事待天命[76]의 범신론적 의식이 깊게 남아 있다.

종교는 일반적으로 두 가지 유형으로 나눌 수 있다. 하나는 유일신론(唯一神論)이며, 다른 하나는 범신론(汎神論)이다. 유일신론을 대표하는 그리스도교, 이슬람교 등에서는 전형적으로 신(神)은 우리가 존재하는 세계 밖에 존재하며 세계를 지배하는 인격신으로 간주한다. 반면에 불교나 힌두교, 유교 등과 같이 범신론적 종교나 사상이 지배하는 세계에서 신은 우리가 존재하는 세계 안에 존재하며 일사일물(一事一物) 속에 깃들어 있는 것으로 본다.

유일신론의 세계관에서는 성경의 구약에 명시되어 있는 바와 같이 신과 인간·자연은 분명하게 창조주와 피조물의 관계이다. 같은 피조물인 인간과 자연 사이에도 지상의 모든 동식물을 인간의 식물(食物)로 정의한 것과 같이 자연을 인간이 살기 위한

---

76) 진인사대천명: 인사를 다하고 천명을 기다린다는 의미

수단으로 본다. 그래서 유일신론의 세계관에서는 신과 인간 사이에 단절이 있으며 인간과 자연 사이에도 단절이 있다고 본다.

반면에 범신론적 세계관의 중요한 특징 중의 하나는 신과 인간, 그리고 자연은 연속관계에 있으며 서로 간에 단절이 없다는 것이다. 범신론의 세계관에서 하늘은 신(神)임과 동시에 머리 위에 있는 천공(天空)이다. 자연 그 자체이다. 여기서 우선 신과 자연은 일체이다. 하늘의 신은 자연을 나음과 동시에 만물 안에 깃들며, 또한 내재한다. 이는 인간의 경우에도 예외가 아니어서 하늘이 인간을 낳고 인간 안에 깃들음을 의미한다. 인간 안에 깃드는 하늘이란 무엇인가? 그것은 인간의 천성(天性)을 의미한다. 천성이란 인간 안에 깃들어 있는 하늘이다.

유교는 신은 인간 안에 깃들고 그 인간은 그대로 자연의 일부라고 하는 범신론적 세계관을 배경으로 한다. 결과적으로 유교로 대변되는 동양 사상은 모든 것을 융합한 형태로 포착하려 드는 경향이 지배적이다. 그래서 영혼과 육체의 문제에서도 인간의 정신과 육체가 다 같은 하나의 氣로써 구성되어 졌다는 사상이다. 이는 영혼과 육체를 대립의 관계로 보는 그리스도교와 달리 대립 관계의 이원(二元)으로 보지 않음을 의미한다. 물론 양자를 평등하게 생각하지도 않는다. 정신적인 것을 높게 평가하고 육체적인 욕망을 낮추어 보는 일은 있다. 그러나 양자는 질적으로 단절된 것이 아니며 다만 가치의 측면에서 높고 낮은 차이가 있다고 보는 시각이다.

그렇기 때문에 유교적 사상의 바탕에는 선(善)과 악(惡)의 사이에도 근원적인 대립이 없다. 맹자에 의하면, 선천적으로 본성이 착한 인간도 왕왕 못된 짓을 하는 수가 있다. 그것은 환경 따위의 거부적 조건 때문이다. 그 조건만 개선되면 자연히 선해진다고 한다. 악은 선에 대립하는 독자적인 원리가 아니다. 선이 불완전한 상태에 놓였을 때 악이 된다는 것을 의미한다. 다른 각도로 말하면 악이란 불완전한 선이라는 의미이기도 하다.

이상과 현실 사이에도 유교 사상에 바탕을 둔 동양적 사고방식으로는 본질적인 단절이 없다. 서양적 사고방식으로 이상은 현실과 떨어진 곳에 존재한다. 바로 그 때문에 이상이라 말한다고 한다. 그런데 동양적 사고방식으로 이상은 현실과 가까운 곳에 있다고 생각한다. 이상은 현실을 벗어난 높고 먼 곳에 있는 것이 아니다. 비근한 현실에 입각한 곳에 있다. 아니 이상은 이미 현실 속에 부분적으로 포함되어 존재하는 것으로까지 본다고할 수 있다. 그래서 유교를 사상적 배경으로 하는 동양인들이 말하는 현실주의는 "이상을 버리고 현실을 취한다."는 의미가 아니다. "이상을 현실 가까이에 두고 이상을 현실 속에서 구하는 것"을 말한다.

이처럼 하늘이 비인격화된 존재로 만물 가운데 내재한다는 인식은 범신론적 세계관과 연속적 세계관을 성립시킨다. 그 결과이를 바탕으로 하는 유교적 인식세계에서 하늘과 인간, 자연을 단절된 관계가 아닌 연속적인 관계로 본다. 그래서 영혼과 육체, 선과 악, 이상과 현실 등을 상호 의존적 관계로 보는 것이다. 이처럼 인간에게 항상 경외의 대상이기도 한 하늘 신의 비인격화는 범신론적 세계관을 형성하였다. 이 범신론적 세계관이 유교를 사상적 배경으로 하는 동양인들의 인간관에 기초가 되는 천성(天性)과 천명(天命)사상을 탄생시켰다. 하늘은 만물 속에 있고 일사일물(一事一物) 속에 깃들어 있다. 만물의 하나인 인간에게 깃들어 있는 하늘은 일명 성(性)이라고 불리는 천성이 그것이다. 그런데 하늘은 원래 선(善) 바로 그 자체이다. 그것이 인간의 내면에 들어와 천성이 되었기 때문에 천성은 곧 선(善)인 것이다. 그 결과 맹자의 성선설이 오랫동안 유교의 정통 사상으로 맥을 이어온 것이다. 범신론을 배경으로 하는 세계관 하에서는 당연한 사상이라 할 수 있다.

그런데 하늘은 인간 속에 깃들어 천성만으로 내재화되어 있는 것만은 아니다. 하늘은 여전히 초월적인 측면에서 인간의 밖에 존재하는 것이라는 인식도 병존한다. 인간 밖에 존재하여 인간을 밖에서 제약한다는 개념의 인식, 즉 「천명(天命)사상」이다. 천명의 본래 뜻은 '하늘 신의 명령'이라는 의미이다. 그러나 하늘의 인격성이 약해져 비인격화되면서 천명의 뜻도 자연히 변하여 운명(運命)이란 의미를 갖게 되었다. 운명이란 인간 존재의 상태를 외부에서 규정하는 일종의 힘을 말한다. 그것은 하늘에 의한 힘이기 때문에 인간의 힘으로는 어떻게 할 수 없다는 성질을 지니고 있다. 그러한 뜻을 의미하는 것이 "인사를 다 하고 천명을 기다린다(盡人事待天命)."는 말이다. 인간이 할 수 있는 일은 그 전력을 쏟는 일뿐이다. 일의 성·불성(成·不成)은 인력을 초월한 운명에 의하여 결정된다는 것이다. 이 말의 출처는 불분명하지만,

안자춘추(晏子春秋)에 "인사(人事)를 다 하였으니 하늘을 기다릴 따름이다." 등이 있는 것을 보면 중국에 예로부터 있었던 사상으로 사료된다. 이 운명으로서의 천명(天命)사상은 유교를 사상적 배경으로 하는 동양인의 의식 속에 깊이 내재해 있다.

대부분 한국인은 자신의 성씨를 중요시한다.

한국인에게 특이하게 나타나는 것 중의 하나가 자기 조상을 나타내 주는 성씨(姓氏)를 중요시하는 것이다. 한국인들에게 성씨는 원래 가족 혹은 혈족을 나타내는 명칭이다. 자신이 그 가족·혈족의 구성원임을 의미한다. 원래 성(姓)은 모계사회의 흔적으로 어머니의 출신지를 말한다. 씨(氏)는 아버지와 함께 살던 곳을 의미했다. 그런데 이제 성씨는 아버지의 혈통을 표시하는 것이 되어 버렸다.

한국인이라면 같은 성씨에 같은 본관인 사람 사이에서는 혈연의 친근감을 느낀다. 한국인들에게 이러한 혈연관계 의식은 인간 생활에 활력을 넣어 주기도 하지만 때로는 해악을 끼치기도 한다.

한국 사회에 역사상 제일 먼저 성씨가 등장하는 것은 고대 삼국의 시조들이다. 삼국사기와 삼국유사에 이들에 성씨가 기록되어 있다. 외국 기록으로는 중국의 북제서(北齊書)에 신라 진흥왕이 김진흥(金眞興)이란 이름으로 성씨가 처음 등장한다. 역사적 기록에 근거할 때 삼국시대에는 일부 특권층만이 신분에 따라 순차적으로 성씨를 가질 수 있었다. 성씨를 갖게 된 것이 전국적으로 확대된 것은 신라 말엽에서 고려 초엽이다. 10세기 전반에 걸쳐 각 지방에 호족들이 자신의 독자성을 강조하기 위해 성씨를 칭하게 되었다고 한다. 오늘날 한국인들의 각 가문에서 시조로 모시고 있는 인물들이 대부분 이 무렵의 인물들임이 이를 증명해 준다. 처음에는 지방호족들이 성씨를 마음대로 사용했다. 후삼국을 왕건이 통일한 후 국가 차원에서 지방의 세력가나 자신에게 협조한 인물들에게 성씨를 하사했다. 이때 각 지역의 호족들에 각 지역의 지배자임을 인정한다는 토성도 나누어 주었다. 이것이 본관제(本貫制)77)가 성립된 배경이다.

본관이란 개인의 시조가 난 곳이나 성씨가 유래된 지역을 의미한다. 보통 성씨와 함께 사용되며 부계 친족의 범위를 나타내는 데 쓰인다. 본관과 성씨의 제도가 성립되기 전까지는 친족이라고 분류되긴 했어도 가문 의식으로까지 확대되진 않았었다. 조선시대에 들어와 동성동본(同姓同本)은 영원토록 친척 간이라는 혈연의식이 강하게 강조되었다. 그와 함께 개인이 속한 부계 친족 집단의 계급적 우월성과 신분을 상징하는 수단으로 발달하였다.

그 결과 출현한 것이 성씨의 시조부터 편찬 당대인에 이르기까지의 계보를 기록하는 족보이다. 족보에는 시조에서부터 세대순으로 개인의 이름, 관직, 특기할 만한 업적 등 모든 경력과 이

---

77) 고려시대 적을 부쳐 등록한 지역의 행정구역 명칭이었으나, 조선 후기 이후 성씨 시조의 성관을 나타냄

력을 기록한다. 족보는 고려 의종 때 종실의 계보를 작성한 것이 효시이다. 조선시대에 유교 이념이 보편화되면서 일반인들에게도 족보가 출현하게 된다. 조선 중엽 이후 권문들이 자기 가문을 강조하기 위해 서로 족보를 만들기 시작했다. 이후 명문이 아니더라도 여유가 있는 사람들은 뿌리를 밝히고 가문을 장식하기 위한 수단으로 족보를 간행하게 되었다.

조선 중엽 이후 양반계급들이 족보를 가지게 된다. 이를 흉내 내어 평민들도 각 씨족 별로 구전으로 전해 내려오던 자료들을 연결하여 족보를 만들기 시작했다. 양반 출신인 양 과시하기 위해서였다. 그것이 발전하여 토착민들까지도 지역별로 연결하여 동일 씨족으로 족보를 가지게 된다.

일본의 경우는 19세기 초까지 국민들 대부분이 성씨가 없이 살아왔다. 19세기 중반 메이지 유신 때에 전 국민의 성씨 가지기 정책을 시행했다.35 이때 대부분의 일본 국민들은 각자 자기 집의 위치나 동네의 특징을 살린 성씨를 만들어서 가지게 된다. 그 결과, 田中, 中村, 松下… 등과 같은 다양한 성씨를 만들어 가지게 되었다. 현재에는 성씨의 숫자가 8만 개나 된다고 한다. 일본에는 특정 성씨를 가진 사람이 많이 있지 않다. 성씨의 역사가 200년도 되지 않기 때문이다. 그러한 연유로 일본인들은 성씨의 가문 역사나 자신의 성씨에 대해 그렇게 중요하게 여기지 않는 것이 특징이다. 당연히 성씨에 대한 자부심이나 애착 같은 것은 있을 수가 없다.

일본은 조선에 대한 식민 통치정책의 일환으로 1909년 조선에 민적법78)을 시행했다. 천민들에게까지 본인이 원하는 성씨의 호적을 주었다. 조선의 노비까지 양민화 하여 수탈의 대상을 늘이기 위해서였다. 그들은 대한제국의 계급을 타파한다는 명분으로 신분 표시가 없는 호적법을 시행했다. 전 국민의 성씨 가지기 운동을 전개한 것이다. 당시 국민의 대략 20%를 차지하던 천민 및 노비 출신들이 성씨를 갖게 되었다. 그들은 대부분 새로운 성씨보다는 같은 동네 지주나 양반들의 성씨를 얻어 갖기를 원했다. 그것이 오늘날 김(金)·이(李)·박(朴) 씨가 타 성씨에 비해 상대적으로 많은 연유라고 한다. 당시 천민들은 유명 성씨인 김·이·박을 선택하여 자신들의 성씨로 신청하였다. 당시 일제는 내면에 조선 양반 성씨들의 씨족 별 단결을 원하지 않았다. 일제가 조선의 천민들이 원하는 김·이·박 성씨를 기꺼이 허가해 준 연유이다. 성씨를 가질 수 있게 되면서, 일본에서는 사람들이 임의로 자신의 성씨를 만들어 가졌다. 반면에 조선에서는 당시 천민들까지도 본인들이 원했던 조선에 유명 성씨를 갖게 되었다. 이는 한국인들에게 성씨가 얼마나 중요한지를 말해주는 객관적인 사실이다. 천민이 하루아침에 양반으로 대별되는 유명 성씨를 가질 수 있게 되었는데 누가 이를 마다했겠는가?

오늘날 한국인의 성씨는 대략 270여 개에 달한다. 그중에 김(金)·이(李)·박(朴)·최(崔)·정(鄭)의 5개 성씨가 전체 성씨의 54% 이상을 차지한다.36 세계 어느 나라에도 특정 성씨가 총인구의

---

78) 호적법의 구칭

20%를 넘어가는 경우가 없다고 한다. 그런데 현재 한국인의 성씨 구성 비율을 보면 김(金) 씨가 인구의 21.6%, 이(李) 씨가 14.8%, 박(朴) 씨가 8.5% 순이다. 1909년 일제의 민적법 시행과정에 유명 성씨의 양반이 되고 싶은 사람이 너무 많았던 결과이다. 오늘날 한국인들의 성씨 구성 비율 1·2·3위가 특별히 타 성씨에 비해 상대적으로 크게 기형적인 분포로 형성된 배경이다.

민적법 시행으로 전 국민의 양반화가 자연스럽게 이루어졌다. 그 후 한국에서 천민 출신의 선조를 가진 사람들은 자취를 감추게 되었다. 한국 사람이라면 누구나 어느 정승 또는 판서의 몇 대손이 되어 버렸다. 이는 한국인에게 성씨는 일종의 자기 출신 성분을 나타내주는 자료로써 몹시 중요하게 생각해왔음을 의미한다. 그러나 필자의 경험[79]에 비추어 볼 때 근래에 와서는 한국인들의 성씨를 중요하게 생각하던 생각은 이제 많이 사라져가고 있는 듯하다.

한국의 여자들은 결혼 후에도 자신의 고유 성씨를 유지한다.

전 세계의 남자들이 한국인들에게 깜짝 놀라는 것 두 가지가 있다고 한다. 그 한 가지가 위에서 언급한 대로 부인이 남편 통장을 관리하는 것이다. 그리고 다른 한 가지는 부인이 결혼 후에도 자신 고유의 성씨를 유지하는 것이라고 한다. 실제로 한국은 세계에서 유일하게 여자가 결혼 후에도 자신의 원래 성씨를 유

---

79) 2010년대에 들어 필자의 성씨 족보를 원하는 가구 수가 1970년대 발행 부수의 1/3수준으로 요구량이 줄어든 사실

지하는 나라이다. 이 사실은 외국인들에게 자다가 벌떡 깨어 일어나 다시 생각해도 이해할 수 없는 일이라고 한다. 그러한 외국인들에게 한국은 거의 구제 불능의 선천적 여성 천국으로 보일 것이다.

한국에서는 남자가 결혼하는 것을 "장가든다."고 한다. 이는 신랑이 여자 집에 가서 혼례식을 올리고 장인·장모와 함께 사는 「서류부가제(壻留婦家制)80)」에 연유하는 말이다. 이러한 서류부가제는 조선 초엽까지 계승되었다. 이는 성리학의 가부장적 질서 체계에 반하는 혼례방식이다. 따라서 조선 개국을 주도한 유학자들은 여자가 남자의 집으로 시집살이를 오는 「친영제(親迎制)」 도입을 주장했다. 그 대표적인 사례가 태종과 세종이 솔선하여 세자빈을 친영의 예로 맞아들이는 혼례를 거행한 것이다. 그러한 국가적 차원의 강권에도 불구하고 친영제는 쉽게 시행이 되지 않았다. 남자가 여자 집에 가서 3일만 자고 오는 반친영제를 거쳐 진정한 친영제는 18세기에 들어서 가부장적 질서가 확고해지면서 정착하게 되었다.

서류부가제와 친영제는 각각 부인의 집에서 거주하는 고구려의 혼례풍습과 남편의 집에서 거주하는 중국의 혼례풍습에 뿌리를 두고 있다. 오랜 세월 한반도에 유지되어온 결혼 풍습인 서류부가제가 중국에서 시행되는 친영제로 바뀌어 정착되기까지는

---

80) 이는 중국의 《삼국지》〈위지동이전〉에 기록된 고구려의 서옥제에 연원하는 한민족의 과거 결혼 풍습으로서 언약으로 혼인이 정해지면 남자가 여자 집 본채 뒤에 작은 집(서옥)을 지어 함께 살다가 자녀를 낳아 성장하면 여자와 함께 남자의 집으로 돌아오는 혼인 방식이다.

많은 시간이 요구되었다. 서류부가제에서 친영제로의 혼례풍습의 전환은 신랑 신부의 거주지를 바꾸는 것에 국한되지 않았다. 이는 생활양식 자체를 바꾸는 것이어서 연관된 많은 관습이 병행해서 바꿔어야 했기 때문이다.

17세기 전반기까지 지속되었던 자녀 균분 상속제도는 서류부가제를 지속시킨 강력한 제도 중의 하나였다. 자녀 균분 상속제도 하에서의 서류부가제는 처가로부터 토지 상속을 용이하게 해주는 역할을 했다. 이는 가난한 양반 사위에게 경제적 기반을 갖게 해주었음을 의미한다.37 그러한 서류부가제 환경하에서 신부가 신랑의 성씨를 따르는 것이 가능하였겠는가? 신랑이 신부의 집에 들어가 처가 식구들과 함께 사는 현실적 여건이 신부가 자신의 성씨를 유지할 수 있게 해주었다는 논리이다.

또한, 삼강오륜에 "아내가 남편을 섬김은 본분(夫爲婦綱)이며, 부부간에도 서로 침범해서는 안 되는 분별이 있어야 한다(夫婦有別)."는 유교의 기본 윤리도 영향을 미쳤다고 본다. 15세기 초엽부터 중엽에 이르는 기간에 조선 왕조에 기본 법전인 경국대전이 완성되었다. 당시 한국인의 가족제도는 유교의 가부장적 형태가 아니었다. 16세기 말까지 유지되었던 친가·외가·처가가 유기적으로 결합한 친족 구성의 형태였다. 따라서 자녀들에게 균분 상속과 제사의 자녀 윤회봉사(輪回奉事)가 이루어졌다. 아들과 딸을 차별하지 않는 가족제도가 법령이 정립된 기간에 유지되었다. 법령 또한 부부유별의 유교적 이념을 기본으로 하여 제정되었다고 할 수 있다. 그러한 전통이 현재까지 이어져 한국인은 여자가 결혼해서도 자신의 성을 그대로 유지하는 것으로 추정된다.

한국인은 배타적 성향이 강하여 폐쇄적이다.

한국인은 예로부터 「동방예의군자국[81]」의 사람이라는 자부심이 큰 듯하다. 「동방예의군자국」은 다음의 내용들에서 연유한다. 논어 자한 13편에 "공자가 구이(九夷)[82]에 가서 살고자 하니, 어떤 사람이 그곳은 누추한 곳인데 어떻게 살 수 있겠느냐고 묻자, 군자가 사는 곳인데 어찌 누추할 까닭이 있겠냐?"고 말한 구절이 있다. 『동이열전(東夷列傳)』에 "조선은 중국의 시조가 배워갈 정도로 뛰어난 국가였으며 예의지국이었다."는 내용[83]도 있다. 『제왕운기[84]』에 "예의 바른 국가이어서 중국인들도 소중화(小中華)라고 했다."는 내용도 있다. 서구에서는 중세에 가

---

81) 조선중기(1731년) 지광한이 쓴 역사서 '鴻史' 서문에 나오는 말로서 공자의 7대손 공빈이 썼다는 '東夷列傳' 서문 내용을 인용했다고 언급함으로써 공빈이 조선을 예의 바른 동방의 군자국이라고 불렀음을 간접적으로 시사하고 있다.

82) 당시 상대적으로 문화가 낮은 중국 동북방 지역에 사는 민족들

83) 기원전 267년 공자 7대손 공빈이 썼다는 '東夷列傳' 서문에 '동쪽에 나라를 동이(東夷)라 하는 데, 아홉 개 부족이 단군을 임금으로 모셨으며, 조선에 학자인 자부선인(紫府仙人)에게서 중국인의 시조인 황제(黃帝)가 글을 배우고 내황문(內皇文)을 받아 가지고 돌아와 황제가 되었다는 등의 내용과 풍속이 순후(淳厚)하고, 음식을 양보하며, 남자와 여자가 따로 거처하는 예의 바른 군자의 나라(東方禮儀君子之國)라면서, 논어(자한 13편)의 내용을 부연하여 자신의 할아버지 공자도 그 나라에 가서 살고 싶어 했으며, 누추하지 않다고 설명한 내용을 포함하고 있다.
(출처: cafe.daum.net/oonhyunsudang/OKvs/4)

84) 고려 충렬왕(1287년) 때 이승휴가 쓴 역사책

톨릭 성직자들이 사상을 지배했다. 이와 유사하게 유교 문화권에서는 유학하는 관료들이 그 사회에 지식인으로서 사상 및 문화를 독점했다. 유교의 원전이라 할 수 있는 논어가 동양의 유교 사회에 사상과 교육의 지침서 역할을 하면서 앞에 제시한 내용들이 한국인들에게 의식화됐다는 것이 필자의 견해이다.

여기에 더해 고구려는 만주 및 요동 지역의 다른 민족들까지 지배했다. 중국의 통일제국이었던 수나라와 당나라의 거국적 침략도 격퇴했다. 중국의 통일 국가였던 수나라는 고구려와의 전투에서 패하여 멸망했다. 뒤이어 당 태종까지도 화살에 맞아 패주하였다. 이러한 역사적 사실에 의해 한국인들은 중국에 대해 일종의 자신감을 느끼고 있다.

고구려와 백제는 일본에 천자문과 논어 등 유교 경전과 종이와 먹 등 선진 문물을 전해 주었다. 이러한 역사적 사실들이 있어 일본에 대해서도 일종의 우월감을 가지고 있다. 한국인들은 특이하게도 한반도를 둘러싸고 있는 다른 민족과 비교해서 문화적으로 우월한 「동방예의군자국」 사람이라고 생각하며 살아온 듯하다. 이는 국권 피탈 후 일본인들의 조선인에 대한 평가에서도 엿볼 수 있다. 그들은 "조선인들은 국가적 차원에서 극단적으로 예의를 중시한다. 이는 일찍이 기자가 조선에 와서 예의 작법을 가르쳐 오랑캐 경지에서 벗어났다는 기자 전설과, 당나라 현종이 신라 사자에게 예의가 바름을 칭찬한 역사적 사실 등이 조선인들이 예의지국의 백성이라는 자부심을 환기해주기 때문인 것 같다."고 평가했다.38 그러한 연유로 일부 한국인들이 아직도 주변국 사람들을 예의가 없음을 의미하는 용어85)로 깎아내려서 부르는 것이 아닌가 생각한다. 또한, 오랜 세월 선조 대대로 주변국 사람들보다 예의가 바른 사람들이라고 자부심을 가지고 살아온 탓에 한국인들이 배타적 성향의 사람으로 고착화되었다는 견해이다.

한국인의 전통적인 색채는 흰색이다. 기록86)에 의하면 고대 한민족 국가인 부여 사람들은 흰옷을 널리 입었다. 조선시대 사람들도 모두 흰옷을 입었다. 조선 말 의병 요원들 역시 모두 흰옷을 입었다. 1900년대 전후로 조선을 방문한 유럽인들의 기행문에 빠지지 않는 것이 있다. 그들이 조선 사람들에 대해 가장 먼저 언급한 것은 바로 '흰옷'이다. 이상하리만큼 많은 조선 사람들이 흰옷을 많이 입고 다닌다는 것이다. 모두가 흰옷을 입은 것은 아니었지만 그들의 눈에는 '특징'이라고 생각될 만큼 조선 사람들은 여름에도 겨울에도 흰옷을 입었다고 한다. 그저 개울에서 양잿물로 빨래하던 그 시절에 흰옷에 묻은 때를 감당하기가 어려웠을 것 같은 데 조선 사람들은 그렇게 흰옷을 입었다. 이는 한국인들이 조상 대대로 흰옷을 즐겨 입었으며 그들의 전통적인 색임을 말해주는 근거이다. 한국인들은 왜 흰옷을 즐겨 입었을까? 민족 발생 시기부터 흰색을 좋아해서 자연스레 흰옷 선호 사상으로 발전하였다는 설이 현재 가장 설득력이 있는 편이다. 동북아시아의 기마민족은 흰색 말을 숭배했다. 고구려 왕

---

85) 오랑캐, 떼놈, 쪽바리 등
86) 중국의 삼국지 '위지동이전'

릉들은 모두 백두산[87])에 그 머리를 두고 있다. 한국인이 즐겨 먹는 백설기 떡은 가장 원초적인 제물이었다는 설(說) 등이 이를 뒷받침해주고 있다.

오늘날에도 한국인들의 내복 색깔은 흰색이 대부분이다. 정장에는 꼭 흰색 와이셔츠를 차려입는다. 이 사실만 보아도 한국인들의 의식 속에 흰색은 여전히 중요한 위치를 차지하고 있음을 알 수 있다. 그렇게 한국인들이 좋아하는 흰색은 모든 색 중에서 가장 완벽한 색이다. 순수할수록 완벽하며 다른 것이 첨가되면 그 완벽함이 떨어지는 색이다. 흰색은 가시광선 영역에 전 파장이 함께 비칠 때 나타난다. 가시광선 대에 어떠한 색의 파장도 흡수하지 않고 반사할 때 나타나는 색인 것이다. 한국인이 좋아하는 흰색은 어떠한 색의 파장도 자신의 영역에 수용하지 않고 반사할 때 나타나는 완전함을 추구하는 색인 것이다.

흰색이 그러하듯 한국인들은 배타적 성향이 강해 자신들의 영역에 이방인을 수용하려 하지 않는다. 한국은 화교가 정착하지 못하고 떠나간 나라이다. 세계 어느 나라에나 있다는 유대인 사회가 존재하지 않는 나라이다. 한국인의 배타적 성향은 세계 어느 나라에서도 일어나지 않은 공산당의 세습 독재가 이루어지게 했다. 입양아 수출국 1위를 유지하게 했다. 교회에 담임목사까지도 세습이 이루어지게 하고 있다. 타민족과 비교가 되는 이러한 특성들은 한국인에게 다른 색을 용납도 수용도 하지 않는 흰

---

87) 백두산은 한민족이 신성시하였던 산으로서 그 이름은 흰 소머리를 하늘에 바쳐 제사를 지낸 데서 유래했다 함

색과 같은 강한 배타성 때문이라고 생각한다. 뒤에서 다른 시각으로 살펴보겠지만, 강한 배타성은 항상 폐쇄성을 동반한다. 배타성은 폐쇄성을 기반으로 하기 때문이다. 한국인들은 내면적으로 배타적이며 폐쇄적 성향이 강한 편이다.

한국인들은 발효음식을 좋아한다.

외국인들에게 「한국인」 하면 생각이 날 정도로 김치는 이제 널리 알려진 음식이다. 김치는 한국인의 선조들이 살아가는 자연환경에 순응하여 개발한 한국인 고유의 발효 식품이다. 한반도에서는 사계절이 뚜렷하여 절기마다 다양한 채소를 먹을 수 있다. 하지만 겨울에는 채소가 생산되지 않는다. 저장도 어려워 겨울이 되기 전 건조 처리나 절임 등 가공이 필요한 여건이다. 그런 여건에서 채소를 여러 가지 양념들과 버무려 발효시킨 것이 김치이다. 한국인들은 가을에 만든 김치를 겨울을 지나 봄까지 장기간 채소의 공급원으로 먹고 있다. 김치를 한자로는 「절인 김치」라는 뜻의 「저(菹)」이다. 고려시대 기록에 처음 등장한다.[88] 고려시대 사람들은 소금에 절인 무김치를 겨우내 먹었음을 알 수 있다. 그들은 김치를 부를 때 물에 담근다는 뜻의 「지(漬)」나 절인다는 뜻의 「저(菹)」로 불렀다. 배추·무·오이·갓 등 소금에 절여 먹는 여러 가지 김치는 조선시대 들어서 대중화되었다. 채소를 물속에 담갔다가 적신다는 의미의 「침지(沈漬)」가

---

88) 이규보(1168~1241)의 동국이상국집(東國李相國集)

변형되어 「딤채」라 부르다가 조선 후기에 오늘의 「김치」라는 이름으로 정착되었다. 김치는 초기에 단지 채소를 소금에 절여 먹었다. 그 후 점차 마늘, 파, 생강 등 양념이 곁들여진 것으로 추측하고 있다. 한반도에 고추는 임진왜란 이후 일본을 통해 전래한 것으로 추정한다. 기록에 의하면 김치에 고춧가루 양념이 들어간 것은 고추가 전래한 후 150여 년이 지난 18세기 중엽이다. 백김치만 먹다가 고추 양념을 넣은 김치를 먹게 된 이유에는 여러 가지 설이 있다. 한의학 이론으로는 매운 것이 감기에 효험이 있다. 그러한 이유에서 김치에 고춧가루를 첨가하게 된 것으로 필자는 생각한다. 그렇게 고춧가루를 첨가한 김치의 역사는 300년이 아직 안 된다. 오늘날의 김장 김치는 조선말 국가적 차원에서 구황식품의 하나로 조리법을 체계적으로 정리하여 보급하게 된 것에 유래한다. 당시 잦은 기근과 관료들의 수탈로 백성들의 삶이 너무 어려웠기 때문이다. 19세기 초에 이르러서야 김치가 비로소 한국인의 대표적인 반찬의 하나로 정착하게 된 것이다.

또한, 한국인 하면 배놓을 수 없는 것이 「장(醬)」이다. 원래 양념은 음식의 간을 맞추고 맛을 더하는 것이다. 한국인의 양념인 장은 그 자체만으로도 훌륭한 부식의 역할까지 한다. 장에 관한 사실이 기록에 처음 등장하는 것은 중국의 『삼국지(三國志)』에 『위지동이

전(魏志東夷傳)』이다. "고구려 사람들이 발효식품을 잘 만든다." 는 기록이 있다. 『삼국사기(三國史記)』「신문왕편(683년)」에 된장(豉[89])이란 말이 처음 등장한다. 한국인에게 장은 고대부터 한반도와 만주 일대에서 많이 나는 콩과 소금을 원료로 하여 발효시켜 만든 것이다. 장은 선조 대대로 한국인들에게 단백질과 염분을 안정적으로 공급해 주는 중요한 반찬 중의 하나였다. 이처럼 한국인은 사계절이 분명하게 나타나는 자연환경 하에 김치와 장 등 발효음식을 개발하였다. 이를 통해 사계절 동안 안정적이며 균형 잡힌 영양을 섭취할 수 있었다. 그 결과 한국인들에게는 며칠 동안 발효음식인 김치를 먹지 못하면 힘들어할 정도로 발효음식이 체질화되어 있다.

한국인 역시 아직 법과 제도를 잘 믿으려 하지 않는다.

어느 나라를 막론하고 후진사회에서는 관료들의 특권의식, 법과 제도의 경시, 부정부패, 청탁, 급행료 문화 등이 존재한다. 그러한 사회에서는 지배층이라 할 수 있는 관료들이 자기들의 지위에서 준수해야 할 법과 제도를 잘 지키지 않는다. 오히려 치부나 권력 유지를 위해 법과 제도를 이용한다. 공평하게 집행되지 않을 경우 사람들은 법과 제도를 신뢰하지 않는다. 신뢰하지 않게 되면 가볍게 생각하게 된다. 지켜야 한다는 마음이 약해진다. 법과 제도란 사람들이 모여 사는 사회에 서로 간에 일종의 약속

---

89) 메주 '시'자임

이다. 그 사회가 지향하는 바를 달성하려면 사람들은 자신들이 설정한 약속을 지켜야 한다. 이를 지켜야 할 사람들이 지키지 않을 때 약속에 대한 신뢰는 크게 손상을 입게 되는 것은 당연한 일이다. 한국 사회는 아직 유교적 윤리를 중요시한다. 사람으로서 지켜야 할 도리를 지키기 위해 어쩔 수 없이 법이나 제도를 부정하는 경우 어느 정도 사람들의 지지를 받기도 한다. 이제 한국도 자신들이 약속으로 설정한 법과 제도를 우선시하는 현대적 사회로 정착이 되어 가는 단계이다. 그런데도 아직 한국인들에게는 정상적인 법과 제도를 믿으려 하지 않는 경향이 강하다. 이는 어디에서 연유하는 것일까?

무엇보다도 「노블레스 오블리주 (Noblesse Oblige)」[90]가 이루어지지 않고 있기 때문이라는 견해이다. 사회 지배층 사람들이 솔선수범해서 의무를 이행하기보다는 자신들의 권한 과시와 이를 남용하기 때문이다. 한국인들은 선조 대대로 제도나 절차를 준수하기에 앞서 자기는 예외로 생각하고 자신에게 부여된 권력이나 누리는 지배층 사람들을 보아왔다. 그래서인지 한국인들의 의식 저변에는 아직도 제도나 절차를 지키는 것보다 권력 있는 인사를 아는 것이 차라리 효과적이라는 의식이 자리 잡고 있는 듯하다. 그러한 의식 잔재 영향으로 아직도 한국인들은 조그만 권력이라도 잡게 되면 그 권력을 행세하려 한다. 위에서 언

---

90) 이는 '닭의 벼슬과 달걀의 노른자'의 합성어로서, 닭의 사명이 자기의 벼슬을 자랑함에 있지 않고 알을 낳는 데 있음을 표현하는 말인 데, 사회 지도층 사람들이 정당한 대접을 받기 위해서는 자신이 누리는 명예(노블리스)만큼 의무(오블리제)를 다 해야 한다는 의미이다.

급한 "무전유죄, 유전무죄"란 말이 이를 대변해 주고 있다. 정부가 들어설 때마다 말로는 탕평책을 부르짖으나, 혈연, 학연, 지연 등에 의한 인재 발탁이 공공연히 자행되고 있지 않은가? 지난 00 정부에서 "만사형통(萬事兄通)[91]"이란 말이 한국 사회에서 자조적으로 사용된 바 있다. 이는 현재 한국인들의 의식구조와 수준을 적나라하게 표현하고 있는 말이라 생각한다. 정상 진료 절차가 잘 되어 있는 병원에서조차 병원 청소부라도 알아야 진료를 제대로 받을 수 있는 것이 얼마 전까지 현실이었다. 그렇다 보니 한국인들은 아직도 정상적인 법과 제도, 절차를 잘 믿으려 하지 않는 것이다.

한국인의 속담 중에 "윗물이 맑아야 아랫물이 맑다."는 말이 있다. 사회 지도층 사람들이 바른 본을 보여주기를 바라는 마음을 나타내는 교훈이다. 사회에 지도층 사람들이 자기의 위치에서 수범해야 할 책무가 우선임에도 오랫동안 그렇지 않았기 때문에 생긴 속담이라고 할 수 있다. 과거 조선시대 지도층을 대변하는 양반들 대부분은 자신들은 법과 제도에 대해 예외이며 서민들이나 준수해야 한다는 의식을 가지고 있었다. 그러한 의식이 아직 한국인들에게 고착되어 남아 있는 것 같다. 사회 저명인사나 상류계층 사람들의 병역기피, 청탁 및 뇌물수수, 매관매직 등이 21세기를 살아가는 한국 사회 곳곳에 아직 잔재해 있는 것

---

91) 본래는 모든 일이 뜻한 대로 잘된다는 의미의 "만사형통(萬事亨通)"에 "형통할 亨"을 "맏 兄"자로 바꾸어 모든 일이 대통령 형을 통하면 이루어진다는 의미를 나타냈음

이 그 증거이다.

　미국의 케네디 대통령은 군에 입대할 나이에 신체가 강건하지 못했다. 그 결과 육군 및 해군 장교 후보생 시험에 잇따라 낙방했다. 그는 억만장자 아버지에게 군대에 갈 수 있게 해달라고 애절한 편지를 보냈다. 그의 편지를 받은 아버지가 정계와 군의 인맥을 움직여 그는 해군 장교로 입대하게 되었다. 케네디가 입대를 간절하게 열망하게 된 것은 미래 나라를 위해 큰일을 하고 싶어 했기 때문이다. 2차 세계대전에 참전하는 국민대열에서 낙오하게 될 경우 사회적으로 장래 나라의 주요 공직을 맡는 것이 불가능하겠다고 생각했다. 그러한 이유에서 해군 장교가 된 케네디는 남태평양 전투에서 크게 다치게 된다. 그는 이후 평생 진통제와 각성제의 힘을 번갈아 빌려가며 통증에 맞서야 했다고 한다. 트루먼 대통령의 경우도 이와 유사하다. 안경이 없으면 장님과 마찬가지일 정도의 지독한 근시라서 군대에 갈 수가 없었다. 그런데도 그는 1차 세계대전 당시 포병 대위로 프랑스 전선을 누빌 수 있었다. 시력검사표를 달달 외워서 신체검사를 통과했기 때문이다.

　영국은 1차 세계대전에서 50세 이하 영국 귀족의 20% 정도가 전사했다. 귀족과 명문대학 출신의 전사자 비율이 노동자·농민보다 몇 배 높았다. 반면에, 2차 대전 말기 할복 자결과 가미카제 특공대의 신화를 만들었던 일본의 경우는 어떠했는가? 일본 귀족과 제국대학 출신의 전사자 비율은 1·2차 세계대전 때 영국 귀족과 옥스퍼드·케임브리지 출신 전사자 비율과 비교도 안 되게 낮았다. 종전 후 이 같은 통계 숫자를 확인한 일본 역사가들은 일본은 2차 대전에서 결코 이길 수가 없었다고 말한 기록이 있다.

그렇다면 대한민국은 어떤가? 병역 기피를 위해 생니를 4개나 뽑아 입건된 가수, 어깨를 탈골 시켜 공익요원 판정을 받은 연예인, 몸을 불구로 만든 스포츠 선수 등이 언론에 보도된 바 있다. 대중의 사랑을 받아 영광의 무대에 서려는 사람들까지 병역의무를 피하고자 자기 몸을 파괴하는 것을 서슴지 않고 있다. 하류 (下流)가 맑지 않아 상류(上流)가 흐린 사례는 없다. 그렇다면 이러한 연예인, 스포츠 스타들은 누구를 본받아 이런 탈선을 '해도 되는 일'로 생각했을까? 조선시대에 양반들이 어떻게 군역을 치렀는가를 살펴보면 그 원인을 유추할 수가 있다.

조선에 백성은 양인과 천인으로 신분을 구분했다. 양인은 국가에 대해 역과 세를 부담하는 대신 관직에 진출할 수 있었다. 천인은 역과 세를 부담하지 않는 대신 관직 진출이 허용되지 않았다. 이상적인 사회체계였다. 조선 초기 군역제도는 「양인개병제(良人皆兵制)」[92]였다. 조선이 채택한 「양인개병제」는 원칙적으로 한 명의 정병에 두 명 정도의 보인이 편성된다. 보인들이 정규 군인으로 편성된 정병 가족의 생계를 돕게 되어 있는 제도였다. 보인은 복무하지 않는 대신 일 년에 무명 2필 정도의 군사 비용을 부담하여 정병을 지원했다. 돈이 있는 사람이라면 누구

---

[92] 현직관리나 전직관리 중 70세 이상이 된 자나 상공업자와 노비를 제외한 나이가 16세에서 60세까지의 남자 모두 군역을 지는 강제징병제

나 고달픈 정병보다는 보인을 선호했을 것이 분명하다. 생활 형편이 나은 양인들은 돈을 써서 보인 병역의무를 선택했으리라고 쉽게 추측이 된다. 이는 국가의 존망이 달린 국가방위 임무를 힘없는 가난한 농민들이 담당하는 제도였음을 의미한다. 이런 제도적 결함에 더해 조선이 안정되면서 방군수포제93)가 전국적으로 시행되었다. 더 나아가 중종 때에는 군적수포제94)로 합법화되었다. 병농일치의 징병제가 용병제로 변하게 된 것이다. 임진·정유재란과 병자·정묘호란에 조선의 정규군이 힘없이 무너질 수밖에 없었던 이유이다.

조선에서는 국가에서 가장 좋은 대우를 받으면서 국가의 존망대사를 논하는 양반들에게 병역의무는 제도적으로 면제되어 있었다. 조선 병역제도의 근본적인 문제 중의 하나이다. 평소에는 국가의 주인행세를 하는 사람들이 개인적으로 국가방위에 책임이 없었다. 어찌 국방이 소홀해지지 않았겠는가? 원래 조선의 국법에 근간인 경국대전에는 양인 모두 군역의 의무가 명시되어 있다. 양반의 경우 현직 관료의 관직 수행이나 성균관 및 향교에 유생의 학업은 직역 또는 신역으로 간주했다. 그래서 군역을 부담할 필요가 없다고 예외 조항으로 명기되어 있다. 경국대전에 의하면 이 예외조항을 제외하고 3품 이하 전직 관료 등 모든 양

---

93) 관아에서는 포를 받고 병역대상자들로부터 병역을 면제시켜주는 제도로 본래 불법이었음에도 해당 관청의 경제 사정을 넉넉하게 하는 데 도움이 되어 전국적으로 확대 시행되었다.

94) 국가가 국민들에게 병역을 면제시켜주는 대가로 돈을 받고, 그 돈으로 군사를 사서 나라를 지키는 병역제도이다.

반은 원칙적으로 군역을 부담해야 한다. 법체계상으로는 하자가 없어 보인다. 그러나 권력이나 돈이 있는 사람들이 자연스럽게 어떠한 죄의식도 없이 군역을 피할 수 있는 여건이었다. 군역 면제조항이 애매하고 제도 운용상에 허점 등이 많았기 때문이다. 따라서 지배층에 대부분 사람은 평소에는 국가에 주인이라고 권리만을 챙기다가 국가에 위기 상황이 발생하면 주인의 의무를 저버리고 제일 먼저 피신했다. 그러한 사람들의 지배하에 살아온 사람들이 오늘날 한국인들의 선조들이다. 그 영향으로 한국인들의 피에는 「반(反) 노블레스 오블리주」사상95)이 아직도 면면히 흐르고 있다는 견해이다.

한국에서는 20대에 병역의무를 기피한 사람들이 돈 좀 벌었다고 정치를 하겠다고 나선다. 친구들이 병역의무를 하는 사이 먼저 사회에 진출해서 좀 더 잘 됐다고 고위 공직자가 되겠다고 한다. 과거 자신의 반칙행위에 대해 조금의 반성이나 수치심이 없는 뻔뻔한 모습이다. 분명한 사실은 20대 초반에 국가에 의무를 비정상적으로 기피한 사람이 50대, 60대 나이가 되었다고, 또는 사회에서 높은 직위를 얻었다고 인격적으로 성숙해졌다고는 볼 수 없다는 사실이다. 일반적으로 20대에 나빴던 사람은 50대 나이가 되면 더 나쁜 사람이 된다. 60대가 되면 진짜 나쁜 사람이 된다. 그래서 한국 사회에 병역의무를 비정상적으로 기피한 사람들이 정치판을 좌지우지하게 해서는 안 된다는 논리이

---

95) 노블리스 오블리제에 반대되는 사상으로 사회 지도층 사람들은 명예를 누리고 있으니 의무는 이행하지 않아도 된다는 사상

다. 그러한 사람들이 고위 관료로 발탁되어서도 안 된다. 그렇지 않을 경우 한국인에게서 「반 노블레스 오블리주」 사상은 사라지지 않을 것이다.

여러 요인이 서로 어우러져 형성된 특성

위에서 한국인의 삶의 터전인 한반도의 환경적 영향과 한국인의 선조들이 대대로 겪어야 했던 역사적 영향, 한국인 선조들의 의식 세계와 삶의 현실 세계를 지배해 온 사상과 종교의 영향, 그리고 문화적 영향에 의해 오늘날 대부분 한국인에게 나타나는 습성과 성향, 생활 태도로 대변되는 특성들을 제시했다. 그렇지만 사람의 성격과 그에 의해 유발되는 행동은 매우 복잡·다양한 이유에 연원한다고 할 수 있다. 그래서 위에서는 한국인의 성격 즉, 습성과 성향, 생활 태도 형성에 영향을 미쳤다고 판단되는 영향 요소들을 크게 네 가지로 분류한 후 영향 요소별 해당 영향 요소에 의해 형성되었다고 판단되는 특성들을 식별하여 제시하였다. 그렇지만 그렇게 특별히 어느 한 가지 영향 요소에 의해 구분이 되지 않고 여러 영향 요소가 복합적으로 서로 어우러져 형성된 특성들도 있을 수 있다. 그러한 이유에서 본 장에서는 여러 영향요인이 어우러져 복합적으로 형성되었다고 판단되는 한국인의 성격과 그에 따른 생활 태도, 행동양식을 도출하여 제시했다.

한국인의 교육열은 가히 세계적인 수준이다.

유교를 통치이념으로 하는 국가에서 관료가 되면 권력과 부를
얻게 되고 자손 대대로 자신의 명성을 날릴 수 있었다고 앞에서
언급했다. 조선시대에 평민의 경우는 이에 더해 양반 신분을 얻
게 되었다. 자신과 자기 자손이 군역에서 벗어날 수 있었다. 양반
과 아전들로부터의 수탈에서도 벗어날 수 있었다. 그러다 보니
관료가 되는 것은 선망의 대상일 수밖에 없었다. 그러한 이유로
지식인들은 물론 평민까지도 관리가 되기를 간절히 희망했다.

조선시대에 관료가 되기 위해서는 교육기관에서 교육받은 후
반드시 과거시험을 거쳐야 했다. 따라서 교육제도는 과거제도와
연계해서 발전하였다. 당시에 교육받기를 원하는 사람들은 대개
지방의 유학자가 세운 서당에서 초등교육을 받았다. 다음은 중
등 교육기관에 해당하는 서울의 4부 학당이나 지방의 향교에 진
학했다. 4부 학당이나 향교 학생들은 소과(생진과)에 응시할 수
있었다. 합격자는 생원이나 진사가 되었다. 그리고 오늘날 대학
에 해당하는 성균관에 입학할 수 있는 자격을 얻었다. 성균관에
재학하는 생원이나 진사 출신 학생들은 대과인 문과에 응시했
다. 물론 성균관을 다니지 않더라도 생원 및 진사는 문과에 응시
할 수 있었다. 그렇게 오랜 교육 기간을 거쳐 문과에 합격해야
비로소 관직에 나갈 수 있었다.

조선시대에 양인들은 대부분 과거 시험을 준비할 수 있는 경
제적 여유가 없어 어려운 여건이었다. 그렇지만 교육받고 관료

가 되는 기회는 주어져 있었다. 양인들에게 부여된 기회는 어려운 만큼이나 강렬한 꿈을 갖게 해주기에 충분했다. "개천에서 용이 났다."는 속담이 있다. 시골에 농부가 주경야독으로 과거시험에 급제하여 관리가 된 경우를 빗대는 말이다. 조선시대에 드물게 그러한 경우가 있었다고 한다. 어렵게 관리가 된 만큼이나 그에 해당하는 신분 상승이 이루어진 경우가 있었음을 의미한다. 그러한 사례는 한국인의 선조들에게 과거시험에 급제하여 관료가 되는 것이 그 무엇과도 바꿀 수 없는 선망의 대상이 되게 하였다. 조선에서 양인들은 양반이 아니라는 이유만으로 국가에 모든 부역 등을 담당해야 했다. 양반이나 아전들로부터 갖은 수탈까지 당했다. 그러한 불공정한 처우에서 벗어나기 위해서라도 그들은 관료가 되기를 더욱 희망했다. 자신은 비록 농사나 지으며 살더라도 자식들만은 관료로 만들어 자신이 받는 불공정한 처사들을 면하게 해주고 싶어 했다. 어떠한 희생을 감수해서라도 자식을 공부시키려 했던 이유이다. 과거시험에 급제하여 관료가 되게 하는 것이 그들의 오랜 꿈일 수밖에 없는 환경이었다.

그들은 관료가 되지 못할 경우 차선책으로 양반이라도 되기를 원했다. 군역면제 등 양반으로서의 특혜를 받기 위해서이다. 조선 중기 이후에는 납속책96)의 일환으로 또는 재력을 바탕으로 족보를 사거나 위조하여 양반 신분을 얻기도 했다. 양반 행세하기 위해서는 최소한의 상장제례(喪葬祭禮)는 알아야 했다. 상장

---

96) 조선 시대, 재정난 타개와 극빈자 구호를 위해 나라에 곡물을 바치는 백성에게 그 대가로 벼슬을 주거나 신분을 상승시켜 준 정책

제례를 격식에 맞추어 치르기 위해서는 서당교육이라도 받아서 글을 읽을 줄 알아야 가능했다. 그러한 여건이니 그들에게 교육에 대한 열망은 간절할 수밖에 없었다. 그렇게 한국인의 선조들은 교육에 필요성을 절감하면서 살았다.

19세기 말 조선에 국운이 풍전등화와 같은 상황이 되었다. 일제의 침략에 직면하여 조선의 선각자들은 민족의 실력을 육성하기 위해서는 교육이 중요하다고 인식했다. 따라서 민족 운동의 하나로 교육 운동을 활발하게 전개했다. 1894년 김홍집의 갑오개혁에 의해 근대적 교육제도가 마련되었다. "국가의 부강은 교육에 있다."라는 내용의 「교육 입국 조서」가 반포되었다. 교육 입국의 정신에 따라 소학교·중학교·사범학교·외국어학교 등 여러 부류의 관립학교가 세워졌다. 이 시기에 선교사들에 의해 배재학당·이화학당·정신 여학교 등 기독교 계통의 사립학교들도 설립되었다.

을사늑약 이후 국권 회복을 목표로 민족주의자들은 애국계몽운동을 전개했다. 민족주의에 입각한 근대교육이 민족운동의 기반이며 본질이라고 주장했다. 아직도 한국인의 뇌리에 각인되어 남아있는 「배우는 것이 힘」이라는 구호 아래 대성학교·오산학교·보성학교 등 많은 사립학교를 세웠다. 당시 선각자라는 사람들에게 "부국강병의 길은 오직 국민이 배워서 똑똑해야 한다."는 사상이 철두철미하게 각인되어 있었던 결과이다. 당시 그들은 조선이 망하게 된 것은 세계정세를 모르고 무지한 데 있었다고 보았다. 교육의 필요성을 절감하였던 것이다.

일제하에서 조선인 교육 목표는 한마디로 우민화였다. 일제하에 한국인의 초등학교 취학률은 일본인의 1/6수준에 불과했다. 상급 교육기관으로 올라가면 이는 더욱 심해졌다. 민족 지도자들은 조선 교육회를 조직했다. 고등 교육기관을 세워 인재를 양성하는 것이 가장 시급한 과제로 판단하고 대학 설립을 서둘렀다. 총독부가 대학 설립 요구를 묵살하자 조선인의 손으로 대학을 설립하겠다는 민립대학 설립 운동을 전개했다. 이에 대응해 일제는 경성제국대학을 설립했다. 당시 조선인들에게 달아오른 민족교육과 고등교육을 향한 열기를 수습하려고 취한 조치이다.

당시 공립 보통학교는 수용 능력이 제한적이었을 뿐만 아니라 학비가 비쌌다. 노동자나 농민, 도시 빈민들은 교육의 기회를 얻기가 힘들었다. 교육의 기회를 얻지 못해 문맹자 수가 점점 늘어나자 지도자들은 문맹퇴치운동을 일으켰다. 1920년대에 전국에 조선어 중심의 야학을 세웠다. 한글을 가르치고 한국어로 교육했다. 일제는 이를 탄압하기 위해 「1면(面) 1교(校)주의 시책」을 세웠다. 1개면 마다 하나의 보통 공립학교만을 증설했다. 이곳에 수용된 학생 수는 학교에 가야 할 대상 아동 수의 1/5에 불과했다. 그러한 연유로 당시 2천만 국민 중 80%에 해당하는 1,600만 명이 문맹자일 정도였다. 문맹률이 높아지자 종국에는 언론사가 앞장서서 문맹 퇴치 운동을 전개하기에 이르렀다. 조선일보 등 언론사가 "아는 것이 힘, 배워야 산다." 등의 표어를 내걸고 중등 이상의 남녀학생들이 방학 동안 고향에 내려가 문맹퇴치운동을 전개하게 했다. 이러한 선각자들의 노력에 힘입어 당시를 살았던 한국인의 선조들에게 "교육만이 살 수 있는 길"이라는 사고가 의식화되게 되었다.

아직도 한국인들에게는 상황이 어려우면 이를 극복하기 위해 "아는 것이 힘, 배워야 산다."는 교훈이 되살아난다. 그 사고가 의식화되었기 때문이다. 어려울수록 더욱 그렇다. 해방 후 6·25 한국전쟁으로 폐허가 된 국토 위에서 1960년대 초엽까지 한국인들은 정말 어려운 삶을 살았다. 봄철 보릿고개에는 먹지 못해 부황난 사람들이 널려 있을 정도로 가난한 생활이었다. 그렇게 더없이 어려운 생활 여건에서도 한국에 부모들은 자식들의 교육에 모든 것을 바쳤다. 자식들에게는 자신과 같은 생활을 물려주지 않겠다는 강인한 의지의 표출이었다. 어떠한 희생을 감수해서라도 나의 자식은 고등교육을 반드시 시켜야 한다고 생각했다. 그러한 유전인자가 오늘의 한국인들에게도 면면이 남아 있어 자식에 대한 교육열이 그렇게 높은 것이다.

남과의 비교심리, 시새움과 경쟁심이 강하다.

한국에는 "사촌이 땅 사면 배가 아프다."는 속담이 있다. 사촌이 땅을 사는 데도 배가 아픈 데 남이 땅을 사면 얼마나 배가 아플까? 원래 이 속담은 "사촌이 땅을 사면 배가 아파야 한다."라는 좋은 의미였는데 왜곡됐다고 주장하는 사람도 있다. 그렇지만 이 속담은 한국인들의 심리 저변에 남과의 비교심리와 시새움이 강하게 자리 잡고 있음을 말할 때 쓰는 표현으로 적절하다고 판단한다.

인간이 남과 비교하는 것은 기본 습성이다. 사람은 태어나서부터 부모를 모방해 언행을 배우기 시작한다. 배우는 과정에서도 모방 대상의 언행과 비교하여 자기의 언행이 맞는지 확인한다. 그리고 더 잘하고 싶어 한다. 사람들에게 비교심리는 이렇게 자연스럽게 몸에 습성화된다. 비교심리는 본인도 모르는 사이에 사람들의 삶 자체가 되어 버리는 것이다. 사람들은 어려서 자기 인생의 목표를 정할 때도 대부분 남과 비교하여 정한다. 늙어서 자기가 살아온 삶에 대한 평가를 할 때도 대부분이 남과 비교한다. 슬프거나 괴로운 일이 발생했을 때도 남과 비교하여 마음에 위안을 얻곤 한다. 때로는 마음속에서 자신의 어느 성과에 대한 만족감까지도 남과 비교하여 얻는다. 이렇게 우리 인간의 삶 대부분의 욕구는 남과의 비교에 의해 생성되며, 남과의 비교를 통해 자신의 노력으로 얻은 결과에 대한 만족감도 느낀다. 이 비교심리가 자기 발전의 계기나 삶의 목표 달성에 긍정적으로 작용할 경우 생산적이며 발전 지향적이라 할 수 있다. 하지만 남과의 비교가 시새움으로 발전하여 남과의 경쟁이 생활의 전부가 될 정도로 부정적으로 작용할 경우 바람직하다고는 할 수 없다.

이러한 인간의 비교심리와 시새움은 인류사회의 발전을 견인한 동력으로 작용해왔다. 반면에 인류사회의 사회악을 유발하는 근본 원인으로도 작용해왔다. 그러한 비교심리와 시새움, 경쟁

심리가 한국인들에게는 유별나게 강한 것 같다. 필자는 한국인들의 유별난 시새움과 경쟁 심리가 오늘의 한국을 만든 원동력으로 작용했다고 생각한다. 그렇다면 무엇이 한국인들에게 유별난 시새움과 경쟁 심리를 갖게 했을까?

경작 가능지역이 일정한 농경사회에서는 인구가 증가하는 만큼 생산성이 증대하지 않을 경우 당연히 생존경쟁은 심해질 수밖에 없다. 한반도에서 대부분 사람은 수천 년 동안 농경사회를 이루어 살아왔다. 조선시대에 접어들어 500년 동안 인구는 10배 정도 많이 증가했다. 자연적으로 먹고 살기 위한 생존경쟁이 치열해질 수밖에 없었다. 조선 구성원의 대부분인 양인 즉, 평민들이 간절히 희망했던 농사를 짓지 않고 편하게 살 방법 중 한 가지가 과거시험에 합격해서 관료가 되는 방법이었다. 그러나 관료 자리 역시 한정적이었다. 관료사회 역시 인구가 증가하면서 경쟁이 심화할 수밖에 없었다는 말이다. 조선은 명종 이후 (16세기 중엽) 직전법이 폐지되고 사적 소유권과 병작반수제에 입각한 지주 전호제가 일반화되었다. 조선의 토지제도는 기존의 지주 제도를 붕괴시키고 인구비례로 토지를 재분배하여 자영농 육성을 목표로 추진되었다. 그렇지만 조선 사회가 안정되면서 소유권에 입각한 양반 지주들의 토지 지배가 확산하여39 양반 지주들에게 농장이 집중되게 되고, 점차 일반 농민들 대다수는 소작농으로 전락하게 되었다.

인구의 증가와 병행해서 소작농이 증가하면서 농부들은 같은 크기의 소작 농지를 대여 받기 위해 점점 더 많은 소작료를 부담해야 했다. 관료가 되기를 원하는 사람들 역시 경쟁이 심화하면서 관료로 임용되기 위해 비정상적인 방법까지 동원하게 되었다. 그러한 악순환의 지속으로 한국인 선조들의 생존경쟁은 점점 더 치열해졌고, 생존을 위해 다양한 비정상적인 방법들까지 동원하게 되었다. 그렇게 대부분의 한국인 선조들은 한국의 경제개발이 시작된 1960년대 초까지 생존경쟁에서 살아남기 위해 엄청난 시련을 겪으면서 살아왔다.

1960년대 초 범국가적 차원의 수출주도형 공업화 전략 하에 경제개발이 시작되었다. 그 과정에 가장 많이 사용된 말이 "한국에는 인적 자원밖에 없다."는 말이었다. 경제개발을 위해서는 천연자원을 포함해서 여러 가지 자원이 필요한 데, 한국에는 자원이라고 사람밖에 없다는 말이다. 이 말 역시 한국 사회에서는 생존경쟁이 치열할 수밖에 없음을 시사한다. 자원이 사람밖에 없는 사회에서는 경제개발에 필요한 다른 자원의 역할까지도 사람이 수행해야 한다. 그러한 자원 역할까지도 수행해야 했기 때문에 한국인들은 부단하게 자기 계발을 위한 노력을 할 수밖에 없었다. 그래야 경쟁에서 살아남을 수 있었기 때문이다.

인적 자원의 질이 좋고 나쁨을 어떻게 측정할 수 있는가? 한국에서 그동안 통용되어온 가장 보편적이며 일반적인 척도는 그 사람의 학력과 출신교였다. 이력서에 학교명을 포함하는 학력을 자격·면허, 경력 사항보다 먼저 기록하도록 서식 되어 있었던 것이 그 증거이다. 한국인들은 1960년대 이후 경제개발이 추진되면서 더욱 좋은 인적 자원이 되기 위한 치열한 생존경쟁 환경에서의 삶이 시작되었다. 자식을 일류대학에 진학시키기 위해 가족 모두가 고군분투해야 하는 처절한 삶! 그것이 1970년대 이후 한국인들 삶의 모습이었다. 생존경쟁이 치열한 사회일수록 비교심리에 의한 시새움과 경쟁 심리가 사회 구성 요원들의 삶에 크게 작용한다. 오죽 일류대학 진학 경쟁이 치열하면 1980년대 이후 정부 차원에서 평준화 교육정책을 고수하고 있겠는가? 치열한 진학 경쟁의 부작용을 줄이겠다는 취지이다. 인간은 선천적으로 각각 고유의 장점들을 가지고 태어난다. 그 결과 각자의 능력에는 차이가 있게 되어 있다. 그런데 어떻게 평준화가 가능한가? 이 역시 비교심리에 의한 시새움과 경쟁 심리가 사회에 강하게 부정적으로 영향을 끼쳐서 이를 억제하고자 생긴 부산물이다.

뒤에서 자세하게 설명하겠지만, 1970년부터 시작된 새마을운동은 농가의 소득증대사업으로 추진되었다. 그런데 이 역시 한국인들에게 남과 비교심리에 의해 유발되는 시새움을 넘어 경쟁심리를 갖게 해주었다. 당시 농촌의 농민들에게 스스로 열심히 노력하고 서로 협동하면 잘 살 수 있다는 자신감을 심어주었다. 새마을운동은 정부 주도하에 농촌에 마을 단위로 시멘트와 철근을 무료로 분배해주면서 시작되었다. 마을 사람들이 협동하여 마을진입로 확장, 농가 지붕 개량 등에 써야 한다는 조건이었다. 그리고 정부의 요구조건대로 사용한 경우 지원을 더욱 확대했다. 반면에 그렇지 않은 경우 지원을 중단하는 정책을 고수했다. 이러한 정책 시행은 그동안 국민들에게 쌓여있던 정부에 대한 불신을 단번에 일소시키는 효과를 가져왔다. 병행하여 개인 간에, 마을 간에 경쟁심을 불러일으키는 효과도 가져왔다.

당시 정부는 새마을운동의 기본정신인 「근면·자조·협동」으로 우수한 성과를 올린 마을부터 먼저 지원한다는 원칙을 고수했다. 1972년에 정부 차원에서 그동안 추진한 새마을운동에 대한 반응과 성과가 좋았던 1만 6천 6백 개 마을은 지원했다. 성과가 좋지 않았던 잔여 1만 8천여 마을에는 지원하지 않았다. 당시에는 농민들의 심리상태가 좌절과 무기력, 굽힘과 태만, 굴종 등으로 대변되던 시기였다. 정부가 약속을 지켜 성과를 기준으로 한 지원 조치는 농민들에게 그들의 마음 저변에 잠자고 있던 정부 정책에 대한 불신감을 한 번에 일소하는 계기로 작용했다. 또한 그들에게 동료들과의 시새움과 경쟁심을 갖게 해주었고, 그에 더해 공동의 목표를 위해 협동하는 정신을 갖게 해주었다. 그들에게 "열심히 일하면 잘 살 수 있다."는 긍정적인 노동 의욕을 불러일으킨 결정적인 계기가 되었다. 오늘날 대부분 한국인은 그 당시 농촌에 뿌리를 두고 있다. 그 결과 오늘날 대부분의 한국인에게 당시에 각인된 남과의 비교심리, 시새움과 경쟁심이 강하게 나타나고 있다는 견해이다. 이 모두 생존경쟁에서 강자로 살아남기 위해 한국인들에게 진화된 긍정적인 습성과 성향들이다.

반면에 생존경쟁이 치열해지면 사람들은 어떻게라도 살아남기 위해 다양한 비정상적인 방법들을 동원하게 되어 있다. 그러한 여건이 되면 사람들은 "남들이 뇌물을 주는 데 나라고 뇌물을 주면 안 되는가?"라고 생각하면서 자기의 비정상적인 행동을 당연시한다. "남들은 수단과 방법을 가리지 않고 돈을 번다는 데 내가 무슨 애국자라고 정당한 수단과 방법을 사용해야 하는가!"라고 자신의 불법적인 행동까지도 정당화하려 한다.

그뿐인가? 자기 자식의 실력은 고려하지 않고 다른 사람들의 자식들보다 성적이 좋지 못한 것만을 한탄한다. 능력이 없어 진급에서 탈락하고도 자기보다 못한 동료는 진급했다고 애통해한다. 이러한 사회에 아름답지 못 한 사람들의 생각들은 대부분 남과의 비교심리에 기인하는 생각들이다. 이처럼 사람들에게 내재하여 있는 비교심리가 일상생활에서 삶에 판단기준이 되거나 더 나아가 모방하도록 작용할 때 부정적임을 알 수 있다. 한국인들은 지정학적 환경 탓에 근대에 인구가 많이 증가하면서 어쩔 수 없이 치열한 생존경쟁 속에서 선조 대대로 살아왔다. 그에 더해 1960년대 이후 정부 차원의 정책 시행과정에서 비교심리가 더욱 육성되었다. 그 결과 남이 나보다 나으면 못 참는 시새움과 더 나아지겠다는 경쟁심이 강하게 습성화된 성격의 소유자가 되었다는 견해이다.

한국인은 궁리(窮理) 능력이 뛰어나다.[97]

앞에서 언급한 대로 한국인은 천성적으로 척박한 토양의 영향을 받아서 어려운 환경에 순응력이 뛰어나다. 농경 사회를 이루

---

97) 궁리(窮理): 연구, 고안, 사물의 이치를 깊이 연구함

어 정착한 민족이다. 생활 여건이 어려워졌다고 남을 침략하여 노략질하여 주린 배를 채우지 않았다. 오히려 주어진 환경에 적응하여 초근목피(草根木皮)로 연명하면서도 더 어려운 환경에 살아남기 위해 궁리 능력을 발휘해서 대비해왔다. 그렇게 생존력이 강한 지혜로운 민족이라고 필자는 생각한다.

필자도 한국인이지만 한국인은 참으로 궁리 능력이 뛰어나다고 아니 말할 수 없다. 한국인의 선조들은 거대한 대륙 세력과 해양 세력의 틈바구니에서 살아왔음에도 문화적으로 어느 쪽에도 편향되지 않았다. 독특하면서도 주변국들보다 오히려 탁월한 의식주 문화를 발전시켜왔다. 이 사실이 필자가 한국인은 궁리 능력이 뛰어나다고 주장하는 근본 원인이다.

한국인은 세계에서 몇 안 되는 자기 고유의 언어를 가지고 있는 민족 중의 하나이다. 한국인의 선조는 자신들의 문자인 한글을 창조하여 오늘까지 사용해 오고 있다. 한글은 언어 연구에 세계 최고권위인 영국 옥스퍼드 대학에서 합리성, 과학성, 독창성 등을 기준으로 세계 모든 문자 중에 최고로 선정되었다. 지난 1997.10.1일에 유네스코는 훈민정음을 세계 기록유산으로 지정하였다. 훈민정음은 주변국인 중국의 한자나 일본의 히라가나 가나와 전혀 다르다. 세계 언어 학계에서 최고의 과학성과 독창성이 입증된 문자이다. 한국인들은 그러한 문자를 개발한 궁리 능력이 뛰어난 사람들이다.

이순신 장군이 대일본 해전에서 보여준 궁리 능력은 어떠한가? 이순신 장군은 당시 세계 최고의 해군을 보유한 일본이 침

략하기 1년 전에 전라좌수사에 부임했다. 이순신 장군은 일본해군의 첨저선을 이용한 재빠른 접근 및 근접전에 대비하여 기존의 총통을 탑재한 전함 판옥선에 더해 거북선을 만들었다. 이를 이용해서 임진 및 정유재란 동안 23전 23승을 거두었다. 일본의 수륙병진 작전을 좌절시켜 풍전등화의 조선을 구출한 세기의 영웅이다. 그는 전투에서 상대방의 장점을 무력화하고 단점을 최대한 이용하여 승리했다. 그가 승리한 전투들에서 구사한 전략·전술은 그의 뛰어난 궁리 능력에 연유하고 있음을 알 수 있다.

다음은 김치를 만들어낸 한국인의 궁리능력이다. 김치는 과거 한국인들만이 먹는 냄새 나는 음식으로 서구인들로부터 천대(?) 받던 음식이다. 21세기에 들어와서는 세계 5대 건강식품 중 하나로 선정되기에 이르렀다. 김치가 유산균과 비타민·미네랄·식이섬유 등이 풍부하여 항암 효과, 염증 억제, 면역력 증진 등의 효능이 뛰어난 음식으로 판명되었기 때문이다. 이제 세계인들에게 주목받는 음식이 된 것이다. 다른 나라에도 채소를 절인 식품은 있다. 그렇지만 김치 같은 발효식품은 찾기 힘들다. 한국의 김치는 외국의 절임 채소와는 달리 두 번 절이는 것이 특징이다. 먼저 채소를 소금에 절인다. 이를 세척·탈수하여 발효가 잘되는 조건을 만든다. 이를 생강·마늘·고추·부추 등 갖은 양념으로 버무려 두 번째 절인 것이 김치이다. 요즈음은 중국과 일본에서 김치를 모방 생산하여 세계 수출시장에 내놓고 있다. 한국인들은 거대한 중국과 2배 가까이 큰 일본의 틈바구니에서 특이하게 김치를 개발하여 먹어왔다. 이 어찌 한국인의 궁리 능력이 뛰어나다고 아니 할 수 있겠는가?

다음은 한국인 고유의 난방시스템인 온돌을 개발한 궁리 능력이다. 온돌은 구들이라고도 부른다. 이 시스템은 바로 나무를 태워 연기를 열로 전환하여 표면이나 두꺼운 바닥을 데우는 바닥난방시스템이다. 한의학에서는 "사람의 상체는 시원해야 하며 몸의 하체 부분은 따뜻해야 한다."고 한다. 온돌은 이 한의학 원리에 기초해서 설계된 것이라고 한다. 온돌의 특징은 매일 식사 준비를 위해 사용하는 불을 난방 목적으로도 사용함으로써 연료 비용을 절감한다는 데 있다. 온돌 역시 한국인들이 뛰어난 궁리 능력을 발휘하여 개발한 작품이다. 추운 겨울에 가장 적은 연료를 들여서 따뜻한 환경을 장시간 유지하도록 설계·개발한 그들 고유의 난방시스템이었다.

다음은 최근에 우리 한국인이 자신들의 우수한 궁리 능력을 세계에 과시한 사례이다. 통상적으로 특수비행팀은 6대의 항공기로 구성된다. 한국 공군의 특수비행팀 「블랙이글스」는 세계에서 유일하게 8대의 초음속항공기(T-50)로 구성되어 있다. 6대보다 8대로 구성된 비행팀의 비행 쇼가 산술적으로 2대가 추가된 것에 비해 훨씬 더 어렵다는 것은 조종사라면 모두 공감하는 사실이다. 그랬음에도 블랙이글스는 「세계 에어쇼 올림픽」이라 불리는 영국 「와딩턴 국제에어쇼(2012. 6.30~7.1)」에 처음 참가해서 '최우수 에어쇼 상'을 수상했다. 이어서 영국 페어포드 공군기지에서 열린 세계 11개국 40개 팀이 참가한 「리아트 에어쇼(7.7~8)」에서도 '시범비행 최우수상'과 리아트를 후원하는 1,397명의 항공 군사 마니아가 선정하는 '인기상'을 수상했다. 이는 해외 첫 출전, 낯선 환경, 원활하지 못한 군수지원 등의 불리한 여건하에서 세계적인 에어쇼팀들과 경쟁하여 수상한 결과로서 한국공군 블랙이글스팀이 명실공히 세계 최고였음을 의미한다. 어디 그뿐인가? 블랙이글스팀은 지난 2022.7.15.~17일 기간 리아트 에어쇼에 두 번째 참여에서도 영국, 독일 등 34개 나라 38개 팀 중에서 10년 전에 수상한바 있는 최우수상과 인기상을 받았다. 이를 어찌 쾌거라 말하지 않을 수 있겠는가?

블랙이글스팀의 성과는 크게 두 가지로 요약할 수 있다. 하나는 한국공군 조종사의 조종 기량이 세계적 수준이라는 것이다. 다른 하나는 국산 T-50 항공기의 성능이 뛰어나다는 것이다. 블랙이글스는 한국공군 조종사의 기술적 재주가 뛰어나다는 사실과 한국인이 만든 T-50 항공기가 명품이라는 사실을 세계에 두 번씩이나 알린 것이다. 특히 과학기술의 종합 예술품이라 할 수 있는 국산 T-50 항공기가 명품이라는 사실을 에어쇼에서 입증해 보인 것은 한국인들이 과학 기술 분야에도 뛰어난 궁리 능력을 가지고 있음을 보여준 사례이다. 이는 어쩌면 오늘날 한국의 경제성장 배경에 한국인의 뛰어난 궁리 능력이 있었음을 보여준 사례라고도 할 수 있다.

한국인들은 유동성과 주변성이 체질화되어 있다.

유동성이란 전개되는 상황에 부합하도록 자신이 적응하는 성질을 말한다. 주변성이란 형편과 전개되는 상황에 따라 가용한 방법들을 동원해서 일을 성취하기 위해 융통성 있게 처리하는 성질을 말한다. 유동성과 주변성은 한반도와 같이 협소한 영토를 삶의 터전으로 살아온 한국인들에게 기질적 특성으로 강하게 나타나는 특성이다.

19세기 말 조선에 온 중국 공사 하여장(何如璋)은 서양 외교관들에게 "한국인들은 힘을 은근히 내비치면서도 달래면 쉽게 따르는 어린애 같다."고 말했다고 한다.40 최근에도 국제 정치무대에서 종종 그러한 사례들이 발생하고 있어 한국인들의 마음을 상하게 하는 것 같다. 왜 그들은 한국인을 그렇게 얕잡아 보는 것일까? 물론 그들에게 자신들의 나라는 세계에서 누구도 얕잡아볼 수 없는 대국이라는 거만함이 있어 그럴 수도 있다. 그렇지만 그동안 우리 한국인들의 처신이 그것을 자초하지는 않았는지 생각해 볼 필요가 있다.

한국인들은 일반적으로 강해 보이는 힘에 대해서는 저자세를 취한다. 이는 선조 대대로 오랜 세월 외세의 끊임없는 압박과 침략에 맞서서 생존해오는 과정에서 시세(時勢)에 순응하기 위해 체질화된 모습이다.

섬나라 사람을 깎아내려서 말할 때 흔히 섬나라 근성을 가졌다고 한다. 사면이 바다로 둘러싸인 섬에 갇혀 살다 보니 "속 좁고, 배타적이고, 쩨쩨하다."는 좋지 않은 사회적 개성을 가지게 되었다는 것이다. 섬나라는 전체가 바다로 둘러싸여 있다. 태풍이나 화산 폭발과 같은 자연재해가 발생해도, 외국의 침략을 받아도 피난갈 수 있는 곳이 없다. 생존하기 위해서는 서로 협력하지 않을 수 없다. 그래서 섬나라 사람들은 사회적으로 집단성이 높고 논리적이다. 반면에 자신들만의 세계 속에서 살다 보니 남을 신뢰하지 못하고, 편협하며 배타적이다.

그동안 주변국 사람들은 한국인을 깎아내려서 유동성과 주변성으로 대변되는 줏대가 없는 반도 기질을 가졌다고 말해왔다. 상대적으로 작은 반도에 형성된 세력은 해양과 대륙을 연결하는 길목에서 그들의 세력과 힘의 크기에 따라 이리 쏠리고 저리 밀리게 되어 있다. 그러한 탓에 특히 한반도와 같이 작은 반도에 살아온 사람들에게는 생존을 위해 불가피하게 유동성과 주변성으로 대변되는 사회적 특성이 형성되게 된다. 그렇게 형성된 한국인들의 사회적 특성에 대해 주변국 사람들은 타율적이며 부화뇌동하는 성향이 강하다고 부정적으로 평가한다. 일반적으로 대륙 사람들은 확대 지향적이다. 섬나라 사람들은 축소 지향적이다. 반면에 대륙과 섬을 연결하는 반도 사람들은 그 중간이라서 분명한 정체성이 없다고 깎아내리기도 한다.

터키가 위치한 아나톨리아 반도의 넓이는 대략 한반도의 3.4배 크기에 달하는 22만 km^2이다. 스페인이 위치한 이베리아반도의 넓이는 한반도의 2.6배 크기이다. 터키나 스페인과 같이 상대적으로 넓은 영토를 기반으로 그 국력이 주변 세력과 대등하거나 때로는 압도하는 큰 반도국의 사람들과 한국과 같이 상대적으로 비좁은 영토를 기반으로 그 국력이 주변 세력에 압도당할 수밖에 없는 작은 반도국 사람들의 생존전략은 서로 다를 수밖에 없다. 한국인들은 해양과 대륙 세력 사이에서 살아남기 위해 때로는 굳게 단결하여 대항하기도 했다. 하지만 힘의 차이가 너무 현격하여 대항이 어려우면 힘이 강한 쪽에 의지하기도 했다. 주변국 사람들이 한국인들의 특성이라고 깎아내려서 말하는 한국인들의 유동성과 주변성의 반도 기질은 한국인에게 체질화된 생존전략인 것이다.

한국인은 이해가 밝아 단결력이 약하고 개인주의가 심하며 국가보다는 개인을 우선시한다. 주변국 사람들이 한국인을 부정적 시각으로 깎아내려서 하는 말이다. 긍정적 시각으로 조명해 보자. 그 크기가 작은 한반도를 터전으로 하는 한국인들은 대륙 세력과 해양 세력 사이에서 약한 쪽으로 향해 도도히 흐르는 강한 쪽의 힘을 필연적으로 느끼게 되어 있다. 그러한 환경에서 그들은 현재까지도 주변의 어떠한 군사적·사상적·문화적인 강력한 힘에 의해서 꺾이거나 흡수되지 않았다. 그들에게는 오랜 세월 동안 선조 대대로 현실 상황에 대처하여 슬기롭게 적응하는 사회적 성향인 유동성이 체질화되어 있기 때문이다. 그들에게 내재하여 있는 유동성은 오히려 자신들의 정서에 부합하는 것들만을 취사선택하여 자신들에게 어울리는 것을 새롭게 창조하는 동력으로 작용해왔다. 중국의 한자와 일본의 가나 글자 사이에서 한국인은 세계 최고의 글자인 한글을 창조해냈다. 미국의 맥도날드와 코카콜라로 대변되는 패스트푸드가 1960~70년대에 전 세계적으로 퍼져나가 많은 나라에 뿌리를 내렸다. 그런데도 한국인들은 그것을 흡수해 한국산 토종 패스트푸드를 개발하여 한국의 패스트푸드 시장을 주도하고 있다. 그렇게 유동성과 주변성으로 대변되는 반도 기질은 어떠한 강력한 힘에도 꺾이지 않고 유연하게 대응하도록 유도해 왔다. 그러한 한국인의 사회적 특성이 있어 한국인들은 주변 강대국들의 문화에 예속되지 않은 채 그들 고유의 인간적 특성, 의식주 문화 등을 보유하고 있다는 것이 필자의 견해이다.

한국인들을 평가절하 하는 주변국 사람들은 한국 사람들은 반도 사람이라 단결력이 약하다고 말한다. 이는 한국인들을 단편적으로 평가한 결과라고 말할 수 있다. 한국은 1990년대 말 IMF 경제위기가 발생했는데 범국민적 차원에 금 모으기 운동을 전개하여 최단 시간 내 나라의 경제위기를 극복했다. 또한, 한국은 수천 년 동안 거대한 중국 동쪽 변방의 작은 반도에 위치한 국가이면서도 한 번도 중국의 영토로 편입된 적이 없다. 이러한 객관적 사실들은 한국인들이 자신들의 나라가 위태로울 때 단결력이 얼마나 강하게 표출되는지를 보여주는 좋은 사례들이다.

위에서 언급한 대로 이진법적 견해를 가지고 한국인은 반도 사람들이라 그들 나름의 분명한 정체성이 없다고 말한다. 이 역시 이진법이 아닌 십진법적 개념을 가지고 접근하면 해답이 있다. 십진법적 시각으로 보면 확대 지향적 대륙 사람들은 8~10,

축소 지향적 섬나라 사람들은 1~3, 그 중간인 반도 사람들은 4~7에 해당한다. 반도 사람들 역시 분명히 중간자적 정체성이 있음을 알 수가 있다. 반도 사람들이 정체성이 없다는 말은 대륙이나 섬나라 사람들이 자신들은 미화하고 반도 사람들을 깎아내리기 위한 억지 논리임을 알 수 있다.

아래에 한국인들의 유동성과 주변성으로 대변되는 강한 기질적 특성에 기인하는 다양한 생활 태도들을 소개한다.

힘이 있어 보이는 사람에게는 약하다. 그 일례가 주변 강대국과의 외교관계에서 일반적으로 상대방이 강하게 나오면 일단은 약한 모습의 태도를 보이는 것이다. 목소리가 큰 사람에게는 일단은 양보하는 모습이다. 협상에서도 상대가 강하게 나오면 약한 자세를 취한다. 패거리 앞에서는 쉽게 물러난다. 자신도 자신의 목적 달성을 위해 자신을 위한 패거리를 만드는데 바쁘다. 패거리를 활용하여 문제를 해결하려 한다.

행동 양식이 형편과 주변 환경에 따라 가변적이다. 한국인들은 역사적으로 오랜 세월 상대적으로 월등하게 강한 대륙 세력과 해양 세력 틈바구니에서 압박과 침략에 맞서 살아왔다. 그 과정에서 때로는 생존을 위해서 저항이나 도전보다는 의뢰가 유리함도 터득했다. 순종하는 척하는 태도가 필요함도 알게 되었다. 그러한 인식들이 습성화되어 나타나는 것이 가변적 행동 양식이다. 단결하여 대항하다가도 살아남기 위해 분열하는 것처럼 보인다. 그러한 이유로 단결력이 약하다고 말하기도 한다. 그런데도 국가적 위기 앞에서는 불굴의 저항 의식이 표출된다. 강한 외세의 침략에 굴종하는 듯해 보이기도 했다. 그러나 꿋꿋이 자신들 본연의 모습을 유지해왔다. 그들의 가변적 특성이 자신들만의 독특한 의식주 문화를 창조해내는 원동력으로 작용한 결과이다.

목적 달성을 위해 수단과 방법을 가리지 않는다. 이는 한국인의 특성 중에 빼놓을 수 없는 행동 양식이며 생활 태도이다. 지질·지형학적 환경 탓이다. 역사적으로 험난한 역경을 극복하면서 살아오는 과정에서 체질화된 주변성 기질 탓이다. 정직하고 성실하게 원하는 목적을 달성하려는 사람들도 많다. 그런데도 대부분 한국인은 자기가 원하는 바가 있으면 그것이 작은 일이든 큰일이든 어떠한 방법을 동원해서라도 자기가 원하는 바를 성취하려 한다. 자기 분수에 맞지 않는 자식의 고액 과외, 신분 위장이나 뇌물에 의한 부정 입학, 뇌물이나 청탁을 통한 공개경쟁 입찰 무력화와 편법 수주, 가진 자의 편법 증여와 비자금 조성 등 한국 언론에 하루도 빠지지 않고 사회면에 나오는 한국 사회의 아름답지 못한 모습들이다. 한국인들이 자신들의 목적 달성을 위해 사용하는 부당하고 정직하지 못한 수단과 방법들이다. 그렇지만 이는 정도의 차이가 있을 뿐 인간 사회라면 어디에도 존재하는 부정적인 모습이다.

얼마 전 언론에 "한국에서 사기·횡령·배임 등의 범죄가 매년 평균 20만 건 이상씩 일어나고 있다."고 보도된 바 있다. 한국에서 발생한 무고 사건98)을 일본과 비교하면 2007년에 위증죄로

---

98) 법정에서 거짓말 증언이나 없는 일을 꾸며 남을 고소·고발하는 사건

일본은 9명을, 한국은 1,544명을 기소했다. 무고죄로 일본은 10명, 한국은 2,171명을 기소했다고 한다. 일본 인구는 한국의 2.5배이다. 이를 감안하면 위증죄는 427배, 무고죄는 542배가 되는 셈이다. 이것이 한국인들이 비정상적인 방법을 동원해서라도 목적을 달성하려고 한다는 단면을 보여주는 증거라 할 수 있다. 사기나 횡령, 위증이나 무고는 비정상적인 방법으로 자신의 목적을 달성하려 할 때 활용하는 범죄들이기 때문이다.

자신의 문제를 남의 힘으로 해결하려 한다. 이 역시 오늘날 일부 한국인의 생활 태도를 잘 보여주는 한 단면이다. 이는 시새움과 경쟁심이 강하고 뒤에서 관망하기를 좋아하는 일부 한국인의 전형적인 생활 태도이기도 하다. 그 대표적인 일례가 자기 인사 청탁이다. 자신의 평소 노력으로 승진하려는 생각보다는 인사권을 가진 사람의 주위 사람들에게 부탁이나 청탁하여 승진하려 하는 생활 태도이다. 많은 한국인은 한국이 선진사회 국가로 발전했다고 생각한다. 그런데도 아직도 출세하기 위해서는 뒤에서 밀어주는 든든한 「빽(Back)」이 없으면 안 된다고 생각하는 사람들이 있다. 과거 정부들이 정부의 높은 직위에 인사권자와 근무 인연이나 지연, 학연이 있는 사람들을 선발하여 보임시킨 것도 한국인들에게 그러한 의식을 더욱 고착시키는 데 한몫했다고 본다. 대부분 한국인은 자기가 원하는 자리에 보직이나 승진하기 위해서는 실력보다 후원자가 더 중요하다고 생각한다. 자신의 실력이 부족하여 승진이 안 된 경우에도 자신은 「빽」이 없어 안 됐다고 생각한다. 승진된 사람에 대해서는 능력이 아니라 「빽」

이 있어 승진했다고 비하한다. 이는 서로서로 믿지 못하는 신뢰도가 낮은 사회의 한 단면이다. 아직도 일부 한국 사회에 남아 있는 부정적인 모습이다.

그 전형적인 증거가 정부 수립 이후 모든 실세 대통령들이 가족 친인척 비리(非理)에 걸려 넘어졌다는 사실이다. 사회적 신뢰란 사회에 구성원들이 보편적인 규범에 기초해 규칙적이고 정직하며 협동적인 행동을 할 것이라는 기대이다. 신뢰도가 낮은 사회는 상호 불신에 의해 발생하는 비용을 지불해야 한다. 불신이 팽배해 있는 사회에서는 사회 구성원들 사이에 신뢰를 대신할 강제된 신뢰를 제도적으로 만들어 유지해야 하기 때문이다. 신뢰도가 높은 한국 사회를 구축하기 위해서라도 한국인들이 남의 손을 빌려 자신의 문제를 해결하려는 생활 태도를 고쳐야 하는 이유이다.

여론에 쏠림현상이 강하여 냄비근성99)을 유발한다. 이 또한 한국인들에게 잘 나타나는 행동 양식이다. 사회 대중의 공통된 의견을 여론이라고 한다. 한국인들은 어떤 사안에 대한 의견을 대대적으로 지지하다가도 갑자기 시들해지는 경향이 강하다. 여론에 쏠림현상이 강하게 나타나는 것이다. 한국인들은 선천적으로 양순하다. 강력한 권력에는 나약하다. 형편에 따라 이해를 계산하여 유리한 쪽에 서는 유동적인 성향이 강하다. 여론 쏠림현상은 한국인의 이러한 습성과 성향 때문에 나타나는 행동 양식

---

99) 한국인들이 쉽게 일어나 봉기하고 언제 그랬냐는 듯이 쉽게 잊어버리는 근성을 빨리 끓고 빨리 식는 냄비의 특성에 비유하는 말

이다. 한국인은 강자에는 나약하고 의뢰해야 한다는 마음이 습성화되어 있다. 어떤 여론이 형성되어 그 영향력이 클 것으로 판단되면 너와 나 할 것 없이 「패거리 형성의식("우리" 공동체 의식)」이 작동한다. 그 여론을 적극 지지하는 일원이 된다. 한국인들의 패거리 형성의식은 단시간 내에 많은 사람을 그 여론을 지지하는 양상으로 발전하게 한다. 여론 쏠림현상이 나타난다. 그렇게 많은 사람이 지지했던 여론일지라도 주목받지 못하게 되면 이미 그 여론은 강자가 되지 못한다. 사람들은 그 여론을 내가 언제 지지했었느냐는 듯이 쉽게 잊어버린다. 그렇게 한국인들에게는 쉽게 일어나 봉기하고 쉽게 잊어버리는 생활 습성이 내재해 있다. 그러한 태도에 대해 '빨리 끓고 빨리 식는 냄비의 특성'에 비유해 「냄비근성」을 가졌다고 비하한다.

한국에는 유력자가 있을 뿐 신망 높은 사회적 리더가 많지 않다. 한국인들은 단일 민족이라고 자랑한다. 그런데도 한국에는 신망 높은 정신적 지도자 즉, 어른이 많이 있지 않다. 아마 오랜 세월 한국 사회를 지배해온 유교의 영향일 수도 있다. 유교 사회에서는 고위 관료가 되어 자신의 명성을 높이고 자자손손 이름을 날려 가문을 빛내는 것이 사람들에 최고의 가치이다. 가문을 빛내기 위해서는 유식자나 유덕자보다는 높은 관직의 유력자가 되어 정부의 공식 기록에 올라 있는 것이 중요하다. 그러한 외형적 가치관이 지배해온 것이다. 한국 사회에 신망이 두터운 정신적인 리더가 적은 이유이다. 정신적인 리더란 사람들의 의식 세계에 영향을 줄 수 있는 유덕자[100]나 유식자[101], 유지자[102]들을 말한다. 그러한 연유로 한국 사회에는 특정 정권이나 재계의 비호나 지원을 받아 권력을 휘두르는 유력자만 존재할 뿐이다. 한국인들은 힘이 있어 보이는 사람에게는 약하다. 자신의 문제까지도 남의 힘으로 해결하려 한다. 그것이 한국인들이 유덕자나 유식자, 유지자와 같은 정신적 리더보다 유력자 주위에 모여드는 이유이다. 유력자만이 현실적으로 직접 자신에게 힘이 되어 줄 수 있는 사람이기 때문이다. 한국인들은 유덕자나 유식자, 유지자보다 현실적으로 당장에 자신에게 든든한 후원이나 미래에 도움이 되어 줄 수 있는 유력자를 좋아한다. 그러한 사상이 한국인들을 지배한다. 지난 2012년 말 한국의 대통령 선거 과정에서 나타난 현상이 이를 말해준다. 당시 제1야당 당원들은 자신들이 속해 있는 당의 대통령 후보를 지지했다. 하지만 여론조사를 통해 무소속 인사가 대통령 당선이 유력해 보인다고 하자 많은 사람이 그쪽을 지향하는 현상이 나타났었다. 유력자 지향 현상의 단면이다.

한국인들은 '우리'라는 공동체 의식이 강하다.[41]

한국인의 즐겨 쓰는 용어 중에 '우리'라는 말이 있다. 위에서 언급한 대로 한국 사회가 사회적으로 관계주의적일 수밖에 없는

---

100) 범국가적으로 혼란이나 어려움이 닥쳤을 때 국민들에게 올바른 방향을 제시하여 선도해 줄 수 있는 명망 있는 사람
101) 개인적으로 큰 학문적 성취를 이룬 사람
102) 국가나 민족의 위기 상황에서 자신의 옳음을 굽히지 않고 지키는 의지가 강한 사람

구조인 탓에 당연하게 발전된 의식이라고 말 할 수 있다. 우리나라, 우리 부모, 우리 형제, 우리 친구 등 여기서 '우리'라는 말은 사회적으로 남이 아니라는 말이다. 생활공동체로 나의 일부라는 의미를 내포하고 있다. 나와 네가 분리되지 않은 집단 정체가 '우리'인 것이다. '우리'는 '우리'를 구성하는 개인들이 자신과 상대를 '우리'라는 테두리 안에 포함할 때 구체화되는 사회 인지적 산물이다. '우리'는 '우리'와 '그들'을 구분하여 부를 수 있을 때 비로소 우리라는 인식이 발생하는 특성이 있다. 이러한 배타적 특성이 '우리'와 우리가 아닌 '그들'을 분명하게 구분하게 한다. '우리' 구성원들 간에는 '우리'라는 틀 안에서 서로 간에 사회적 관계망을 형성하게 되고 강한 연대감을 느끼게 된다. '우리'는 유사한 외모·공동 소유 등의 물리적 동질성을 기반으로 형성된다. 같은 민족·국가·지역사회·학교·직장·고향·성씨 등 동일한 사회적 관계의 동질성을 기반으로 해서도 형성될 수 있다. 결론적으로 관계주의적이며 집단 중심적인 한국인들이 중요시하는 '우리'는 사회적 관계의 동질성을 기반으로 형성되는 '우리'인 것이다.

한국인들이 하나의 집단으로서 '우리'를 말할 때 구성원들은 서로 '우리'라는 인식과 함께 각 개인의 정체성은 거의 무시된다. '우리'라는 집단을 형성하게 된 근거가 되는 구성원들이 가지는 공통성이나 유사성이 구성원들의 정체성으로 강조된다. 그런데 사회적으로 말하는 '우리'가 형성되기 위해서는 구성원들이 '우리'에 대한 뚜렷한 인식과 사회적 동질감을 공유할 때 가능하다. 이러한 '우리'는 구성원이 자기 의사와 무관하게 출생과 더불어 결정되는 '귀속적 우리'와 자기 능력, 노력, 의지 등에 의해 형성되는 '성취적 우리'로 구분이 가능하다. 서구인들의 집합주의 개념의 '우리'는 집단을 구성하는 개인들을 자율적이고, 독립적이며, 개별적인 존재로 상정한다. 개인이 소멸하지 않는 군집의 의미이다. 반면에 한국인의 '우리'는 개인의 존재가 전제되지 않는다. 특히 각 개인 고유성의 집합으로는 성립이 안 된다. 구성원들의 공통성이나 유사성에 기반하는 집단성의 '우리' 개념이다.

한국인이 상대방을 '우리'라는 범주 안에 포함했다면 그에 따른 감정, 유대감, 상대에 대한 책임감 등은 서구인들이 동일한 여건에서 체험하는 '우리' 개념과는 질적으로 다르다. 한국인들이 자신의 '우리'라는 범주 안에 상대방을 포함했다면 때에 따라서는 공통점 공유개념을 넘어 하나 됨, 일체감, 탈 개성화, 동일성의 '집합적 우리'로 인식하게 된다. 한국인들은 상대방에게서 '우리'라는 생각을 갖게 되면 보다 따뜻한 감정이나 심리적 안정 내지는 안락한 감정, 상대방과의 밀접한 조화감 등을 느끼게 된다. 그래서 한국인은 타인과 '우리' 집단을 구성하게 되면 '우리' 집단 속에서는 자신과 타인과의 경계가 약화한다. 자신의 내적 자기 역시 우리 집단의 요구 및 특성에 조화 내지는 동화시키는 현상이 나타난다. 그 결과 한국인은 자신이 구축한 자신의 정체감보다 자신이 형성한 우리 집단의 사회적, 규범적 정체감을 자신의 정체감으로 내삽시키는 집단 정체감의 특성을 강하게 가지고 있다. 한국인은 "내가 누구인가?" 보다 "내가 어떤 우리에 속해 있느냐?"에 따라 자신의 정체감과 사회적 신분 및 그 위치에서의 역할을 중요시한다. 정체성을 가진 개인으로서의 내적 생각과 외적으로 나타나는 언행 간에 일관성은 중요하게 생각하지 않는다. 자기가 속한 "우리" 집단에서의 지위에 따른 행위 적합성 여부가 언행에 더 크게 작용한다. 이것이 한국인들이 자기 행동 자체의 정당성, 이념성, 항상성보다 상황적 행동과 집단 조화적 행동을 더 중요시 하는 이유이다.

2천 년 이상 한국 사회를 이끌었던 유교의 가르침은 곳곳에서 사람들을 차별하여 구분하고 있다. 그러한 가르침을 선조 대대로 배워온 한국인들은 사람들을 구분하고 분류하는 데 익숙하다. 구분하고 분류하는 습성이 의식화되어 한국인들에게 남과 구분하여 동류의식을 나타내는 특이한 '우리' 개념이 발달하지 않았나 생각한다. 한국인의 선조들은 오랜 세월 대륙과 해양 세력의 핍박 속에 살아왔으면서도 핍박한 사람들을 자신들의 '우리'와 구분해서 '오랑캐'라고 불러왔다. '우리'는 '그들'과 다른 인의예지(仁義禮智)를 아는 문명인이라는 의미이다. 대내적으로는 농경사회 특성상 오랜 세월 한곳에 모여 자자손손 대를 이어 이웃 간에 서로 미운 정·고운 정 들어가며 살아왔다. 그 결과 자연스럽게 다른 동네나 지역들과 구분하는 '우리'라는 공동체 의식이 발생하게 되었다고도 말할 수 있다. 과거 양반과 아전들의 수탈에 혼자 대항하는 것보다는 '우리'라는 집단을 형성하여 대항하는 것이 효과적이었기 때문에 발생했다고 말할 수도 있다.

이를 종합하면 '우리'라는 개념이 유교 사회에서 수백 년 살아오면서 원만한 인간관계 유지를 위해 자연스럽게 형성되었든, 오랜 세월 대륙과 해양 세력의 침략에 효과적으로 대항하기 위해 형성되었든, 오랜 세월 농경사회에 적응하여 살아오면서 자연스럽게 형성되었든, 한국인들은 자신들만의 '우리'라는 공동체 의식이 강하다.

다른 각도에서 조명해보면, 한국인들의 우리 개념의 공동체 의식은 전면에 나서는 것을 꺼리는 습성, 강한 시기심과 경쟁심, 유동성과 주변성, 보신성 등 한국인의 특성들이 복합적으로 작용하여 나타나는 특이한 특성이라고 말할 수도 있다. 그렇게 생각하는 이유 중의 하나는 다수의 한국인은 자신을 위한 '우리'를 만들어 삶에 활용한다는 것이다. 사회적으로 관계주의적인 한국인의 인간관계는 특수하게 형성된 상대방과의 연고에서부터 시작된다. 사람들 간의 인간관계가 이미 서로 간에 형성된 연고에 의해 좌우된다는 말이다. 대표적으로 한국인들에게 언급되는 연고는 혈연, 지연, 학연, 근무 인연이다. 그런데 이러한 연고들은 사람들의 인간관계 형성에 전제조건으로 작용한다. 일반적으로 사람들은 누구를 만나게 되면 통성명한다. 이때 서로 간에 자연스럽게 연고의 단서가 있는지 확인한다. 연고의 유무에 의해 '우리' 아니면 '남'으로 구별한다. '우리'라는 공동체 의식이 발동한 결과이다.

정서적 측면에서 한국인에 '우리'의 원형은 정(情)을 기본적 기반으로 하는 가족관계이다. 따라서 상대방을 '우리 00'으로 표현한다면 상대방이 가족과 같이 친밀하게 느낀다는 말이 된다. 예를 들어 '우리 동창'이라면 가족과 같이 친밀한 동창이란 의미이다. '우리 친구'라면 가족과 같이 친밀한 친구라는 의미이다. '우리 00회 모임'이라면 가족과 같이 친밀한 사람들의 모임을 의미한다. 한국인들은 어떤 사람이든지 일단 '우리'라는 틀 안에 들어오게 되면 정서적으로 가족처럼 친밀하게 느끼려 노력한다. 무의식적으로 친밀하게 느끼기도 한다. 서구사회에서는 일반적으로 한국인 아기 도우미가 인기가 좋다. 한국인들은 남의 자식이라 해도 자기 집에 온 아기에 대해서는 '우리 아기'라는 정서가 발현한다. 그래서 친자식같이 돌봐주기 때문이라고 생각한다. 한국 사회에 병폐이기도 한 '30세가 넘은 자식이 부모와 함께 사는 것'도 부모나 자식 모두에게 성인이기 전에 '우리 가족'이라는 의식이 강하게 내재해 있기 때문이다.

한국인들은 사람을 대함에 있어 먼저 상대방을 '우리'에 해당하는 사람인가, 아니면 '남'인가 이분법적으로 상대방을 구분한다. 그런 다음 인간관계를 발전시켜 나간다. 한국인들은 어떤 사람이 잘못을 저질렀을 때 통상적으로 '우리이냐?' 아니면, '남이냐?'가 판단의 잣대가 된다. 예를 들어 잘못을 저지른 사람이 '우리 00'이라면 자신이나 근친에게 일어난 일 같이 잘못한 사람의 입장에서 생각한다. 용서하고 변명해 주며 덮어주려 한다. 반면에 그 사람이 '남'일 때는 감정적인 동정보다 이성적인 시각에서 판단한다. 비판하고 마음으로 정죄까지 한다.

한국에는 탈상·제사·한식·시제, 생신·회갑·고희·미수 등 혈연 모임들이 셀 수도 없이 많다. 초등·중등·고등·대학·00과정·00고시 몇 회 동창 등 학연 관련 모임들도 많다. 00학회/00동지회/00향우회 등 지연·근무 인연 모임들도 많다. 왜 그렇게 혈연, 학연, 지연 및 근무연 모임들이 많을까? 바라는 바는 있지만 능력은 부족하고, 혼자 나서기는 더욱 자신이 없는 한국인의 특성 때문이라는 견해이다. 필요한 경우 '우리'라는 틀 안에서 자기 자신을 밀어줄 사람이 필요하기 때문이다. 자신의 일부로서 자신의 입장에서 생각하고 후원해주고 지원해줄 수 있는 사람이 필요한 것이다. 서구인들은 퇴근해서나 주말에 일반적으로 가족과 함께 시간을 보낸다. 한국인들은 퇴근해서나 주말에도 남들과 많은 시간을 함께 보낸다. 주중에는 '우리'라는 범주 안에 있는 사람들과 돈독한 유대 형성을 위해 회식 자리가 빈번하다. 주말 역시 그동안 유지해 온 등산이나 여행, 운동모임 등 '우리 00' 모임 참석을 위해 바쁘다. 그 결과 한국인들은 '우리'에 근간이 되는 혈연·지연·학연을 어느 나라 사람보다도 중시한다. 그렇게 한국인들은 자신이 필요할 때 자신을 위해 나서줄 수 있는, 지원해줄 수 있는 많은 자신의 '우리'를 만들기 위해, 돈독한 '우리'를 유지하기 위해 오늘도 분주하게 생활한다.

아직도 다수의 한국인은 대의(大義)103)보다 이해(利害)104)를 우선시한다.

사람들이 살아가는 과정에 그들의 활동은 주로 이해에 의해 좌우된다. 그 활동의 크기에 차이가 있을 뿐 이익을 기대해서 전진하고, 손해가 우려되어 후진한다. 사람들은 자신에게 돌아올 이익을 기대하고 행동한다는 말이다. 그렇지만 인간이 사회적 동물이라는 전제는 때로는 개인적 이익을 제한하고 대의를 요구한다. 성숙한 사회에서는 대의가 원만하게 준수된다. 최근에 한국이 선진국으로 진입하면서 한국 사회는 널리 성숙한 사회로 평가되고 있다. 윤리에 의해 통제되는 사회로서 전 세계에 몇 안되는 안전한 사회라고 말한다. 그렇지만 아직 다수의 한국인은 대의보다는 이해를 중시한다. 다수의 사람이 사회 구성원으로서 지켜야 할 도리보다는 자신의 이익을 우선시한다는 말이다. 시비를 가리기 이전에 자신의 편을 들어 달라고 강권한다는 말이다. 사회의 정의와 공정 이전에 자신의 이익을 지키려 한다는 말이다.

한국인인 필자 자신도 도저히 납득이 가지 않는 사실이지만 일상생활 속에 비일비재하게 발생한다. 필자가 직접 경험한 최소한의 대의보다 자신의 이해만을 우선시하는 몇 가지 사례를 아래에 서술한다. 필자가 주말에 거주하는 시골 마을에서 발생

---

103) 사람으로서 마땅히 지키고 행해야 할 큰 도리
104) 이익과 손해. 득실

한 일이다. 필자와 가깝게 지내던 이웃 사람이 동네 공적기금을 중간에서 가로챈 적이 있었다. 필자는 그 이웃 사람과 그 동네에 이주할 때부터 가깝게 지냈다. 공금횡령 사실이 알려지면서 그 사람에 대한 동네에 비판 여론이 크게 형성되었다. 친분이 두터웠던 사이였기에 그 이웃에게 "사람은 누구나 잘못을 할 수 있다."는 전제하에 최소한의 체면을 유지한 채로 동네 사람들과 화해할 것을 제안했다. 그런데 그 이웃의 반응은 전혀 예상 밖이었다. 자기의 잘못에 대해서는 어떠한 언급도 하지 않았다. 동네 사람들이 자신을 모함하고 있다고 강변했다. 필자가 자기편을 들어주지 않는다고 버럭 화를 내는 것이었다. 필자는 어느 편도 아니며 서로 이웃끼리 화목하게 지내는 것이 원하는 바라고 언급했지만 막무가내였다. 필자에게는 정말 어이없는 상황이었다. 자기가 먼저 필자에게 전화해서 동네 사람들이 자신을 욕한다고 해서 조언해주었는데……

　다음은 한국인이라면 누구나가 겪는 사례이다. 4년이나 5년 동안 조국 대한민국의 미래를 책임질 정치 지도자를 선출하는 선거 때마다 경험한다. 다수의 한국인은 아직도 후보자의 자질이나 능력보다는 나와 같은 지역 사람인가 즉, 같은 편인가에 따라 선택한다. 필자는 그러한 모습을 거의 칠십 평생 보아왔다. 선거 때마다 그러한 모습을 겪으면서 필자는 생각했다. 저 사람들에게 조국은 무엇일까? 그들에게는 조국의 밝은 미래보다 자기편이 우선이란 말인가? 선진시민이라면 자기편이기 이전에 밝은 미래를 가져다줄 후보자를 우선시해야 하지 않을까? 내 자식이 죽어야 할 죄를 지었다고 하자. 부모라면 누구도 죽을 죄를 지었다는 사실 이전에 자식의 입장에서 먼저 변호하려고 할 것이다. 그렇게 대의보다 이익을 우선시하는 습성은 인간에게 내재해 있는 습성이다. 그런데 아직도 다수의 한국인에게는 그 정도가 심하게 나타난다는 말이다.

그렇게 대의보다 이익을 우선시하는 한국인의 습성은 어디에서 연유하는 것일까? 물론 여러 가지 원인이 있을 것이다. 아래에 그 원인이라고 필자가 생각하는 두 가지 사례를 제시한다. 먼저 환경적 영향에 기인한다는 생각이다. 위에서 한국인들은 노년기형 지질과 지형에서 살아온 탓에 그 영향을 받아 70% 정도의 사람들에게 노인 기질이 나타난다고 언급한 바 있다. 또한, 그렇게 나타나는 노인 기질은 사상의학적으로 음인 기질과 유사하다고도 했다. 노인과 음인들에게 나타나는 특성 중 한 가지가 이해득실을 중시한다는 것이다. "옳고 그름이 밥 먹여 주냐? 그래도 나의 삶에 도움 되는 것이 우선이지!"하는 그들의 인식 때문이라는 말이다. 사람들은 "인간관계는 곧 이해관계이며, 사람과 사람은 이해득실이라는 매개체가 없으면 서로의 관계가 이루어질 수 없다."고 말하기도 한다. 물론 맞는 말이다. 그렇지만 올바른 인간관계가 형성되기 위해서는 이해보다 사회적 가치에 부합하는 대의가 우선시되어야 한다. 그래야 우리가 사는 사회에 정의와 공정이 구현될 수 있기 때문이다. 그러한 이유에서 올바른 인간관계 형성을 위해서 때로는 사회적 대의와 개인적 이해 사이에 적절한 균형이 요구되는 것이다. 그런데 한국인 다수는 그들의 삶의 터전인 지질 및 지형적 영향을 받아서 노인에게 나타나는 기질이 강해 이해 쪽에 더 많이 기울어져 있다는 주장이다.

다음으로 한국인들의 대의보다 이해를 우선시하는 습성은 선조 대대로 전해져 내려온 정치 역사적 요인에도 기인한다는 견해이다. 과거 조선 500년 역사는 양반 출신 정치 관료들이 주역이었다. 그 정치 관료들이 주도한 16세기 이후 전개된 조선의 붕당정치 특징은 비판 세력을 인정했다는 것이었다. 붕당정치는 정치 집권 세력이 주요 직위 모두를 차지하지 않고 반대 세력에도 일부 직위를 보장해 줌으로써 가능했다. 현대 민주주의의 정당정치와 유사하다. 그러한 붕당정치가 17세기 후반 숙종 시대 환국105)의 잦은 정변을 거치면서 변질하였다. 상대 세력의 존재를 인정하지 않는 일당 전제화 추세로 발전한 것이다. 이후 상대편은 대화의 상대가 아니라 제거의 대상일 뿐이었다. 300년 이상 그러한 정치 상황이 계속되었다. 그렇다 보니 상대편에 대항하기 위해 자기편을 분명히 구분해야 했다. 대의 이전에 생존을 위해 자기편에게 부화뇌동하는 처신은 당연하였다. 그 결과 그들의 후손인 한국인들의 의식 속에는 아직도 대의보다는 자기의 이익을 우선시하는 습성이 각인되어 남아 있다는 논리이다. 사회적 대의보다 자기편인지를 우선시한다는 말이다. 오늘날 상대

---

105) 시국이나 판국이 바뀌었다는 의미로서, 현대에 의회 해산이나 내각 총사퇴 같은 상황으로 조선시대 당파 사이에 정권 교체와 관련된 대규모 숙청을 말하며, 조선 후기 정치 균형이 붕괴한 원인임

정당이 잘하는 것까지도 집권 정당에 견제 세력이라는 명분으로 자당의 이익만을 우선시하는 한국 정당정치의 모습이다. 「반대를 위한 반대」만을 일삼아 얼마나 국민들을 피곤하고 짜증나게 하고 있는가? 나와 이익을 같이하는 내 편이 아니라는 이유만으로 건전한 비판은 어디에도 없고 반대를 위한 반대만을 일삼는다. 사회적 대의는 어디에도 없어 보인다. 전형적으로 한국인들에게 선조 대대로 의식화되어 나타나는 대의보다 자신의 이익을 우선시하는 모습이다.

위에서 환경적 영향과 정치 역사적 요인에 의해 다수의 한국인에게 일반적으로 나타나는 대의보다는 이해를 우선시하는 습성에 관해 설명했다. 계속해서 한국 사회에 아직도 강하게 영향을 미치고 있는 대의보다 이해를 우선시하는 지역주의에 관해 서술한다.

아직도 다수 한국인은 자신의 출신 지역에 기반을 둔 지역주의가 강하다. 한국인 중에는 지역주의 즉, 지역 우선주의 틀에 갇혀 있는 사람들이 많다. 특히 영·호남지역에 뿌리를 두고 있는 사람들이 그렇다. 그들 사이에 표출되는 지역주의는 상호 배타적이라는 것이 특징이다. 어느 나라에도 지역주의는 존재한다. 한국의 영·호남 사람들 간의 지역주의는 오랜 역사적 배경을 가지고 있다. 천 년 전 고려 태조가 전라도 지방의 인재를 등용하지 말라는 유훈에 유래한다는 것이 통설이다. 고려 태조 유훈의 사실 여부를 떠나 영·호남 간의 차별은 조선시대까지 이어졌다. 조선의 실학자 이익은 풍수지리설에 따라 영남을 찬양하고 호남을 깎아내렸다. 그는 경상도를 사대부의 고장 중 으뜸이고 조선 인재의 창고라고 예찬했다. 반면에 전라도는 재주와 덕망 있는 자가 드물게 나온다고 폄훼하였다. 이와 같은 지역적 편견과 갈등은 오늘날까지 한국 사회에 면면히 이어져 내려오고 있다. 고려 이후 호남지역 사람들은 1,000년 이상 차별대우를 받아왔다는 인식이 한국인들의 의식 속에 내재해 있다. 그래서인지 한국에서 영·호남 사람들 간 상호 적대시 감정은 뼛속 깊이 뿌리내려 있는 듯하다. 두 지역 사람들 간의 상호 배타적 감정에 대해 망국적이라는 표현까지 거침없이 쓰고 있는 것이 그 증거이다. 두 지역 사이에 발생한 상호 배타적 지역주의의 특징은 어느 한 지역의 사람들이 다른 지역 사람들을 배제할 경우 배제당한 지역의 사람들은 자기들을 배제한 지역의 사람들 이상으로 똘똘 뭉쳐서 지역적으로 상대방을 배척한다는 것이다. 그래야 자신의 손해를 최소화할 수 있다고 생각하기 때문이다. "A 물체가 B 물체에 힘을 가하면, B 물체 역시 A 물체에 똑같은 크기의 힘을 가한다."는 자연계에 「작용 반작용의 법칙」과 같은 현상이다. 상호 배타적 지역주의는 사회적 대의를 넘어 국가의 존망이 걸려 있는 이슈까지도 우선한다. 오직 같은 지역 사람들의 주장만이 선(善)이며 상대방 지역 사람들의 주장은 무조건 악(惡)이라고 규정한다. 망국적이라고 사람들이 개탄하는 이유이다.

과거 조선시대 서원 또한 오늘 한국인의 지역주의 의식화에 큰 역할을 담당했다. 서원 중에 국가에서 공인한 서원이 사액서원(賜額書院)이다. 사액서원은 국가로부터 서원의 이름 현판(懸板), 노비, 서적 등을 하사받았다. 주세붕이 1543년에 백운동서원을 설립했다. 당시 풍기 군수 이황의 주장에 의해 최초로 서원의 이름 현판과 사서오경 등 서적을 하사받은 사액서원의 효시이다. 이를 계기로 선조에서 숙종 때까지 대략 150여 년간에 577개의 서원이 새로 설립되고 그중 100개의 서원이 사액을 받았다. 이렇게 서원이 증가한 원인 중 하나는 사림들이 자신의 출신 지역에 학문적 기반을 구축하고 이를 배경으로 자기 영향력을 행사하려 했기 때문이다.

조선시대 중기 이후 설립된 서원은 유교의 성현에게 제사를 지내는 곳이었다. 당시 정치적으로 향촌 자치 기능이 강화되면서 자연적으로 향촌 자치 기구의 역할까지도 수행했다. 이후 서원은 향촌 자치의 중심 기구로서 해당 지역 사림들의 집결지가 되었다. 그 결과 서원은 사림들을 지연과 학연의 단위 파벌을 만드는 핵심 역할을 담당했다. 결과론적으로 말하면 서원은 당시 붕당정치의 기반이 되었다. 사림에게 자신을 배출한 서원은 학연·지연을 배경으로 형성된 타 붕당 세력에게 자신이 속해 있는 붕당 세력의 학문적·정치적 우월성을 과시하는 매개체였다. 당시 양반들은 자기 문중의 인물들을 자기가 다닌 서원에 추배(追配) 하도록 유도했다. 서원을 자신들의 가문에 권위를 높이고 동족 간의 유대관계를 맺고 결속력을 강화하는 데 이용하기도 한 것이다. 조선시대 사액서원은 성균관과 대등한 교육기관의 자격을 가지고 있었다. 그런데도 학문적 성취보다는 정치권력 쟁취를 위한 지역 사람들의 단위 세력 집단을 형성하는 역할을 담당했다. 당시에는 과거에 합격해도 끌어주는 사람이 없으면 승진하기가 어려운 사회였다. 특정 서원 출신들만이 핵심 정치권력을 거머쥐는 사회였기 때문이다. 조선시대 서원은 선조 대대로 한국인들의 핏속에 학연·지연이라는 연고 및 지역주의 중요성을 인식시켜준 매개체 역할을 해 온 것이다. 그러한 이유에서 아직도 다수의 한국인에게 강하게 잔존해 있는 자신의 이익을 최우선시하는 지역주의를 견인한 핵심 요소 중의 하나가 서원이라는 견해이다.

대한민국 건국 후 정치권 역시 한국인의 지역주의 견인에 한 몫했다. 오늘도 한국의 정치권이 지역주의를 조장하고 있는 것이 현실이다. 1948년 건국 이후 지금까지 대부분 한국의 대통령은 능력에 무관하게 자신의 출신 지역 사람들을 정관계 고위직에 임명해왔다. 그 결과 자연스럽게 지역감정을 더욱 조장하는 결과를 가져왔다. 더욱이 그들은 자신들이 지역감정의 피해자라고 주장한다. 그래서 지역감정 퇴치에 앞장서겠다고 주장해온 사람들이다. 그런데도 모두 대통령에 당선되고 나서는 오히려 지역감정을 부추기는 인사를 거리낌 없이 자행했다. 그렇게 국가관이 부족한 대통령을 갖게 됨으로써 지역감정은 더욱 심화하였다고 할 수 있다.[42] 정치인의 입장에서는 자신의 출신 지역으로부터 강력한 지원을 받기 위해 불가피한 처사라고 한다. 즉 한국인 모두 지역주의의 가해자이며 피해자인 것이다.

위에서 열거한 바대로 한국인들은 환경적 영향과 사회문화적 영향을 받아 대의보다 이해를 우선시하는 습성이 연고주의와 지역주의가 결합해서 아직도 일부 사람들에게는 강하게 부정적으로 나타난다는 견해이다.

대부분 한국인은 극단적 성향이며 세상사를 옳고 그름만으로 판단하려 한다.

조선 사람들이 제일 무서워했던 것은 호랑이와 양반, 그리고 보릿고개였다고 한다. 이는 조선 시대에 한반도에는 사람들의 생명을 위협할 정도로 호랑이가 존재했었다, 양반들의 수탈이 가혹했었다, 양식이 바닥나는 음력 4~5월에는 생활이 참담했었다 등을 시사하는 말이다.

앞에서 언급한 대로 조선시대에 대부분 학자라는 사람들의 지향점은 과거에 급제하여 관리가 되는 것이었다. 과거시험 과목들은 유학의 경전이었다. 따라서 유학의 주요 경전들이 학문의 대상이 아닌 과거시험 과목으로 전락하게 되었다. 유학에 정진한다는 것 역시 인격 수양이나 학문적 성취보다는 과거시험 공부에 열심히 노력하는 것이었다. 이에 더해서 과거에 급제하여 관리가 되어서는 구조적으로 오로지 더 높은 직위를 쟁취하는 것이 지향점일 수밖에 없는 여건이었다. 관료들은 자기의 직위 등급이 중요했다. 직위 등급은 당시의 사회적 이데올로기인 권력의 정도를 나타냈기 때문이다. 자기의 직위에서 무엇을 어떻게 해야 하느냐는 별로 안중에도 없었다. 그렇게 조선 사회에서 대부분 관료는 권력을 차지하는 자체가 목적이었으며 추구하는 최고의 가치였다.

그것이 조선 역사 500여 년 동안 국가 조직에 중간 관료들이 자신들의 영달만을 위해 파당을 형성해 상위 권력에 부화뇌동해 온 연유이다. 그러한 문화가 조선 중기 이후 보편화되었다. 관료들에게 백성은 오로지 자신의 생존과 영달을 위한 수탈의 대상일 뿐이었다. 국가 조직체계가 백성을 기반으로 그 위에 작은 도둑, 작은 도둑 위에 조금 큰 도둑, 조금 큰 도둑 위에 큰 도둑, 그 위에 더 큰 도둑으로 편성된 수탈의 피라미드 구조였다. 이러한 수탈의 피라미드 구조하에서는 수탈의 속성상 최상위 위치를 제외하고는 대부분이 수탈에 대상일 뿐이다. 그중에서도 가장 피해가 큰 것은 최하층 수탈 대상인 일반 서민이나 천민들이었다. 백성들에게 가장 무서운 대상이 양반이었음이 이를 증명해 주고 있다. 이러한 수탈의 피라미드가 수백 년 전해져 내려왔다. 조선 사회는 수탈의 부도덕성에 의해 국가 운영에 원칙과 사회도덕은 무너져 내렸다. 백성들의 생활은 점점 더 피폐해졌다. 많은 백성의 마음속에 큰 피해의식이 지속해서 쌓이게 되었다. 사람들은 자연스럽게 생존을 위해 패거리를 구축하게 되었다. 힘이 센 자에게 부화뇌동하는 습성을 갖게 된 것이다. 그것이 조선이 일본에 합방되는 과정에서도 서민들은 크게 반대하지 않았던 연유이다.43

오늘날 한국인의 감성적 성향이 범국민적 차원에서 표출될 때는 흔히 의병적(義兵的)이라고 한다. 국가가 위기에 처했을 때나 일상의 선거철에 잘 나타나는 여론에 쏠림현상이 그 실례들이다. 하지만 이러한 의병적 태도가 꼭 긍정적이지만은 않다. 의병적 태도는 그 저변에 피해의식에서 오는 강한 반감 내지는 적개심이라는 감성의 발현을 내재하고 있기 때문이다. 사람의 마음 저변에 쌓인 극단적인 피해의식은 세상을 이분법적으로 구분하게 한다. 가해자와 피해자로 분류한다. 가해자인 상대방은 그르고 악이다. 피해자인 나는 옳고 선이라 구분한다. 그들은 가해자 편을 들면 적이고 피해자 편을 들면 우군으로 생각한다. 이처럼 강한 피해의식에 젖어있는 사람들은 세상을 옳고 그름만으로 이분하여 사고하기 때문에 꼭 긍정적이지만은 않다는 것이다.

이렇게 오늘을 사는 한국인의 의식 속에는 그 저변에 선조 대대로 쌓인 피해의식에서 오는 반감과 적개심이 강하다. 그렇다 보니 조금의 손해도 곧 피해라고 생각하여 절대 받아들일 수 없다는 의식이 무엇보다 강하다. 양보나 타협은 곧 피해라고 생각한다. 오늘날 한국 사회의 데모나 시위 현장에 피켓이나 구호, 현수막, 그리고 벽보 등에서 가장 많이 볼 수 있는 내용은 "00 決死反對106)"이다. 조금의 손해도 볼 수 없다는, 그래서 양보를 못 하겠다는 표현에도 한국인들은 목숨을 거는 것이다. 이 얼마나 극단적인가? 필자는 그러한 구호나 벽보를 볼 때마다 "00이 목숨을 걸고 반대할만한 사안인가?"하고 생각해보면, "참! 우리 한국 사람들은 자신의 목숨을 너무 쉽게 포기한다."는 생각이 들

---

106) 결사반대: 죽기를 각오하고 반대함을 의미함

어서 실소를 금치 못한다.

또한 한국인들은 세상사를 이분법적으로 선과 악, 옳고 그름, 나와 상대방(적)으로 구분하는 경향이 강하다. 그 대표적인 사례가 위에서 언급한 한국의 대통령이나 국회의원 등 선거에서 동·서로 나뉘어 나타나는 선거 결과이다. 동쪽 지역 사람들이 지원하는 사람이면 그 자질이나 능력에 무관하게 서쪽 지역 사람들은 그와 대적하는 사람을 지원한다. 그렇다면 한국인들의 극단적 피해의식은 어디에서 연유하는 것일까? 이는 선조 대대로 오랜 세월 너나 할 것 없이 마음속에 쌓여 응어리진 피해의식에 연유한다는 견해이다.

한국인들은 선조 대대로 사회에 약자로서 많은 억울함을 겪어야 했다. 그 억울함을 최근으로부터 조선시대에 이르기까지 정리해 보자. 지난 1970~80년대 군사정권에 의해 그들 정권을 부정하거나 그들의 정책 시행에 걸림돌이 된다는 이유만으로 억압받은 사람들의 억울함, 6·25 한국전쟁 기간 남·북한군이 서로 밀고 밀리는 과정에서 자기가 지지하지 않는 정권으로부터 받아야 했던 극단적 억울함, 전쟁 중 북한 정권을 지지했다는 이유로 그 자손들이 겪어온 뼈에 사무치는 연좌제[107] 피해, 일제 치하에 쌓인 국민적 차원의 모멸감과 분함, 조선시대 서민과 천민들이 겪은 부당한 처우에 대한 억울함, 서얼(庶孽) 출신들의 사회

---

107) 사상범·부역자·월북 인사 등의 친족에게 정부 차원에서 가한 불이익 처우로 직계친족, 배우자 친족 및 친지에 2005년까지 비공식적인 사상 검증을 통해 공직에서 제외했던 제도

제도에 대한 대물림 억울함, 지주들의 수탈에 대한 소작농들의 억울함, 지역 차별의 피해에 억울함 등이 있다. 오늘을 사는 한국인들은 모두 그 피해자들이라 할 수 있다. 한국인 누가 이러한 억울함에서 벗어날 수 있으랴? 거의 모든 한국인의 의식 저변에는 자신을 포함해서 선조 대대로 가해자에 의해 쌓인 피해의식이 내재해 있다는 견해이다. 강한 반감과 적대 의식이 누적된 배경이다. 그 결과 한국인의 성향은 이성적이기 전에 감정적이며 극단적이다. 세상사를 옳고 그름만으로 구분한다. 피해자와 가해자로 구분한다. 나(옳음)와 상대방(그름)으로 구분하는 경향이 강한 것이다.

한국인들은 오늘의 한국을 있게 한, 세계가 존경하는 역대 한국의 대통령들까지도 진위형(O, X)으로 평가하고 있다. 한국인들이 극단적인 피해의식에 사로잡혀 우(遇)를 범하는 대표적인 사례 중 하나이다. 작은 과(過)만을 부각하여 큰 공(功)을 깎아내리는 우를 범하고 있다. 대한민국의 역대 대통령 중 이승만과 박정희 전 대통령의 경우 빛이 밝으면 어둠이 더하듯 분명 독재하기도 했다. 잘못도 저질렀다. 적지 않은 이들이 그 치하에서 고통을 받기도 했다. 하지만 그들은 오늘날 외국인들이 부러워하며, 발전모델로 삼고 있는 선진 대한민국의 기반을 구축했다. 대한민국의 오늘이 있도록 하는 데 결정적인 역할을 한 분들이다. 범세계적으로 위대한 정치가이며 지도자라고 치켜세우는 분들이다. 그런데 아직 한국에는 그들을 기념하는 동상 하나 제대로 없다. 그들의 치하에서 고통을 받은 가족이 있는 한 쉽지 않을 것이다. 노무현 전 대통령의 경우는 어떠한가? 한국의 경제 규모에 합당한 대통령직을 수행하는 데 요구되는 경륜과 안목은 좀 미흡했다. 주변 단속 실패로 국민의 기대를 저버리는 결과를 초래하기도 했다. 하지만 그는 기득권을 깨뜨렸다. 국민들에게 가진 게 없는 사람도 꿈을 이룰 수 있다는 메시지를 전달했다. 그런데도 아직 한국에 보수 세력들은 그에 대해 그렇게 높은 점수를 주지 않는다.

「친일파」 문제는 어떠한가? 역시 극단적인 피해의식에 사로잡혀 평가에 우를 범하고 있는 사례 중의 하나이다. 독립을 위해 자신의 모든 것을 바친 지사들까지 평가자들의 이분법적 평가 잣대에 의해 친일파로 매도되고 있는 경우가 많다. 그들이 친일파로 간주하는 윤치호 선생의 경우를 보자. 그는 독립을 준비하기 위해서는 교육과 계몽이 급선무라 확신했다. 그는 그 일을 위해 일제가 제공하는 이기(利器)를 이용하는 애국계몽운동을 이끌었다. 그와 같이 당시 많은 지식인이 일제에 협력했다. 그들 가운데 일부는 자신의 영달만을 추구하기보다는 그 길이 조국을 위한 길이라고 믿었기 때문에 협조한 지사들이 있었다. 그런데도 오직 협조했다는 이유만으로 친일파로 분류하고 깎아내리는 것이 합당하다고 할 수 있는가?

인간의 삶은 매사에 시(是)가 있으면 비(非)가 있는 법이다. 사람들은 복잡다단한 자신들의 오늘 삶에서 알게 모르게 가해자가 되기도 하고 피해자가 되기도 한다. 그런데도 한국인들은 복잡하게 얽힌 인간사회 문제들까지도 오직 옳고 그름의 진위적 사고만으로 판단하려 하는 경향이 강하다. 의식 저변에 쌓여 있는 극단적인 피해의식 때문이라는 견해이다.

한국인의 이념적 성향은 대부분 가족사에 연유하여 좌·우가 분명하며 역시 극단적이다.

역사적으로 한국인들은 해방 후 혼란기, 6·25 한국전쟁, 산업화 및 민주화 과정을 거치면서 많은 사람이 억울하게 삶을 유린당하고 피를 흘렸다. 때로는 그 자식들까지 연루되어 어려움을 겪어야 했다. 그러한 연유에서 한국인들의 이념적 성향은 대부분 가족사에 의해 결정됐다는 특징이 있다. 이성적이기보다는 감정적이며 공격적으로 표출된다. 억울하다는 강한 피해의식에 의해 분명하며 극단적이다. 쉽게 바뀌지 않는다는 특성이 있다.

2010.11.23일 오후 2시 34분부터 45분까지 150여 발의 방사포를 북한이 한국의 연평도에 정밀 포격한 사건이 발생했다. 북한의 명백한 포격 도발이었다. 이에 대해서도 한국에서는 국론이 좌·우로 분열하는 현상을 보여주었다. 일제 식민지하에서 해방 후 한국 사회는 남과 북으로의 분단과 6·25 한국전쟁, 산업화와 민주화 과정을 거치면서 시대의 폭력은 많은 사람의 삶을 좌·우(적·아)로 분류했다. 이분법적으로 구분하여 유린하고 피를 흘리게 했다. 더욱이 연좌제는 그 가족의 삶까지도 유린해 왔다. 오늘날 대한민국의 정통성까지도 부정하는 인사 중에는 상당수가 과거에 우파들에게 고통과 불이익을 당한 아픈 가족사

를 가지고 있는 것이 사실이다. 또한 한국인 중에는 전쟁이 낳은 군경 유가족과 상이용사, 좌파들에게 가족이 학살당한 사람들 또한 적지 않다. 그러한 연유로 많은 한국인의 이념적 성향은 그 이념이 좋아서 또는 옳아서 선택한 것이 아니다. 가족사적인 뼈 아픈 경험과 피해에 의해 그에 반발해서 형성된 특징이 있다. 몸소 겪은 억울하고 분한 처사들은 마음에 피해의식으로 응어리져 남아 있게 된다. 그러다가 극단적으로 표출되며 쉽게 바뀌지 않는다. 그렇게 가족사에 의한 개인의 체험적 피해의식은 감정적으로 폭발한다. 북한이 한국의 영토에 포격을 가함으로써 국가적 재난이 발생했는데도 한국 정부가 원인 제공을 했기 때문이라고 억지 주장을 하게 했다. 극단적인 피해의식이 사람들을 국가의 주적인 북한을 옹호하는 비이성적인 발언을 주저 없이 하게 할 정도로 만든 것이다. 그렇게 현재의 한국 사회에는 가족사에 연유하여 대물려 전해온 극도의 피해의식이 일부 사람들에게 강하게 잔재해 있는 것이 사실이다. 그들은 자기에게 피해를 주었다고 생각되는 상대방에 대해서 이성적 판단은 중요하지 않다. 감정적 공격성을 표출한다. 그러한 이유로 한국의 영토인 연평도가 한국의 주적에 의해 포격을 당해도 국론 분열이 발생하는 것이다.

정치적 차원에 우(右)와 좌(左)는 상호보완적이다. 정치적으로 이를 구분한 것은 1789년 프랑스 혁명 직후 소집된 국민의회에서였다. 의장석에서 보아 우측에 왕당파(보수적)가 앉았었고 좌측에 공화파(급진적)가 앉았던 것이 그 기원이다. 그 이후 보수적이고 온건한 세력은 우파로, 급진적이고 과격한 세력은 좌파로 나누는 것이 관행이 되었다. 정치적으로 우파는 보수적이며 자본주의적 사상이나 경향을 가진 인물이나 단체를 뜻한다. 좌파는 진보나 혁신적이며 사회주의적 사상이나 경향을 가진 인물이나 단체를 뜻한다. 우파와 좌파의 구분은 절대적인 개념이 아니라 상대적인 개념이다. 그동안 한국에서 우파는 자유민주주의 체제의 신봉자로, 좌파는 사회주의 또는 공산주의 체제의 신봉자로 인식되어온 듯하다. 소련과 동구가 무너지고 중국이 시장경제를 도입하면서 공산주의(좌파) 이념은 참담한 실패로 귀결되었다. 그런데도 여전히 좌파의 이념과 주장 그리고 가치에 동조하는 사람들이 세계 어디에도 존재한다. 이는 좌파가 추구하는 보편적 인권이나 자유와 평등의 사회질서 가치가 나름대로 설득력이 있기 때문이다. 그러한 맥락에서 좌파와 우파는 서로 갈등적이면서도 상호 보완적이기도 한 것이다. 그래서 건전한 개방사회 구현을 위해서는 모두 필요한 이념들이라 말할 수 있다.

한국은 자유민주주의 국가이다. 자유민주주의 국가에서는 인간사회에 정의가 지켜진다. 자유와 균등한 기회가 보장되는 자유·민주적 기본질서를 보편적 가치로 여긴다. 국가는 자유민주주의와 시장 경제체제에 기초한다. 자유·민주적 기본질서 하에 정치·경제·사회·문화의 모든 영역에 균등한 기회와 능력 발휘가 보장된다. 자유와 권리에 따르는 책임과 의무를 다하는 가치관이 중요시된다.

선진 민주주의 국가에서는 일반적으로 정치세력을 보수진영과 진보 진영으로 구분한다. 자유를 더 높은 가치로 생각하는 진영을 보수진영이라 하고, 평등을 위해 노력하는 진영을 진보 진영이라 한다. 시장 경제체제에 기초한 자유민주주의 국가에서는 개인의 능력 발휘가 보장되는 사회이기 때문에 자연스럽게 부자와 가난한 사람이 발생한다. 그다음은 자유시장경제의 선순환 및 악순환 원칙에 의해 빈익빈(貧益貧) 부익부(富益富) 현상이 지속해서 반복된다. 소수의 부자와 다수의 가난한 사람으로 사회는 이분된다. 이분된 사회의 빈부격차는 더욱 심해진다. 빈부격차가 심해질수록 위화감은 그만큼 더 크게 조성되어 사회는 더욱 불안해진다. 그렇게 되면 더 이상 소수의 부자도 그 위치가 보장되지 않는다. 그것이 자유민주주의의 결함이다.

선진민주사회가 되기 위해서는 자유가 보장되면서도 평등한 사회를 만들기 위한 노력이 필요하다. 자유를 가치로 추구하는 보수 세력이 필요하지만, 평등을 위해 노력하는 진보 세력도 필요하다. 그러한 이유에서 보수와 진보가 서로 갈등적이기보다는 상호보완적으로 작용해야 한다는 것이다. 그래야 진정 정의로운 개방사회 구축이 가능하기 때문이다.

한국 사회에서 보수(우)와 진보(좌)의 이념적 대결은 특이하다. 한국의 진보라는 사람들은 어느 좌파적 이념이 있는 것이 아니다. 오로지 실패한 공산 폭력혁명을 꿈꾸는 「종북세력」에 끌려가는 모습이다. 한국 사회에서 진보를 자처하는 세력은 보수의 가치는 물론 진보의 가치에서도 도저히 납득이 되지 않는 모습들이다. 그들은 그들의 기본적 가치라 할 수 있는 탈북자와 북한 주민의 보편적 인권을 외면하고 있다. 북한의 삼대에 걸친 권력 세습을 찬양하고 있다. 북한의 핵무기 개발을 변호하는 입장이다. 그들은 좌파가 추구해야 할 어떠한 기본 가치를 존중하거나 추구하지도 않는다. 단지 북한 공산 세습 정권을 찬양하고 대변하는 활동만을 전개하고 있을 뿐이다. 한국 사회에도 진정한 개방사회가 구축되기 위해서는 보수 세력을 견제할 수 있는 진정한 진보 세력이 필요하다. 그런데도 한국에 진보라는 사람들의 속성은 개방된 선진사회를 위해 진정으로 필요한 진보(좌)라 할 수 없어 안타깝다. 불행하게도 그들 대부분은 진보적 이념보다는 단지 가족사적 원한 때문에 진보라는 허울을 쓰고 있는 극단적인 북한 정권 추종 세력일 뿐이라는 견해이다.

한국인의 이념적 성향이 가족사에 연유한다는 것은 다음 사실에 근거한다. 6·25 한국전쟁 중 한국에서 민간인 피학살자나 실종자, 포로는 대략 76만 명에 달한다. 그중 상당수는 북한군 점령 기간 그들에 의해 반동 계급으로 몰려 억울하게 처형당한 사람들과 북한에 납치당한 사람들, 그리고 행방불명자들이다. 반면에 북한군 점령 시절 공산정권을 비호했다는 이유로 한국군이 수복한 후에 보복 살해당한 사람들도 일부 포함되어 있다. 민간인 피 학살 및 실종·포로 중 1/3이 공산정권을 편들어 보복 살해당한 사람들이라고 가정할 경우, 그 수는 대략 25.3만 명 정도가 된다. 그들의 가족들은 전쟁 후 연좌제에 피해를 봐야 했다. 공직 진출, 해외여행 제한 등 2000년대 초엽까지 공식적으로 한국 시민으로서의 생활에 제약받아왔다. 한국전쟁 당시 한국의 인구를 2,000만 명으로 추정44할 경우 1명당 가족 4~6인 기준(연좌제는 친족 모두 대상)시 대략 5~7.5%에 해당하는 100~150만 명 정도의 사람들이 연좌제 대상이다. 연좌제 대상 모두가 동일하지는 않다. 그렇지만 대부분은 본인은 아무런 죄도 없이 단지 가족사에 의해 뼈에 사무치는 억울함을 당한 사람들이다. 그러한 연유로 북한 정권이 좋아서가 아니라 한국 정권이 싫어서 북한 정권 편을 드는 것이다. 한국인에 대한 안보 의식 여론조사 결과45가 이를 뒷받침해 주고 있다. 다음은 현재 한국에 종북 세력이라는 사람들의 주장에 해당하는 내용들에 대한 2006~2011년간 여론조사 평균값들이다. 한국에서 그동안 북한의 남침야욕을 억제해온 "주한미군이 중요하지 않다."에 6.25%, "주한미군의 가능한 한 빨리 철수"에 8.25%, "한미 연합훈련이 필요 없다."에 7.5% 수준의 한국인들이 찬성하고 있다. 억울함을 당한 연좌제 대상 사람들의 구성비가 종북 세력이 주장하는 내용에 찬성하는 비율과 유사하다. 이러한 사실들이 한국인들의 이념적 성향이 가족사에 연유한다는 증거이다.

한국전쟁 이후 한국은 북한의 공산정권의 위협에 맞서 반공을 국시(國是)로 삼아 발전해왔다. 그 과정에서 국가 정책이나 방침에 반하는 언행에 대해서는 친북 좌익 세력으로 몰았다. 그렇게 획일화한 시대적 폭력에 의해 많은 억울한 희생을 배출하기도 했다. 그들 역시 피해자들이라 할 수 있다. 이처럼 한국인의 좌우 이념적 성향은 대부분 억울한 가족사에 연유하기 때문에 불행하게도 이분법적이며 역시 극단적이라는 사실이다.

한국인은 밖으로 표출된 언행보다 언행을 유발한 동기나 심정을 중시한다.

한국인들에게 익숙한 말 중에는 "오죽했으면 …, 목구멍이 포도청이라…"라는 말이 있다. 이는 어떤 사람이 범죄를 저질렀든지, 윤리적으로 해서는 안 되는 행동을 했을 때 그 불가피성을 변호하기 위해 쓰는 말이다. 한국인들은 선조 대대로 대륙과 해양 세력의 중간에서 약자로서 살아왔다. 대부분이 전제군주 및 일부 특권층의 지배하에 세금을 내면서도 그들의 수탈의 대상이었던 백성의 한사람으로 살아왔다. 약자의 위치에서 살아가는 과정에는 불가피하게 법을 어기거나 윤리적으로 수용이 되지 않는 처신을 할 수밖에 없는 상황들이 발생할 수 있다. 대부분 한국인은 그러한 생활환경과 불행한 여건들을 오랜 세월 선조 대대로 공감하면서 살아왔다. 그 결과 오늘날에도 어떤 사람이 약자로서 살아남기 위해 또는 가정을 보호하기 위해 어쩔 수 없이 법을 어기었거나 비윤리적으로 자행한 언행에 대해 "오죽했으면 그랬을까?"하고 동정한다.

서구사회에서는 사람 각 개인을 사회 속에 하나의 독립된 객체로서 개인성과 독립성을 중요한 덕목으로 간주한다. 각 개인의 행위 또는 행동을 중시하기 때문에 각 개인은 자기 행동에 대해 책임을 져야 한다. 서구에서는 규칙이나 기준이 구체적이며 실행 결과에 대한 판단 잣대로 사용된다. 반면에 한국 사회에서는 사람 각 개인의 사회 구성원으로서의 역할을 중시한다. 각 개인의 위치나 사회적 지위에서 해야 할 도리를 다했느냐 하는 윤리적 책임을 중시하는 것이다. 현장에서 구체적인 행동 규칙이나 기준을 지키는 것보다 처한 환경에서 그 사람 위치나 사회적 지위에 부합하는 행동을 했느냐를 더 중시한다는 말이다. 상황 종속적 행위에 대해 인간 상호 관계론적 가치에 근거한 윤리의 잣대로 평가한다. 그렇다 보니 대체로 현장에서의 행동 규칙이나 기준 등이 구체적이지 못하다.

이러한 특성은 기독교 사상을 기반으로 하는 서구인들의 가치관과 불교 및 유교 사상을 기반으로 하는 한국인들의 가치관 차이에 연유한다. 유신론적 기독교와 이슬람교 사회에서 사람들은 창조주의 피조물로서 창조주를 믿고 창조주의 계명에 따라 행동해야 한다. 마음속에 어떠한 생각을 하는 것보다 구체적인 언행(言行)을 강조한다. 그 대표적인 사례가 기독교 세례 의식에서 "하나님을 믿는다!"고 서약하는 것이다. 결혼식에서 신랑·신부에게 혼인 서약에 답변을 듣는 것도 그에 해당한다. 기독교 세계관에서는 자신이 태어나 오늘 이렇게 살아가는 것까지도 모두 창조주의 사전 계획에 따른 것이라고 한다. 자신의 의지도 중요하다고 한다. 그러나 의지란 어디까지나 계명의 범주 내에서 창조주에게 구하는 것을 말한다. 창조주의 피조물에 불과한 사람은 그를 믿고 그의 계명에 따라 행동해야 함을 가치로 여긴다. 그래서 서구인들은 상대가 자신에게 어떠한 생각이나 감정을 가지고 대해 주었느냐보다 상대가 나에게 어떠한 행동을 했느냐를 중요하게 생각한다. 그들은 관찰이 가능한 외현적으로 나타난 행동을 기준으로 그 사람의 인격, 책임, 인간성 등을 논한다. 외현적 행동으로 표출되지 않은 속마음이나 심정은 책임성의 문제나 인격의 문제를 논할 때 중요한 참고 자료로 고려하지 않는다.

앞에서 언급한 대로 범신론적 불교 및 유교의 세계에서 신은 세계 안에 존재하며 만물에 깃들어 있다고 전제한다. 불교의 기본사상은 수양을 통해 자신에게 내재해 있는 불심을 깨달으면 자신도 부처가 될 수 있다고 말한다. 유교의 기본사상은 언행을 유발하는 마음의 단련과 수련을 통해 천성(天性) 즉, 선(善)을 보존하고 배양하여 인격적으로 완성체인 성인(聖人)을 추구하는 것이다. 화엄경의 일체유심조(一切唯心造)[108] 사상을 불경의 모든 내용을 함축한 표현이라고 한다. 논어에 종심소욕 불유구(從心所欲 不踰矩[109]) 개념 역시 유학에서 추구하는 한 인간의 완숙한 단계를 말하고 있다. 이 모두 사람 언행의 중심에 마음이 있음을 말하고 있다. 이는 외현적으로 나타난 언행보다 그 언행을 유발한 마음이 핵심임을 의미한다.

한국인들은 선조 대대로 모든 언행은 마음에서 유발된 결과라고 보는 사상적 영향을 받아왔다. 그래서 외현적으로 표출된 언행보다 그러한 언행을 유발한 동기나 심정을 중시한다. "무슨 이유로 그러한 행동을 했을까?"가 관심의 대상이다. 그래서 행동의 동기가 살아남기 위해 또는 가정을 보호하기 위해 어쩔 수 없

---

108) 모든 것은 마음이 만들어 낸 것에 비롯된다.
109) 자기 마음이 하고자 하는 대로 하여도 규범에 어긋나지 않았다.

이 그렇게 했다면 사람들은 관대하게 심정적으로 동정하고 용서해준다. 그렇게 한국인들은 외적 행동을 마음의 표출 단서 내지는 부산물로 보는 경향이 강하다.

한국인들은 다혈질이며 흥을 즐기면서도 무력감과 피해의식에 취약하다.

「한국인」이란 아시아 대륙의 동쪽에 자리 잡은 만주 지역에 연해서 남쪽으로 돌기하여 형성된 「한반도」에 사는 사람들을 말한다. 반도를 삶의 터전으로 살아온 사람들에게는 기질적으로 감정적이고 다혈질인 반도인 기질이 있다고 한다. 오랜 세월 반도에서 선조 대대로 살아오면서 지정학적 환경에 의해 형성된 그들만의 독특한 반도인 기질적 특성이 체질화된 결과라고 본다. 반도를 삶의 터전으로 하는 사람들의 특성을 살펴보자. 스페인 사람들은 정열적이며 여유가 있다. 춤추기 좋아하며, 흥을 즐긴다고 한다.46 이탈리아 사람들은 열정적이고 다혈질이다. 가족 및 혈통을 중요시하고 노래와 흥을 즐긴다. 반면에 "욱"하는 성질이 강해 흥분을 잘한다고 한다.47

그렇다면 한국 사람들은 어떤가? 한국 사람들은 쉽게 달아올랐다가 쉽게 가라앉는 다혈질이며 흥을 즐긴다고 한다.48 이러한 사례들로부터 위에서 말한 「반도인」들의 기질적 특성들이 연유했다고 본다. 반도인들은 지정학적 환경의 영향을 받아 열정적이며 흥을 즐기는 스타일이다. 또한 그들에게는 다혈질이라는 서로 간에 유사한 기질적 특성이 형성되어 있음도 알 수 있다.

한국인들은 2020년에도 13,195명이 자살해서 자살률(인구 10만 명당 자살인 수) 25.7명을 기록했다. 자살률은 전년 대비 4.4% 낮아졌지만, OECD 국가 중 2003년 이후 유지해 온 자살률 1위 기록을 다시 썼다. 전 세계적으로 자살률이 가장 높은 국가라는 불명예를 다시 한 번 기록한 것이다. 2020년 기록 역시 38개 OECD 국가 간 연령표준화 자살률 10.9명의 2배가 넘는 숫자이다[49]. 한국에서는 자살을 불명예스럽게 생각한다. 그래서 실제로 자살했다고 해도 사망신고 시에 사망자의 연고자는 '자살'로 표기하기를 꺼리게 되어 있다. 이를 감안할 때 실제 자살률은 이보다 훨씬 많을 것으로 추정된다.

한국인들의 높은 자살률은 어디에 기인하는 것일까? 과거 1970~80년대에 필자는 "한국인은 한(恨)이 많은 민족이다."라는 말을 많이 들었다. 「아리랑, 한오백년, 단장의 미아리 고개, 칠갑산 등」은 한국인을 대표하는 노래들이다. 「한중록, 장화홍련전, 홍길동전, 청산별곡, 사모곡 등」은 한국인들에게 인기 있어 왔던 고전들이다. 이 고전들은 한국인의 한(恨)을 많이 담고 있어 한국인들이 좋아하지 않았나 생각한다. 한국인들은 감정의 기복이 심한 편이다. 사소한 견해차에도 화를 잘 내는 편이다. '욱'하고 순간적으로 화가 폭발하면 물불을 가리지 않는다. 타협이나 하소연을 시도하려 하지 않는다. 자신이 느끼는 정신적 압박을 극복하기보다는 쉽게 자신을 포기하려 한다. 그 결과 한국인들의 자살률이 높다는 견해이다. 이처럼 한국인들에게 자살률이 상대적으로 높게 나타나는 이유는 그들에게 내재하여 있는 반도적 기질에 더해 그들에게 선조 대대로 한이 많이 쌓여서 나타나는 현상이라고 필자는 생각한다. 한국과 같은 반도 국가이지만 터키(4.4명), 이탈리아(5명), 스페인(7명) 국민의 자살률은 OECD 국가 평균 자살률보다 훨씬 낮은 편이었다. 이 대비되는 상황은 한국인들에게 쌓여 있는 한에 연유한다는 말이다.

　자살은 자신의 의지로 자신의 목숨을 끊는 행위이다. 자신을 파괴하는 행동이다. "오죽했으면 자살을 선택했겠는가?"하고 미시적 관점에서 보면 자살할 수밖에 없었던 분명한 이유가 있을 수 있다. 하지만 거시적 관점에서는 물질 만능주의, 가족 해체, 폭력적인 인터넷 문화, 학벌 지상주의, 외모 지상주의 등 온갖 현대사회의 병리 현상들이 근본적인 원인임을 지목하고 있다. 현대사회의 병리 현상들이 자살의 원인이라면 유독 한국만이 그러한 사회적 병리 현상이 높은 자살률만큼이나 많다고 할 수 있을까? 그렇지는 않다고 생각한다. 그렇다면 한국 사람들은 왜 그렇게 많은 사람이 자살이라는 극단적인 선택을 하는 것일까? 최근 영국의 한 언론에서도 「한국 자살률, OECD 국가 중 최고」라는 기사를 다룬 적이 있다. 다른 나라 사람들과 비교할 때 한국인들에게 유독 자살해야 하는 다른 이유가 있는 것도 아니다. 그런데 한국에서 이토록 많은 국민들이 힘들어하는 건 이상한 일이라고 지적한 내용이었다. 환경 측면에서 특별하게 지적할만한 이유가 없다면 그 이유는 인간적 특성 때문이 아닐까 하고 생각해 본다.

과거 기록을 참고해보면 한국인의 높은 자살률은 한국인의 인간적 특성에 기인함을 알 수가 있다. 1905년에 간행된 『한국지(韓國志)110)』에 조선인은 정신 고통을 심하게 받으면 목매 죽거나 익사하는 등 그 목숨을 경시한다고 기록되어 있다. 다른 나라 사람이 들으면 거의 믿기 어려울 만큼 사소하고 하찮은 불쾌감, 모욕적인 언사, 전혀 개의할 가치가 없는 사정에도 쉽게 자살을 택한다고 적고 있다. 1923.6.17일 목포신문 자료를 참고해 보아도, 1922년 자살한 일본인이 134명인 데 반해 당시 조선인은 1,256명이다. 거의 9.4배 수준에 달하고 있음을 알 수가 있다.50

자살하는 사람들의 성격을 분석해 보면 대부분 감정의 기복이 심한 사람들이다. 그들은 기분이 좋다가도 사소한 일에도 쉽게 심한 불쾌감을 표출한다. 크게 분노하거나 좌절하기도 잘하는 성격의 사람들이다. OECD 국가 중에서 자살률이 가장 높다는 결과론적 사실만 가지고 평가한다면 한국인들은 감정의 기복이 심하며 쉽게 극단적인 선택을 하는 사람들임을 알 수 있다.

사람들은 남에게서 멸시나 모욕당하면 분함을 느낀다. 부당하거나 불공평한 대우를 받으면 억울함을 느낀다. 그러면 사람들은 화를 낸다. 화를 냄으로써 분하고 억울한 감정이 폭발하게 되면 화가 풀렸다고 한다. 그런데 사람이 너무 분하고 억울하지만, 화를 낼 수 없는, 화를 내서는 안 되는, 화를 내지 말아야 하는 상황이어서 화를 참았다고 하면 어떻게 될까? 그러한 상황이 오

---

110) 1900년 제정 러시아에서 구한말 세력 확장의 정책 자료로 활용하기 위해 연구한 자료를 1905년 일본 산림국에서 초역하여 간행한 책자

랫동안 지속되면 풀지 못한 감정들이 마음에 머물러 있게 된다. 마음(心)이 가만히 멎어 있다(艮)는 의미가 「한(恨)」이다. 한(恨)이란 외적인 영향에 의해 발생한 내적인 불평, 불만, 원망, 탄식 등을 유발하는 피해의식과 그에 따른 분함을 참아야 하는 억울함, 어쩔 수 없는 자신의 무력감 등이 발산하지 못한 채 마음속에 응어리져 멎어있는 것을 의미한다.

가장 한국적인 사람의 감정 및 심성 특질이라 할 수 있는 한(恨)이 한국인들에게는 내재해 있다고 말한다. 이는 한국인의 근원적인 심성으로서 한국 문화의 정신이며 한국인의 집단적 표상이라고까지 표현한다. 한국인의 DNA에 각인된 특성이다. 한국과 같은 반도 국가이면서 반도에 연결된 내륙국들과 해양국들의 교통·경제·문화 중심지의 역할과 때로는 강력한 국력을 바탕으로 주변국들을 정복하여 지배한 경험이 있는 터키, 스페인, 이탈리아 사람들의 의식 속에는 없는 감정이다. 한국인은 선조 대대로 작은 반도에서 내적으로는 제한된 영토에 인구가 늘어나면서 가난에 찌들어야 했다. 외적으로는 상대적으로 작은 반도를 영토로 하는 약한 국력 때문에 어느 반도국가보다도 주변 세력들의 침략을 더 많이 받을 수밖에 없는 여건이었다. 그 결과 한국인들은 선조 대대로 가난에 찌든 무력감과 마음 저변에 누적된 피해의식 속에서 살아올 수밖에 없는 환경이었다. 주변국의 침략을 받아 그들로부터 온갖 수모와 치욕을 겪으면서 억울하게 살아왔다. 그러한 삶의 현장에서 분하고 억울한 감정들이 표출되지 못한 채 쌓여 내려온 것이다. 분하고 억울한 감정이 조상 대대로 면면히 마음속에 한(恨)으로 누적되어 전해 내려온 것이다.

과거에 한국인들은 특별히 억울한 일이 있을 때, 상대방에게 적개심을 표출하는 행동보다는 한풀이, 분풀이, 살풀이 등을 통해 자신들의 마음속에 한(恨)을 풀어 위안으로 삼았다. 분하거나 슬픈 감정을 즐거움이나 기쁨의 형태인 노래나 춤과 같이 흥을 돋우는 적극적인 정서 활동을 통해 자신의 마음에 쌓인 응어리를 풀었다. 그것이 습성화되어 지금도 한국인들은 노래와 춤을 좋아하고 즐긴다고 본다. 그런데 마음속에 누적된 한을 풀지 않고 내버려 두면 어떻게 될까? 자연스럽게 마음 저변에 쌓이게 될 것이다.

이를 구체적으로 설명해 보자. 어느 사람이 일상생활에서 분하고 억울한 감정을 풀거나 발산하지 못했다고 하자. 어떻게 될까? 위에서 언급한 대로 한(恨)의 형태로 굳어져 마음 저변 한구석에 쌓이게 될 것이다. 그 사람에게 선조 대대로 동일한 성격의 한(恨)이 누적되어 내려오고 있다면 그에 더해질 것이다. 그러다가 일상생활 속에서 다시 동일한 성격의 분하고 억울한 감정이 발생하게 되면 어떻게 될까? 자연스럽게 마음 저변에 쌓여있는 동일한 감정의 한(恨)과 동조하게 될 것이다. 그런데 동조한 감정이 공명을 일으켜 치솟게 되면서 자제할 수준을 넘어 폭발하게 되면 자학 내지는 자살과 같은 극단적인 선택을 하게 된다는 개념이다. 한국인들에게는 선조 대대로 쌓여 전해 내려오는 한이 마음 저변에 자리 잡고 있어서 극복할 수 있는 피해의식이나 억울함, 무력감 수준이 상대적으로 낮다는 논리이다. 이해를 돕기 위해 아래에 사례를 들어 서술한다.

사람이 극복할 수 있는 피해의식이나 억울함을 100이라고 한다면, 한국인들에게는 선조 대대로 싸여온 피해의식이나 억울함이 한(恨)으로 마음속에 응어리져서 각각 40~50 정도를 차지하고 있기 때문에 극복할 수 있는 피해의식이나 억울함 수준이 50~60 정도밖에 안 된다는 것이다. 그래서 다른 나라 사람들이라면 별로 큰 영향을 받지 않는 50~60 정도의 피해의식이나 억울함에도 한국인들에게는 극복할 수 있는 수준 100을 넘게 되어 폭발한다는 논리이다. 특히 제삼자에게는 대수롭지 않게 보이는 사소한 피해의식이나 억울함일지라도 누적된 유사한 한에 동조하여 공명을 일으킨다면 쉽게 자제할 수준을 넘게 된다는 논리이다.

그 결과 한국인의 마음 저변에 내재해 있는 한(恨)이 이제는 "한국인들이 때로는 극단적"이라는 집단적 표상까지 유발했다는 견해이다. 한국 사람들에게는 위에서 언급한 대로 환경적 영향을 받아 온순하다. 반도 사람으로서 열정적으로 「흥」을 즐기고 활달하기도 하다. 반면에 선조 대대로 전해 내려오는 마음속에 내재해 있는 한(恨)의 영향을 받아서 쉽게 격한 감정을 표출한다. 제삼자가 보기에는 사소한 불쾌감이나 모욕적인 언사, 전혀 개의할 가치도 없는 상황에서도 본인은 엄청난 피해의식이나 극복할 수 없는 억울함을 느끼기 때문이다. 이때 다혈질의 '욱'하는 감정까지 폭발하게 되면 극단적 선택을 하게 된다는 논리이다. 그것이 '욱'하고 폭발하는 감성적 동질성을 가진 터키,

스페인, 이탈리아 등의 반도 국가 사람들과 달리 한국인들이 OECD 국가 중에서 자살률이 가장 높은 이유라고 본다. 이처럼 한국인들이 가장 높은 자살률을 기록하는 것은 작은 반도를 삶의 터전으로 선조 대대로 살아온 탓에 환경적 영향을 받아 마음속에 한(恨)이 내재해 있기 때문이라는 견해이다.

한국인들의 인간관계 성숙은 情에 의해 좌우된다.

한국에서 사는 외국인들이 한국인들을 묘사할 때 가장 많이 쓰는 단어가 「정(情)」이라고 한다. 그들은 아낌없이 베풀고 가진 것이 없지만 서로 나누는 한국인의 정 문화가 한국 사회를 사람이 사는 사회로 지탱해주는 정신적 기반이라고 말하기도 한다. 한국인의 언어 중에는 '정'이라는 말이 유난히 많다. '인정, 모정, 부정, 무정, 유정, 정떨어지다, 정든 고향, 미운 정 고운 정 등'이 그것이다. 정이란 말과 관련해서는 단어뿐만 아니라 사용 방식도 다양하다. 한국인의 정에 대한 기록은 수백 년 전부터 등장한다. 한국인의 정은 한국인의 대인관계에서 상대방과의 밀착 정도를 나타내는 가장 대표적인 마음의 작용상태를 말한다. 한국인에 있어서 정은 '함께'의 경험을 통해 형성된다. 정이 형성되면 비밀이 없고 간격이 없다. 허물이 없어 마음에 경계가 필요 없는 관계가 된다. 그 원형은 가족관계에 연유하고 있음을 알 수 있다. 부모와 형제간에 서로가 느끼는 상대방에 대한 인간애가 곧 정인 것이다. 사람들에게 정이 들기 어려운 사람을 물어보면 일반적으로 '솔직하지 않은 사람, 자기 자랑만 늘어놓는 사람, 전혀 양보나 손해를 보려 하지 않는 사람 등' 가족관계 특성에 상반되는 세 가지 범주로 대답한다. 이러한 사실이 정(情)은 가족관계에서 출발함을 알 수 있다. 한국인과의 관계에서 정이 들었다는 말은 상대방의 흉이나 나쁜 점까지도 수용되거나 심지어는 긍정적으로 지각되고 있음을 의미한다.

2008년 노벨 문학상을 받은 프랑스의 르 클레지오(J. G. Le Clezio)는 한국 문학을 정(情)으로 평가했다. "정이란 개념은 참 오묘하고, 독특하다. 영어, 불어 사전을 뒤져봐도 번역할 길이 없다"라고 말했다. 그는 아리랑을 비롯하여 한국 문화 전반이 정의 영향을 깊게 받고 있다고 평가했다. 정이란 사람이 느끼는 모든 감정을 대표하는 것처럼 광범위한 데, 정은 시간과 밀접한 관계가 있다.51 처음 만난 사람에게 정이 들었다고 하지 않듯이 정이 드는 데는 어느 정도의 시간이 필요하기 때문이다. 우리는 정이 든다, 또는 들었다고 말하지 않는가? 정이란 어느 정도 시간의 흐름을 전제조건으로 하고 있다. "정이 들다."의 논리적 반대말은 "정이 나가다."이다. 그렇지만 그렇게 말하지 않는다. "정이 떨어졌다."라고 말한다. 정이 드는 데는 오랜 시간이 필요하지만, 정이 떠나갈 때는 서서히 떠나는 것이 아니고 뚝 떨어진다. 정은 '찰라' 간에 떨어지는 것이다. 그렇지만 품었던 감정이나 생각을 딱 끊지 못하는 미련과 마찬가지로 정은 지워지지 않고 흔적으로 남겨진다.

우리는 정을 표현할 때 정에는 '고운 정'도 있지만 '미운 정'도 있다고 말한다. 그 말은 정이란 좋은 감정, 나쁜 감정, 이상한 감정 모두를 포괄하고 있음을 의미한다. 미운 정이란 무엇인가? 싫으면서도 쌓인 정을 말한다. 싫으면서도 마음에 쌓인 감정, 단순히 상대방을 증오하고, 미워하고, 질투하는 감정이 아니다. 그와 동반해서 마음 기저에서 발생하는 상대방의 입장을 생각하고 걱정하는 납득하기 어려운 독특한 감정이다. 이는 가장 한국인들의 정서적 특성을 보여주는 이성적으로는 판단이 되지 않는 한국인의 특성이기도 하다.

그런데 재미있는 것은 '한국인의 미운 정'은 '한국인들은 뒤끝이 없는 사람'이라는 개념으로 한국인들을 나타내준다는 것이다. 위에서 한국인들은 사회적으로 관계주의적이어서 '우리'라는 공동체 의식이 강하다고 했다. 모두 서로 연관이 있는 주제들이다. 정을 기반으로 하는 사회에서는 정이 들었느냐, 아니면 정이 들지 않았느냐에 따라 사람들이 '우리' 아니면 '남'으로 분류된다는 말이다. 즉 가족과 같은 내밀한 공동운명체가 되는지, 아니면 전혀 나와 상관없는 존재로 구분이 된다는 말이다.

직장에서 자신을 괴롭혔던 상관에게도 느끼고, 못살게 굴던 시어머니에게도 느끼는 정이 미운 정이다. 이 개념은 피해를 본 사람이 가해자에게 증오나 질시, 미워하는 마음이 아닌 정을 느낀다는 구조로서 정의 특수성을 보여준다. 이는 이성적인 손익을 따지지 않음을 전제할 때 가능한 개념이다. 이때의 정은 손익보다는 먼저 상대방을 인정하는 자세에서 출발하기 때문에 야박한 사람이라 말하지 않는다.

한국인의 정은 자신의 이익이 아닌 남을 우선한 감정이다. 배려하는 마음을 기반으로 한다는 것이다. 자신의 입장보다 상대방의 입장을 수용하려 할 때 정은 발생한다. 사회적으로 남이 아니라는 '우리'라는 공동체 의식으로 묶이면 더욱 강력해진다. 한국인들은 친구들끼리 모여 우스갯소리로 "우리가 남이가!"라는 말을 하곤 한다. 이는 상대방이 나의 일부라는 의미로서 나와 너를 포함하는 집단정체인 '우리'임을 의미한다. 따라서 정은 상대방이 가족과 같이 느낀다는 '우리'를 유지해주는 핵심 키워드이며 동시에 한국인들이 가족 간에 느끼는 친밀한 감정이다. 그렇다 보니 정이 유발하는 부작용도 많다. 우리라는 느낌이 드는 상대방의 무리한 부탁도 거절하기 어려울 때가 많다. 정이 깨질까 두려워 무리한 부탁을 들어줘야 할 때가 있기 때문이다. 많지는 않지만, 돈을 빌려주고도 받을 수가 없는 경우가 발생할 수도 있다. 갚으라는 말을 하는 것 자체가 때로는 상대방과의 정을 깨는 야박한 행위가 될 수도 있기 때문이다. 한국인의 '정'이 부정적으로 작용하는 사례이다.

"잘 먹고 잘살아라!" 한국인들이 남에게 손해를 보고 억울함을 느낄 때 자신을 달래기 위해 잘 쓰는 말이다. 좋은 말이 아닌 욕이다. "미운 놈 떡 하나 더 준다." 오죽하면 그런 미운 짓을 하겠느냐고 자신에게 말하며 좋게 생각하고 잊어버리겠다는 의미이다. 앞에 제시한 대표적인 두 가지 사례는 한국인들이 자신들이 당한 억울함을 '이빨에는 이빨'의 개념으로 되갚아주려 하지 않고 한국인 특유의 정(情)으로 승화시키는 모습이다. 이러한 모습은 한국인의 큰 특성 중 한 가지다. 그러한 연유로 중국과 일본, 전 세계 수많은 작품이 '복수'를 기본 소재로 다루고 있음에도, 유독 한국의 작품들에는 '복수'라는 소재가 매우 낯선 소재로서 작품에 잘 나타나지 않는다는 견해이다.

정이란 사랑과 친근감을 느끼는 마음이다. 외국인들과 비교할 때 특히 한국인들은 유난히 정에 약하다고 한다. 오죽하면 '그놈의 정 때문에'라는 말이 생겼겠는가? 한국 사회는 서구 사회보다 덜 계산적이고 덜 삭막하다고 한다. 이는 아직도 인간적 정이 남아 있는 사회이기 때문이다. 한국의 목회자들이 세계에서 선교활동을 하는 것은 한국인의 정(情)문화의 발현으로서 친절하고 감성적이고 불우한 사람들을 도와주는 감성이라고 했다. 정이란 목회자들의 선교활동과 같이 상대방에게 바라는 마음 없이 전달하는 감성이다. 논리적이고 이성적이기를 좋아하는 서양 사람들에게는 당황스러운 감정인 것이다. 그래서 정을 그들의 언어로는 표현하기가 상당히 어렵다고 한다. 사랑과 정의 의미에는 상당한 차이가 있다. 정은 동료 간에, 상사가 부하 직원에게, 그리고 부모가 자식에게 조건 없이 주는 감성이다. 한국인의 역사를 조명해보면 선조 대대로 너무 가난하게 살아오면서, 부단한 외세의 침략을 견뎌오면서, 최근에는 일제의 식민지 약탈과 경제개발과정에 겪어야 했던 시대적 폭력을 경험하면서 한국인들은 한(恨)과 정(情)의 정서가 잠재의식 속에 깃들어 쌓이게 된 것이다.

그렇다면 왜 한국인에게 정의 성격 특성이 강하게 나타나는 것일까? 첫째는 한국인들의 심정(心情)에 민감성을 들 수가 있다. 여기서 심정이란 상대의 언행 및 상황과 관련하여 발기되는 마음의 상태이다. 이는 마음 자체보다는 시간에 따라 가변적이며 유동적인 당시에 마음의 흐름 상태이다. 한국인들이 심정에 민감하다는 말은 상대방의 아픈 마음이나 불쾌하고 억울한 감정 같은 인간적 불행에 공감을 잘한다는 것을 의미한다. 이는 역사적으로 한국인의 선조들이 불행한 경험을 너무 많이 해온 탓이다. 그러한 연유로 상대방의 마음 상태와 감정에 대한 공감에서 발생하는 심정이 발달하였다는 것이다. 여기서 심정과 사람에 대한 정(情) 즉 인정(人情)은 어떠한 관계인가? 인정이란 상대방의 마음과 공감하는 과정에서 형성이 된다. 결과적으로 인정이 형성되기 위해서는 먼저 상대방 마음의 흐름 즉 심정을 읽고 그 심정에 공감해야 한다. 이렇게 인정과 심정은 항상 상호 연관적으로 작용하여 발현되기 때문에 한국인들에 정이 발달하게 되었다고 추론한다.

둘째는 한국인의 오래된 사회제도 때문이다. 조선의 유교 사회에서 삶에 지침이었던 삼강오륜과 향약은 '인간 사회에 기본적인 임금과 신하, 부모와 자식, 남편과 아내, 어른과 아이, 친구와 친구, 이웃 간에 서로 지켜야 할 윤리'이다. 이를 생활 지침으로 선조들이 오랫동안 따르면서 자연스럽게 형성되었다고 본다. 삼강오륜과 향약은 상대방이 나에 대해 지켜야 할 도리이기 이전에 상대방에 대한 나의 지켜야 할 도리를 명시한 윤리라는 점 때문이다. 나의 지켜야 할 도리를 다하는 과정에 상대방에 대해 불평, 미움, 원망도 하면서 칭찬, 좋아함, 고마움 등이 축적된 상대방에 대한 감정이 미운 정·고운 정이라는 것이다.

특히 한국인의 삼강오륜에 제시된 부모와 자식 간에 관계 즉, 가족관계는 특이하다. 한국에서 가족관계는 오래된 보학 및 종법적인 가족제도의 발전에 크게 영향을 받았다. 그 결과 서구의 이성적·독립적 관계와 다르다. 정(情) 공감적·시간상으로 자아미분화적 관계111)가 보편화된 상태이다. 이처럼 부모와 자식 간의 가족관계에는 자율성보다는 일체감과 연대성이 강조된다. 정을 바탕으로 이들의 관계와 상호작용이 이루어져 있어 자녀의 부모에 대한 심리적 애착이 높다. 그 결과 부모의 자녀에 대한 정이 자녀의 성격 특질로 내재화되어 나타나는 것이다. 이처럼 한국의 아이들은 어려서부터 부모와의 밀착된 상태에서 정이 축적되면서 성장한다. 정을 토대로 정이 많은 성격을 가진 성인으로 성장하게 될 수밖에 없는 사회적 여건이 형성되어 있다는 것이다. 그 결과 한국인의 인간관계 성숙은 정(情)이 좌우한다고 하는 것이다.

세 번째는 배척하기보다는 서로 포용하고 협동하면서 살아야 하는 생활 여건 때문이다. 한국인들이 선조 대대로 살아온 생활 여건이 자연스럽게 정이라는 특수한 성격 특성을 형성하도록 유도했다는 견해이다. 한국인의 선조들은 대륙 세력이나 해양 세력이 침략한 경우를 제외하고는 거의 외부와 단절된 채 평온한

---

111) 자아 분화는 가족체계이론의 중심 개념으로서 그 정도는 개인의 정서적 성숙도로서 가족 체계에 자율성과 의존성 정도를 나타냄

농경사회를 이루어 살아왔다. 더구나 삶의 터전인 한반도는 사계절이 분명해서 시기를 놓치면 농사를 망칠 수밖에 없는 환경이다. 자연에 순응해서 농사를 지으려면 파종 시기나 추수할 때는 노동력이 집중적으로 요구되는 데 이때에는 이웃 간에 서로 돕는 것이 절대적으로 필요하다. 또한 자주 발생하는 가뭄과 홍수와 같은 자연재해 역시 개인의 힘으로 대처할 수 있는 상황이 아니다. 이웃 간의 협동이 절대적으로 필요한 상황이다. 한국인들이 선조 대대로 수천 년 농경사회를 이루어 살아온 생활환경은 때로는 노동력의 집중을 요구하고, 때로는 닥친 재해를 극복하기 위해 서로 긴밀한 협동이 요구되는 여건이었다. 또한, 순박함을 기반으로 하는 농경 사회 특성상 이웃 간에 사소한 시비는 있을지언정 원한이 맺힐 정도의 목숨을 건 다툼이 발생할 일도 많지는 않았을 터이다. 그렇게 한국인들은 사계절이 분명한 한반도에 농경사회를 이루어 선조 대대로 이웃 간에 서로 돕지 않고는 살 수 없는 생활 여건 속에서 살아왔다. 오랜 세월 밉거나, 보고 싶지 않거나, 상대하기 싫은 이웃까지도 어려울 때는 서로 협동해야 하는 여건에서 살아온 것이다. 그러한 생활환경 탓에 고운 정에 미운 정까지도 들 수밖에 없었다는 논리이다. 그에 더해 한국인들의 심성은, 홍익인간의 건국이념이 말해주듯, 천성적으로 선량하기 때문에 그들 고유의 미운 사람까지도 정으로 포용하는 특성이 있다는 견해이다.

2부

한국의 경제발전을
견인한 핵심 요소

　한반도는 2차 세계대전에서 연합국이 승리함으로써 일제 식민 통치하에서 해방되었다. 하지만 강대국의 이해관계에 따라 남북으로 분단되면서 남쪽에 대한민국이라는 나라가 탄생하였다. 대한민국은 독립국가로서의 위상이 정립되어 가는 과정에 북한 공산정권의 기습 공격을 받았다. 그렇게 발발한 3년간의 한국전쟁을 통해 국토는 거의 폐허가 되어버렸다. 전쟁이 휩쓸고 간 폐허 위에서 국가의 생존과 경제적 번영을 위해 온 국민이 총력을 기울여 온 지 어언 70여 년이 지났다. 1950~60년대에 한국인들은 반공을 국시로 "뭉치면 살고 흩어지면 죽는다."는 구호를 목이 터지라고 외쳐댔다. 국가의 생존이 그만큼 절박했었음을 말해 준다. 1960~70년대에는 "잘살아 보세!"란 구호를 소리 높여 외쳐댔다. 우리의 가난 극복이 얼마나 절실하였는가를 웅변해 주고 있다.

그 어려운 환경에서 국가지도자들은 국민에게 미래 비전을 제시했다. 그리고 국력의 모든 부분을 총동원해서 경제발전에 집중했다. 그것이 2021년 기준 국내총생산(GDP) 세계 10위, 반도체 수출액과 조선 수주실적, 그리고 블룸버그 혁신지수가 세계 1위인 경제적인 부국으로 성장하게 해주었다.[52, 53] 이는 1960~70년대 세계 최빈국의 위치에서 벗어나 '우리도 잘살아 보자.'는 처절한 국민적 열망을 반영한 경제발전 우선 전략이 달성한 성과이다. 이러한 경제 위주의 국가전략은 범국가적 차원에서 큰 경제적 성과를 거두었다. 반면에 경제발전 우선 정책 추진과정에서 정치적으로는 반민주적 국가 운영체제를 구축하기도 했었다. 시대적 폭력을 동원하기도 했었다. 그것이 원인이 되어 1980년대 후반부터는 정치 민주화에 매진하게 되었다. 그 결과 오늘날 한국은 명실공히 정치 민주화도 달성하였다. 그동안 한국인들은 나도 잘살아 보자는 일념에 앞만 보고 달려왔다. 그래서 어느 정도 자신들이 원하는 바를 이루게 되었다. 자신들의 생활에 여력이 생기게 되었다. 그 여력이 자신들 고유의 한류라는 문화 창조에 원동력으로 작용한 것이다. 그렇게 창조한 한류가 전 세계에 열풍을 일으키면서 이제 한국은 소프트파워 강국으로서 부상하게 되었다.

소프트파워란 사람을 심리나 감성적으로 움직일 힘을 말한다.[54] 한국의 제도, 문화, 대외정책 등이 세계 각국 사람들에게 매력으로 작용해서 긍정적인 영향력을 발휘함으로써 그들을 선도하는 힘을 의미한다. 지금까지 세계 질서는 경제력과 군사력을 앞세운 하드파워에 의해 지배되었다. 그러나 오늘날 세계질서는 국가 간 상호 의존성이 높아지고 기업 활동이 국경을 초월하며, 과학기술 발전과 전파가 개도국에까지 빠르게 이루어지다 보니, 이제 한 국가의 영향력이라는 측면에서 보면 하드파워보다 소프트파워가 훨씬 더 크게 영향을 미치는 환경이 되었다.

대표적인 소프트파워는 과학기술이다. 그동안 미국이 과학기술로서 전 세계를 압도할 수 있었기 때문에 전 세계를 호령할 수 있었던 것이 이를 입증해주고 있다. 그에 힘입어 미국의 할리우드 영화, 코카콜라, 맥도널드 등 대중문화가 전 세계에 유행할 수 있었다. 과학기술은 물론 하드파워의 근간이 되기도 하지만 소프트파워로서 세계를 움직일 수 있는 중요한 수단이 될 수도 있는 것이다.

오늘날 한국의 소프트파워 능력은 어떠한가? 한국의 반도체, 자동차, 배터리, 조선, 원자력 발전 기술의 과학기술은 전 세계를 선도하는 수준이다. 어디 그뿐인가? 그 나라 국민의 수준을 말해준다고 하는 한국 사회의 안전도 역시 세계적 수준이다. 밤 9시를 넘어서도 여자들이 평상복을 입고 시내 곳곳을 안전하게 다닐 수 있을 정도로 안전한 사회인 것이다. 전 세계에서 한국과 같은 수준의 안전한 국가는 몇 안 된다고 한다. 그 정도로 한국 사회는 정말 안전한 사회이다. 한국 사회가 그렇게 안전한 것은 한국 사회는 국가의 법이 지배하는 사회이기 이전에 국민적 윤리가 지배하는 사회이기 때문이다. 그것은 한국인들의 선진 시민의식이 높은 까닭에 가능한 것이다. 또한 소프트파워의 대명사라 할 수 있는 문화콘텐츠 역시 세계인들의 큰 사랑을 받고 있다. K-드라마에서 시작하더니 K-팝, 이제는 K-영화까지 문화 콘텐츠들이 2010년대 후반 이후로 세계 시장을 석권하고 있지 않은가? 그뿐인가? 이제는 K-건설, K-조선, K-방산 등 한국인들이 연루된 것들에는 무엇이든지 한류의 대명사인 "케이(K-)"를 붙여 말하며 열광하고 있다. 한국인의 소프트파워는 물론 하드파워까지도 얼마나 위력적인지를 웅변해주고 있는 모습이다.

오늘날 한국의 정치 민주화 달성과 한류 문화 콘텐츠들과 K-건설/조선/방산 등의 성취는 경제발전이 견인한 산출물이라고 말할 수 있다. 경제가 발전하여 어느 정도 의식주 문제가 해결되면서 국민들은 정치 민주화를 원하게 되었고, 그들만의 고유문화 창조와 원하는 기술 분야에 집중투자를 할 수 있었다는 견해이다. 매슬로의 5단계 욕구 이론이 그 증거이다. 그래서 오늘날 한국의 선진국 도약은 경제적 발전이 있었기에 가능했다는 전제 하에, 2부에서는 「한국의 경제발전을 견인한 핵심 요소」라는 주제로 '국가 지도자의 리더십'과 오늘 한국의 발전에 기초가 된 '환경적/사회적 여건', 그리고 오늘 한국의 번영을 일궈낸 한국인의 DNA이기도 한 '한국인의 남다른 특성(K-DNA)'을 핵심 요소로 구분하여 추론·종합하였다.

국가 지도자의 리더십

오늘날 한국이 이룩한 번영은 혼신의 정력을 다 바쳐 자신의 조국을 사랑했던 훌륭한 국가 지도자들의 리더십이 있었기에 가능했다고 말할 수 있다. 그들은 오늘 한국 번영의 기초를 닦아 놓았다. 한국의 번영을 이룰 수 있도록 국민들을 이끌어주었다. 반면에 안타깝게도 말년에 장기 집권을 획책하면서 실정 내지는 일부 국민에게 아픈 상처를 남겨주기도 했다. 아직도 당시 상처를 입은 사람들의 가슴속에 앙금이 남아 있어 그들의 공로를 인정하고 있지 않다. 언젠가는 한국의 역사에 그들의 공과(功過)를 분명히 가려 오늘의 한국을 일궈내는 데 결정적인 역할을 담당한 위대한 정치가로서 기록이 될 것을 믿어 의심치 않는다.

경제발전의 기반을 구축한 이승만 대통령의 리더십

자유민주주의 국가에서는 다원주의 하의 선거제도, 권력 분립, 개방사회 아래의 법치주의, 사유재산 인정 하의 시장경제, 인권의 평등, 정치적 자유 등을 보장한다. 반면에 자유민주주의 국가에 국민들은 국가가 보장하는 정치·사회적 제도나 원칙 등을 이해하고 자신의 권리를 요구하며 책임을 의지적으로 질 수 있는 지적 수준을 갖추고 있어야 한다. 그렇지 못하다면, 자유민주주의 국가라고 할 수가 없을 것이다. 또한, 국가 경제발전을 위한 산업화를 위해서는 자본과 기술, 인력과 에너지가 있어야한다. 그런데 자본도 없고 기술도 없으며 지적으로 요구되는 수준의 인력과 에너지가 없다면, 어느 리더십도 산업화에 의한 경제발전은 이룰 수가 없을 것이다.

한반도 남한에 대한민국 건국 당시 정치·사회적 여건들은 한마디로 참담했다. 36년 일제의 식민지 약탈에 의해 피폐한 산하는 미국과 소련의 합의로 북위 38도선을 기준으로 남한과 북한으로 나뉘었다. 미군정 하의 남한은 단독정부 수립주장 정치가와 남·북한 간 분단을 반대하는 민족주의 정치가들 사이에 첨예한 대립으로 인해 사회적으로 크게 혼란한 상태였다. 결국 당시 국제정세를 정확하게 파악하고 있던 단독정부 수립주장 정치인들의 끈질긴 노력 덕분에 유엔에서 남한만의 단독선거 승인을 받아냈다. 1948. 5. 10일 총선을 통해 196명의 제헌 국회의원들과 초대 대통령을 선출하고, 1948.8.15일 대한민국 정부 수립을 선포하게 된다. 같은 해 9.9일 북한에 조선민주주의인민공화국이 선포되면서 한반도는 남·북한 간 분단 상황이 공식화되었다.

1948.8.15일부로 남한에 자유민주주의 국가인 대한민국이 수립되었다. 그렇지만 한국 사회에는 36년간 일제의 토지와 산림 수탈, 우민화 추진, 산미 증식 및 공출, 전쟁 동원을 위한 징집과 징용, 한민족 말살 정책의 흔적이 그대로 남아 있었다. 이에 더해 우(右)와 좌(左)의 정치적 집단 간 극심한 분쟁으로 인해 사회는 몹시 불안정한 상황이었다. 국민의 80% 이상이 문맹이었으며, 고등교육을 받은 사람은 극히 제한적이었다. 일제의 식민지 지주 옹호 심화 정책의 여파로 국민의 대부분을 차지하고 있던 농민들은 대부분이 소작농으로서 극심하게 가난했다. 음력

4~5월 보릿고개에는 굶어 죽는 사람이 있을 정도였다. 아무리 열심히 일해도 지주만 배를 불려주는 사회체계 아래에서 소작농들에게는 희망이 없었다. 사회 곳곳에 북한의 지령을 받고 암약하는 공산주의자들의 사회 혼란 책동으로 사회는 암울하고 어수선한 분위기의 연속이었다. 한마디로 자유민주주의 국가라고 하기에는 너무 미흡했다. 국민들에게 공평한 선거제도, 권력 분립, 법치주의, 시장경제, 인권의 평등, 정치적 자유 등을 언급할 지적 수준이 되지 못했다. 어디 그뿐인가? 부국을 위해 산업화에 요구되는 자본과 기술, 인력과 에너지 중 어느 것도 제대로 구비되어 있는 것이 없었다. 한마디로 세계 최빈국이면서 국민의 지적 상태 역시 최저수준의 신생국이었다.

자본도 없고 기술도 없으며 요구되는 지적 수준의 인력과 에너지가 없는 데 어떻게 산업화를 통한 경제발전이 가능하겠는가? 그렇게 범국가적 차원에서 희망이라고는 전혀 보이지 않았던 대한민국에 위대한 정치인이 있었다. 그는 미래를 내다보는 혜안을 가지고 유엔 승인 아래 대한민국의 건국을 견인하였다. 그는 국민들이 자유민주주의 국민으로서의 지적 수준을 갖추는 데 요구되는 교육체계를 구축하였으며, 산업화 경제발전 전략을 추진할 수 있도록 그 기반을 구축했다. 주인공은 바로 대한민국의 이승만 초대 대통령이다.

오늘 한국을 살아가는 한국인들에게 이승만 대통령은 건국의 아버지라 할 수 있는 분이다. 언젠가 그의 잘 알려지지 않은 진정한 애국심과 정치지도자로서의 업적을 이해한다면 한국인이라면 누구나 공감할 것이라고 생각한다. 그는 1인당 GNP 50달러에 문맹률이 80%에 달하는 남한 땅에 대한민국이라는 역사상 최초의 민주공화국을 건설했다. 새로운 왕조나 독립 국가는 대개 내전을 거쳐 탄생하는 것이 통례이다. 그런데 그는 '한국은 미국의 괴뢰 국가가 돼서는 안 된다.'라는 신념하에 미국에서의 어려운 정치적 노력을 통해 UN의 승인 아래 대한민국을 건국하는 데 성공했다. 이는 완전히 이승만 대통령이 고안한 것이다. 그리고 그는 95.5%의 투표율을 보인 총선거를 통해 구성된 제헌의회에서 196표 가운데 180표를 얻어 초대 대통령으로 선출되었다. 세계 역사상 찾아보기 어려운 UN 승인 아래 이룩한 명예로운 대한민국의 건국이었다. UN 승인 아래 건국한 명분이 있어 북한의 남침에 의해 발발한 6.25 한국전쟁에 한국을 방어하기 위한 UN 안보리의 신속한 파병 결정이 이루어질 수 있었다는 견해이다. 그때 구소련이 안보리에서 거부권을 행사했더라면 파병 결정이 이루어질 수 있었겠는가? UN에서 건국을 승인한 지 채 2년이 안 된 상태에서 구소련은 명분상 거부권을 행사할 수 없었다. 구소련의 기권으로 한국전쟁에 유엔군의 파병이 신속하게 이루어질 수 있었던 것이다. 한국이 어느 국가의 괴뢰 국가로서 건국되어서는 안 된다는 그의 주장에 당위성이 입증된 셈이다.

그는 건국의 주역으로 새로이 건설된 국가에는 강력한 지도력이 필요하다고 생각했다. 그래서 헌법에 내각책임제를 대통령제로 바꿔놓았다. 그는 6·25 한국전쟁 후 미국이 원하지 않았던

「한미상호방위조약」을 미국과 대등한 입장에서 체결함으로써 지금까지 한반도에서의 전쟁을 예방했다. 미국에 군사원조를 요구하여 대한민국의 군사력을 건국 당시 5만의 병력에서, 6·25 한국전쟁 중에 10만 병력으로, 종전 후 70만 병력으로 증강해 한국을 군사 강국으로 성장시켰다. 미래를 내다보는 정치적 혜안이 있어 가능한 일이었다는 평가이다.

경제적인 측면에서도 이승만 대통령은 큰 공헌을 했다. 앞에서 언급한 대로 이승만 대통령은 농업의 생산과 분배의 합리화를 위해 토지개혁을 단행했다. 결과론적이지만 6·25 한국전쟁이 발발하기 바로 전에 토지개혁을 단행함으로써 전쟁 중에 남한의 농민들이 북한 인민군에 편들지 않도록 유도하는 데에도 기여했다. 무엇보다도 그의 토지개혁은 당시 국민의 70%에 가까운 소작농들을 자영농으로 만들어 그들에게 자기 자신을 위해 일하는 계기를 마련해 주었다는 데 큰 의미가 있다. 토지개혁은 오랫동안 지주들에게 착취만 당해오면서 게으르고 나태하며 무책임한 모습으로 변모한 한국인들을 자신을 위해 일하는 근면하고 성실한 사람으로 그 습성과 성향까지 바꾸는 계기를 제공했다는 데 그 의미가 크다. 한국인들에게 근검절약 정신을 갖게 해주었으며, 그것이 오늘날 한국인의 기본정신이 되었기 때문이다. 당시 토지개혁은 그렇게 한국의 사회개혁 혁명이라 말할 정도로 그 영향은 심대했다.

무엇보다 그의 큰 업적은 국민교육 활성화이다. 그에게는 국민을 교육시켜서 인재를 양성해야 국가가 발전할 수 있다는 강한 신념이 있었다. 그에게는 그러한 신념이 있었기에 대한민국 건국과 함께 배움에 대한 강한 열정을 한국인들의 DNA로 만들어주는 데 결정적인 역할을 담당했던 것이다. 그는 1919년 3.1 운동 후 상해에 설립된 대한민국 임시정부의 초대 대통령이기도 하다. 그는 해외에서 한국의 자주독립을 위해 일제의 탄압에 맞서 투쟁해오는 과정에 누구보다도 국민들이 배워서 똑똑해야 한다는 사실을 절감하였으리라. 다시는 조선왕조와 같이 국민들이 우매하여 나라가 망하는 일은 절대 발생해서는 안 된다고 뼈저리게 느껴왔을 것이다. 그가 시행한 교육정책이 이를 대변해준다. 대한민국 건국을 위해 한국에서 최초로 1948.5.10일 제헌의회 국회의원 선거가 보통선거제 하에 전국적으로 실시되었다. 성별, 종교, 빈부, 계급에 상관없이 일정 연령 이상의 국민에게 투표권을 보장하는 보통선거 시행은 그동안 한국 사회에 아직 잔재해 있던 불평등한 신분 의식을 타파하는 데 혁명적인 수단이 아닐 수 없었다. 한국 사회를 자유민주주의 사회로 견인하는 결정적인 계기를 제공했다. 왜냐면 선거를 통해 모든 국민이 평등하게 한 표로서 권리를 행사할 수 있는 주권자임을 국민들이 생각해보는 기회를 제공했기 때문이다. 그런데 국민들 각 개인이 보통선거에서 참정권을 바르게 행사한다는 것은 국민들이 그에 걸맞게 올바른 판단 능력을 갖추고 있어야 함을 전제한다. 그렇지만 한국이 출범한 1948년에 국민의 문맹률은 80%에 달했다. 그러한 국민의 교육 수준으로는 대한민국이 자유민주주의를 지향하는 진정한 민주공화국의 건설은 불가능하다고 이승만 대통령은 판단했으리라. 그러한 연유에서 이승만 정부는 빈곤한 정부 재정에도 불구하고 1949년부터 무상의 6년제 초등교육에 대한 의무 교육제를 도입했다. 보통선거제가 의무 교육제를 이끈 것이다. 정치지도자로부터 국민 각 개인에 이르기까지 배움에 대한 강한 열정은 6.25 한국전쟁 중 지방의 건물도 없는 노천교육 현장에서 의무교육을 실시하게 할 정도였다.

6·25 한국전쟁의 결과로 국토는 폐허가 되었다. 국토 위에 있는 것이라고는 인적자산밖에 없는 상황이었다. 이승만 대통령은 부국을 위해서는 무엇보다도 인적자산의 선진화가 필요하다고 인식했다. 그는 나라가 세계 최빈국 수준으로 가난하였음에도 국가 예산의 10% 이상을 국민들의 교육에 투입했다. 그러한 국가적 차원의 교육정책 시행은 결과론적으로 국민 교육을 통해 한국 사회를 개방사회로의 발전을 견인했다. 이승만 대통령 통치 기간에 전반적인 국민 수준 향상을 위한 대중교육은 물론 고급인력 양성을 위한 교육도 상당히 이루어졌다. 1945년 해방 후 19개교에 불과했던 대학이 1960년에는 63개교로 3배 이상 증가하였고, 대학생 숫자만도 10만 명 수준으로 늘어났다.

나라가 그렇게 가난하였음에도 해외 유학을 장려하여 1950년대에는 매년 평균 600명 이상이 미국을 비롯한 선진국으로 유학을 떠났다. 1956년에는 첨단 과학기술 양성계획을 수립하여 서울대학교의 많은 교수에게 미국 유학 기회를 주었다. 그들이 1960년대 한국 과학기술계를 이끈 중심 세력이다. 그뿐인가? 해외로 진출할 국제관계 전문가를 양성하기 위해 일부 정부 보조 형태로 한국외국어대학을 설립하였다. 또한 한국인들의 전통적인 인문 사회 중심의 교육에서 벗어나 과학 기술 분야 인재 육성의지를 가지고 1953.6. 4일에는 인하공과대학을 설립하기도 했다. 또한, 이승만 대통령은 한국군의 미래 발전을 위해 교육을 통해 국군의 정예화를 추진했다. 국군은 6·25 한국전쟁 동안 몸을 키워 1954년에 65만 명의 병력에 정부예산의 40%를 사용하는 거대조직이 되었다. 그는 냉전체제 하에서 한국이 최전선을 맡고 있다는 이유로 미국에 많은 원조를 떳떳하게 요구하여 받아낸 막대한 원조로 거대한 군대를 유지했다. 군사원조 계획의 일환으로 매년 1천 명 이상의 장교들을 미국에 파견하여 미군의 선진 군사기술과 조직관리 방법 등을 배워오게 했다. 그로 인해 한국군의 선진 정예화와 한국 사회에 미국식의 기획력과 조직운영 개념을 전파하여 한국 사회를 현대식으로 발전시키는 데 크게 기여했다. 어디 그뿐인가? 미제 첨단무기 관련 기술들을 배우기 위해 미국에 파견한 기술 부사관만도 1만 명 수준이었다. 그들의 대부분이 1960~70년대에 한국의 산업화 과정에 일선 현장에서 첨단 과학 장비들을 다룬 기술인들이다. 방위산업 발전에 기여한 인재들이다.

실제로 아직 산업이라고는 농업이 거의 전부이었던 1950년대에 한국 사회에는 토지개혁이 이루어졌음에도 아직도 과거 지주들을 중심으로 하는 소작농들이 존재했다. 일본식 교육과 경험을 쌓은 구식 엘리트들이라는 사람들이 지배적인 위치에 있었다. 그랬음에도 개방사회로의 전환을 위한 범국가적 차원의 교육정책 시행과 개천에 용이 되어 보겠다는 한국인들의 배움에 대한 강한 열정은 시너지효과를 발생시켰다. 이승만 대통령이 통치한 10여 년의 짧은 기간에 한국 사회를 자유민주주의 사회로 빠르게 변화·발전시킨 것이다. 구시대의 엘리트를 대신할 미국식 교육을 받은 새로운 엘리트가 형성되었다. 1960년대에 들어와 국민들의 의식 수준이 향상되었다. 더 이상 부정선거와 정치 관료들의 부정부패를 수용할 수 없게 되었다. 배운 만큼 능력을 발휘할 수 있는 일터를 국가에 요구하게 되었다. 그렇지만 당시 한국 사회는 그러한 사회적 요구를 수용할 수 없었기에 사회는 엄청나게 불안정해졌다.

대한민국 개국 후 10년이 지난 1959년에는 한국 국민의 문맹률이 22.1%로 낮아졌다. 중·고등학생과 대학생 수는 10배 이상 수적 증가가 이루어질 정도로 국민 교육 수준이 향상되었다. 이승만 대통령의 자유민주주의 국가로의 개방사회 구축을 위한 국민 교육 수준 향상 우선 정책 추진과 한국 국민들의 마음 저변에 강하게 자리 잡고 있는 배움에 대한 강한 열정이 맞아떨어져 거둔 성과이다.

교육에 의해 신분이 상승한 한국 사회의 개방사회로의 전환과정은 1960년대부터 시작된 국가적 차원의 산업화 정책에 필요한 노동력을 키우는 선결 과정이 되었던 것이다. 다행스럽게도 이는 한국 정치지도자의 혜안 덕분이다. 정말 1950년대에 한국 국민들은 아무것도 할 수 없을 정도로 가난했고 무지했었다. 그러한 국민들을 국가적 차원의 교육정책의 시행을 통해 능력 있는 개방사회의 일원으로 육성해내었다. 1960년대 한국의 경제 개발에 기반을 구축한 것이다.

그 결과 1960년대 전후 그가 하야 할 당시에는 국민의 80%에 달했던 문맹률이 10% 이하 수준까지 낮아지게 되었다. 국민의 90%가 문자 해독력을 갖게 된 것이다. 어디 그뿐인가? 한국인들의 교육에 대한 열망을 일깨웠다. 마음속에 잠재해 있는 "아는 것이 힘, 배워야 산다."는 교육열을 불러일으켰다. 어려운 생활환경에도 불구하고 자식들을 교육 현장에 내보내게 했다. 대학에 진학하는 사람의 비율 역시 당시 선진국인 영국을 앞질렀다고 한다. 그리하여 많은 한국인이 고등교육을 받게 된 것이다. 이승만 대통령의 '국가 발전을 위해서는 인재 육성이 선결되어야 한다.'는 강한 신념이 이룬 성과이다.

이에 더해 이승만 대통령의 국민교육 활성화는 한국인들에게 민주주의에 입각한 '평등사상'을 구체적으로 갖게 해주었다. 그렇게 의식화된 평등사상이 한국인들에게 갖추어져 있었기에 이후에 전개된 새마을운동이 성공할 수 있었다. 새마을운동의 성공으로 어느 정도 의식주 문제가 해결되자 경제 발전과정에 희생된 정치 민주화를 원하게 되었으며, 결국은 정치 민주화까지 이룩하게 된 것이다. 이승만 대통령의 국민교육 활성화가 한국인들에게 구체적으로 민주주의식에 입각한 평등사상을 갖게 해주었다. 그랬기에 새마을운동의 성공과 정치 민주화가 가능했다는 견해이다.

이승만 대통령은 한국을 진정한 민주국가로 건설하기 위해 평생 혼신의 노력을 다했다. 그런데도 말년에 수하들의 민주주의에 반하는 부정을 차단하지 못해 아주 작은 흠이지만 오점을 남겼다. 그렇지만 다음은 분명한 사실이다. 그는 민주주의 국가를 건설하기에는 덜 성숙한 국민적 기반 위에 대한민국이라는 민주주의 이념을 가진 나라를 세웠다. 그리고 이를 공산주의 침략으로부터 지켜냈다. 오늘날까지 한반도에서 전쟁을 억제하고 한국이 경제개발에 매진할 수 있게 해준 「한미상호방위조약」을 미국과 동등한 자격으로 체결할 수 있도록 주도했다. 미국에 군사원조를 요구하여 대한민국을 70만 병력의 군사 강국으로 성장시켰다. 토지개혁을 통해 오늘날 한국인들의 기본정신인 근검절약 정신을 갖게 하는 계기도 마련해 주었다. 또한, 교육을 통해 국민들을 개화시키고 평등의식이 보편화된 민주주의자로 육성하였다.

그렇게 이승만 대통령은 대한민국 건국 후 전쟁과 전쟁이 남기고 간 폐허 위에서 국가 번영의 기반을 튼튼히 구축함으로써 1960년대 박정희 대통령이 성공적으로 나라를 근대화시키는 데 결정적인 역할을 했다. 가난과 무지, 봉건적 잔재 등 국가 발전에 저해 요소들을 극복하기 위한 이승만 대통령의 기초 작업이 있었기에 박정희 대통령의 경제건설이 성공할 수 있었던 것이다. 전쟁의 폐허 위에서도 고등교육을 받은 인적 자원을 충분히 육성해 놓았고 경제 건설에 요구되는 기반 구축을 해놓았기 때문에 박정희 대통령의 국가 발전계획들이 성공을 거둘 수 있었다는 논리이다.

한국의 경제발전을 견인한 박정희 대통령의 리더십

이승만 대통령이 한국 번영의 기반을 구축해놓았다면, 그 기반 위에서 번영을 일군 것은 박정희 대통령이다. 한국이 박 대통령과 같은 위대한 국가지도자를 갖게 된 것은 천만다행한 일이다. 그의 리더십이 있었기에 세상 사람들이 부러워하는 오늘 한국의 번영을 이룩할 수 있었기 때문이다. 1950년 이승만 정부에서 실시한 토지개혁은 사회의 전반적인 빈곤 상태를 벗어나게 하지는 못했다. 그러나 토지개혁 결과 형성된 평등화된 사회적 환경은 사람들에게 근대화에 대한 집합적 열정을 불러일으키기에 충분했다. 한국인의 강한 애국심과 소유욕은 범국가적 차원의 '잘살아 보세!'라는 구호 앞에서 빈곤과 궁핍에서 탈피하고 싶은 한국인들의 집합적 의지에 꿈을 갖게 해주었다. 6·25 한국전쟁 이후 절대다수의 인구가 농민이었다. 그러한 여건에서 교육을 통해 산업화 이전에 근대화가 이루어짐으로써 사회의 도시화가 급속히 진행되었다. 월남민과 이농민들로 도시 인구는 급증하기 시작했다. 산업화가 이루어지지 않아 소수의 중간층을 제외하고는 도시민들 대다수가 빈민층이었다. 이승만 정부에 의해 고등학교 이상의 고급인력 양성학교가 10배 가까이 증가했다. 균등한 교육 기회의 부여는 광범위한 학생 및 엘리트층의 형성을 가져왔다. 그들에게 현실은 심한 생활고와 불안정한 미래 이외에 어떠한 희망도 제공해주지 못했다.

국민 1인당 소득이 76불이었던 1960년대 초 한국은 정부 1

년 예산의 80%를 미국의 지원으로 살았다. 춘궁기가 되면 굶어 죽는 사람이 흔하게 발생했다. 이는 뉴스거리조차 되지 않던 나라였다. 1960.4.19일 학생혁명으로 민주당 과도정부가 들어섰다. 사람들은 같은 동류끼리 패거리 지어 길거리로 몰려나와 자기들의 권익만을 주장했다. 데모만 하는 국가가 되었다. 사회는 극도로 혼란스러워졌다. 밤이면 마음 놓고 밖을 나다닐 수가 없을 정도로 무법이 판을 치는 세상이었다. 광화문에서 데모하는 모습을 북한에서 라디오로 생중계하는 현장 실황을 남한에서도 들을 수 있을 정도였다. 많은 남파 간첩들이 사회 곳곳에 포진해 있었다. 나라의 안보가 풍전등화와 같은 위태로운 상황이었다. 김일성이 그의 자서전에 당시 남침하지 못한 것을 후회한다고 했을 정도이다. 당시는 굶어 죽지 않으면 한국 사회가 공산화되기 일촉즉발의 위험한 상황이었다. 누구라도 힘이 있는 사람이라면 나라를 구하기 위해 결단을 해야 하는 절체절명의 위기 상황이었다. 그러한 상황에서 당시 박정희 장군이 군사혁명을 일으켰다. 정권을 잡은 그는 국가 지도자로서 빈곤과 실의, 불만이 쌓인 한국인들에게 번영된 국가 미래의 비전을 제시했다. 그들에게 희망과 꿈을 심어주고 국가 발전을 위한 대대적인 개조작업에 착수했다. 그에게는 100년 앞을 내다보는 안목과 지혜, 신념이 있었다. 그러한 신념을 바탕으로 냉철한 판단력과 결단력, 그리고 추진력을 발휘하여 오늘의 한국을 건설하는 데 기반을 구축했다.

박정희 대통령의 업적 중의 하나는 실의에 빠진 한국인들에게 '잘사는 미래 한국의 모습'을 제시하고 그 방향으로 유도했다는 것이다. 당시 경제의 주체는 가족 단위의 농어촌 구성원들이었다. 그들에게 그의 진솔하면서도 강력한 리더십은 '나도 교육받고 기술을 배워 열심히 일하면 가난에서 벗어날 수 있다.'는 희망과 주인의식을 갖게 해주었다. 그는 국민들에게 '정부 시책을 따르면 보상해주겠다.'는 약속을 지켰다. 이는 국가시책에 신뢰를 갖게 해주었고 국민들의 적극적인 동참을 견인했다. 그렇게 함으로써 '근면·자조·협동 정신'을 기반으로 하는 범국민적 지역사회 개발 운동인 '새마을운동'이 성공하게 된 것이다. 그는 물심양면으로 국가 발전에 기반을 조성했다. 수출을 주도한 기업가들에게도 성과에 상응하는 국가 차원의 보상을 해 주었다. 자발적인 기술개발과 국가 발전에 동력의 역할을 유도했다. 무엇보다도 사회 다양한 분야의 리더들에게 당시 남북이 첨예하게 대치하고 있는 각박한 여건하에서도 발전된 미래를 구상하게 하였다는 것은 진정 큰 공로라 아니 할 수 없다.

경제개발을 위해서는 사회 기반 구조가 이루어져 있어야 한다. 먼저 산업 발전에 기반이 되는 도로·항만·철도· 통신·전력·수도 등 공공시설이 구축되어야 한다. 이를 위해 박 대통령은 1966년 한국 최초로 전국차원의 「대국토건설계획」을 수립하여 자립경제를 위한 기반 구축과 산업구조의 근대화를 추진하였다. 주택 100만 호 건설, 4대 하천 종합개발, 서·남해 10개 항 건설, 서울을 중심으로 한 인천, 강릉, 목포, 부산을 잇는 고속도로와 동·남·서해를 잇는 철도건설계획 등을 포함하고 있다. 먼저 경부고속도로를 건설했다. 성장거점 개발방식과 권역별 개발방식을 채용해서 울산·구미 등 대규모 공업단지 개발을 추진하여 국민총생산 규모를 확대하였다. 생산성 향상을 위한 대도시와 지역 및 산업 중심지를 연계하는 교통 통신망과 에너지 공급망 확충도 추진했다. 그러한 계획이 1970년대의 국토종합개발계획으로 발전하게 된다. 산업기반의 구축과 교통통신망 정비확충, 도시개발, 생활환경 개선, 수자원개발 등이 국가 주도하에 국토보전에 역점을 두고 추진되는 계기가 마련되었다. 그러한 노력의 결과로서 역사에 길이 남을 치산치수(治山治水)에 성공한 것이다. 오늘날 한국인들이 경제발전 이상의 풍요롭고 아름다운 생활환경을 가질 수 있게 된 배경이다.

'박정희 대통령' 하면 사람들은 무엇보다도 '새마을운동'을 떠올린다. 새마을운동은 1960년대 초 도시 중심의 경제개발에 이어 농촌의 소득을 도시 수준으로 끌어올리기 위해 추진한 '농촌 현대화 운동'이다. 새마을운동은 조선시대 향약에 기반하여 민중이 중심이 되어, 1960년대 말 농한기를 이용한 단순한 농로 넓히기와 가마니 짜기, 지붕개량, 산림녹화 사업 등 '농가 소득 증대사업'에서 시작되었다. 그러나 이는 당시 한국 인구의 거의 80% 정도가 농민이었음을 감안할 때 거의 모든 국민이 참여한 운동이다. 새마을운동의 진정한 성과는 한국인의 잠재력을 일깨워 자신감을 안겨 주었다는 것이다. 새마을운동은 한국인들을 배부르게 먹지도 못하고 새벽부터 손이 부르트도록 일하게 하였다. 그런데도 유사 이래 처음으로 한국인들에게 '우리도 하면 된다.'는 자신감을 느끼게 해주었다는 데 큰 의미가 있다. 내일은 잘 살 수 있다는 희망과 꿈을 갖게 해주어 삶의 의욕을 충만하게 해주었다. 모두가 즐거워하고 행복하게 해주었다. 새마을운동은 한국인들의 강한 공동체 의식을 기반으로 협동과 자발적 참여, 경쟁심을 유발하는 의식개혁 운동과 소득증대 운동을 병행 추진하여 성공한 운동이다. 다음은 새마을운동의 성공과정이다.

정부는 새마을운동을 추진하는 과정에 마을에 지원한 물자는 마을 공동사업에만 쓰도록 제한했다. 사용은 주민 스스로 사업의 종류를 선택하도록 하였다. 성과가 있는 마을에만 다시 지원하는 '자조(自助)의 원칙'을 고수했다. 마을 간의 경쟁적 참여를 유도했다. 한국인의 경쟁 심리를 일깨워줬다. 농촌 마을 사람들의 의식이 바뀌게 유도했다. 당시 정부는 1971~78년간 5,519억 원을 투자해 1조 9,992억 원의 성과를 냈다고 추정하고 있다. 85,000㎞의 농로가 건설돼 트랙터가 들어가게 되었다. 정부의 지원이 거의 필요 없는 자립·자조 마을이 5년 사이 90%에 육박했다. 농한기에는 새마을사업에 집중하도록 유도했다. 음주와 도박 풍조가 사라졌다. 마을마다 '잘살아보자!'는 열망이 강하도록 유도하였다. 그래서 사람들에게 열심히 일하면 잘 살 수 있다는 희망을 품게 해주었다. 이처럼 새마을운동은 경제개혁 운동인 동시에 정신 개혁운동이었다. 새마을운동으로 농촌 경제는 활기를 찾았다. 경부고속도로가 개통되면서 물류 수송이 빨라졌다. 국가 경제가 부흥하기 시작했다. 이런 새마을운동과 경제개발 5개년계획이 시발점이 되어 오늘날 '한강의 기적'이 이루어진 것이다. 민둥산에 대한 산림녹화사업이 성공적으로 이루어졌다. 해마다 겪어야 했던 가뭄과 수해를 극복하게 되었다. 이제는 오히려 울창한 산림 국가가 되어 정부에서 돈을 들여 간벌 작업을 하는 실정이다.

오늘 한국의 번영은 박 대통령의 업적이 있었기에 가능했다는 것은 세계가 인정하는 사실이다. 그 일례로 1993년에 중국에서 『박정희』란 중국어판 박정희 전 대통령전기가 베스트셀러로서 당정 고위 간부들의 연수용 교재로 사용될 정도로 대접받았다고 한다.55 당정 고위 간부들이 박 대통령의 탁월한 리더십을 배웠다는 말이다. 당시 중국인들은 박정희 대통령을 중국 천하를 통일했던 진시황에 비유하며 높이 평가했다고 한다. 이제 박정희 대통령의 공과(功過)를 올바르게 평가할 때가 되었다. 언제까지 군사혁명을 통해 정권을 잡고 유신헌법을 만들어 장기 집권을 했다는 실책만을 가지고 그의 위대한 업적을 인정하지 않을 것인가? 아직도 한국에는 그를 독재자라고 헐뜯으며 그의 공과 업적을 깎아내리려 애쓰는 사람들이 있다. 그 정권 시절 피해를 본 사람들일수록 그 정도가 심하다. 당연하다. 그러나 이제는 선진 시민답게 인정할 것을 인정할 때가 되었다. 1960년대 초 필리핀과 북한, 말레이시아, 태국, 파키스탄 등은 당시 한국보다 몇 배 더 잘 살던 나라들이다. 지금 그 나라들을 한국과 비교할 때 어떠한가? 필자는 공직에 있으면서 동남아 국가들을 방문할 기회가 있었다. 그들은 '한국은 훌륭한 국가지도자를 갖게 된 덕분에 자기 나라와 비교가 안 될 정도로 발전했다.'고 말하며 한국을 진정 부러워했다.

박 대통령의 탁월한 리더십은 한국인들에게 '나도 할 수 있다.'는 신념을 갖게 해주었다. 희망과 꿈을 심어 주어 행복하게 해주었다. 결과론적으로 평가하면, 그는 오늘의 한국인들에게 우리도 최선을 다하면 세계 최고가 될 수 있다는 자신감을 갖게 해주었다. 또한, 한국인들의 주변성과 경쟁 심리에 불을 붙여서 오늘 한국의 경제적 번영을 유도하는 데 결정적 역할을 했다. 그는 이승만 대통령이 국가발전을 위해 닦아놓은 기반 위에 기적 같은 경제성장을 이루어 대한민국의 국가적 위상을 세계적으로 유례가 없을 정도로 높이는 업적을 남겼다.

박정희 대통령은 '하면 된다.'는 박정희 정신을 한국인들에게 남겨주었다. 「박정희가 없었다면 오늘의 한국은 없다. 박정희는 헌신적이었고, 개인적으로 착복하지 않았으며 열심히 일했다. 그는 국가에 일신을 바친 리더였다. (에느라 보길)」. 「제2차 세계대전 이후 인류가 이룩한 성과 가운데 가장 놀라운 기적은 바로 박정희의 위대한 지도력을 탄생한 대한민국이다. (피터 드러커)」. 「민주주의와 경제발전이 동시에 이루어지기란 사실상 어려웠다. 러시아가 이 두 가지를 동시에 추구하다가 어떤 결과를 초래했는지 다 알고 있지 않은가? 당시 박정희 대통령의 판단이 옳았다는 것을 알 수 있다. (헨리 키신저)」. 「민주화란 산업화가 끝나야 가능한 것이다. 자유라는 것은 그 나라의 수준에 맞게 제한되어야 한다. 이를 가지고 박정희를 독재자라고 매도하는 것은 말이 되지 않는다. (앨빈 토플러)」. 「한국이 불과 한 세대 안에 가난을 극복하고 세계 유수의 산업국가가 된 것은 20세기를 통틀어 가장 충격적이고 놀라운 일이었다. (로렌스 서머스)」.
「박정희 대통령은 자신의 정력을 오로지 일하는 데만 집중하고
평가는 역사에 맡겼다. 만약 박 대통령이 눈앞의 현실에만 집중
했다면 오늘의 대한민국은 존재하지 않았을 것이다. (리콴유)」.
20세기 명사들의 박 대통령에 대한 평가이다.

환경적/사회적 여건

한반도의 지정학적 여건, 그에 따른 남·북한의 분단과 대립,
국민 의무병역제도 역시 오늘날 한국의 번영에 기초가 되는 경
제발전에 기여한 주요 요인들이라 할 수 있다. 과거 냉전체제는
한국과 북한이 동·서 양 진영의 최전방에서 서로 첨예하게 대립
하는 구도를 제공하였다. 그러한 냉전 상황은 미국의 정치·군사
적 지원과 일본의 기술·자본 등 경제적 유입을 유도하였다. 결
과론적으로 보면 한국은 한반도의 지정학적 여건에 의해 한미상
호방위조약 체결이 가능하게 되었다. 또한, 북한의 지속적인 도
발은 국민들을 항상 긴장시켜 정신이완을 예방하고 열심히 일하
게 해주었다. 그에 더해 「국민개병제」의 국민 의무병역제도는
국가 발전을 주도할 대한민국의 젊은이들에게 올바른 교육의 장
을 제공해 주었다. 그들에게 국가안보의 중요성과 건전하고 성
실한 삶이 요구되는 선진 민주시민이 구비해야 할 높은 사회성
을 부여해 주었다. 한국 사회를 빠르게 선진 사회화해주었고, 지
금도 해주고 있다.

국민의 생존 안전을 보장해 준 한미 상호안보동맹

한미 상호안보동맹은 오늘날 한국의 경제성장을 가능하게 해 준 주요 요인 중의 하나이다. 한국은 1950년 6·25 한국전쟁 기간에 군사력 부족을 이유로 한국군에 대한 작전통제권을 UN군 사령관에게 이양했다. 전쟁 종료 후에는 북한의 군사 위협에 대처하기 위한 대안으로 1953.10.1일 미국과 한미 안보동맹을 체결하였다. 이는 이승만 대통령의 탁월한 국제정치학적 식견에 의해 성사된 결과이다. 이후 한미 상호안보동맹은 계속되는 북한의 군사도발 위협에 미국의 한국 안보에 대한 확고한 지원 보장 역할을 충실히 수행해 주었다. 1960년대 초 한국의 경제력 및 군사력은 북한보다 훨씬 열세였다. 그러한 상황에서도 한국은 한미 상호안보동맹이 있어 「선(先) 경제발전 후(後) 군사력 건설 전략」을 구사할 수 있었다. 안보를 미국에 의존할 수 있었기에 범국가적 차원에서 경제 발전을 위해 총력을 기울일 수 있었다.

이제 한국이 세계 10위권의 경제 대국으로 부상하면서 「한미 상호방위조약」에 대한 비판도 일고 있다. 주한미군의 계속 주둔과 작전통제권의 미환수가 '북한의 군사모험주의에 대한 한국군의 억제정책에 신뢰성을 저하하고 있다. 외부의 군사 위협이나 테러에 단호하게 대처하지 못하게 하는 패배주의와 수동주의를 배태시켰다.'는 비판이다.56 그런데도 우리는 오늘날 한국의 경제발전에 한미 상호안보동맹이 결정적 역할을 하였다는 평가에 대해서는 인정해야 한다.

2022년은 한미동맹 69주년이 되는 해였다. 이제 2023년이 되어 한미동맹은 고희를 맞게 되었다. 돌이켜보면 숱한 시련과 영광 그리고 기쁨과 좌절을 겪어왔다. 한미동맹은 6·25 한국전쟁 이후 북한의 재침을 막아 주었다. 한국을 세계 10위의 경제대국으로 성장시키는 데 기여했다는 것은 분명한 사실이다. 한국은 제2차 세계대전 이후 미국이 길러낸 최고의 「안보·경제 우등생」으로서 미국 자존심의 상징처럼 되어 왔다. 그에 대해 한국인들은 미국에 대해 무한한 감사와 고마움을 느낀다. 그런데도 지난 2,000년을 전후해서 한국 사회 일각에서는 반미(反美) 구호가 도를 넘어 동맹의 근간이 흔들릴 정도였다. 「미군 장갑차에 의한 여중생 사망사건」과 「미국산 쇠고기 수입 반대 반미촛불시위」가 서울 한복판에서 연일 일어났다. 반미시위에 대해 미국에서도 거센 비판이 일기 시작했다. 이제 시간이 흘러 양측 모두 이성을 되찾았다. 지혜를 모아 상생의 길을 찾게 됨으로써 한미동맹이 오늘과 같이 회갑을 넘기고 고희를 맞이하게 된 것이다.

한미동맹은 처음부터 순조롭지만은 않았다. 미국이 한국과의 동맹을 맺으려 하지 않았기 때문이다. 한국은 동맹을 요구했지만, 미국은 동맹에 부정적이었다. '미국은 제퍼슨 대통령 이래 어떤 국가와도 동맹을 맺지 않았다.'는 이유에서였다. 국제정치학 전공의 당시 이승만 대통령은 한국이 살길은 미국과의 동맹뿐이라고 생각했던 것 같다. 미국은 한국전쟁 기간 중 한국의 반대에도 불구하고 휴전을 강행하려 했다. 이때 이승만 대통령은 미국에 대해 전후 안전보장을 위한 한미동맹과 경제건설, 그리고 한국군 증강을 요구했다. 전쟁의 막바지에서 한국에 남은 유산은 '희망이 보이지 않는 남북 분단과 폐허가 된 국토'뿐이었다. 그러한 상황에서 이승만 대통령은 '미국과의 동맹을 맺어 안보를 보장받고, 경제적 도움을 받아 전후 복구를 통해 살아가는 방법'만이 한국이 살 수 있는 유일한 방법이라고 생각했다. 하지만 미국은 원하지 않았다. 이승만 대통령은 마지막 승부수로 「반공포로석방」을 단행하며 미국을 압박했다. 미국은 그 보복으로 이승만 제거계획까지 수립했었다. 그러한 어려운 과정을 거쳐서 「한미상호방위조약」이 성사된 것이다. 이승만 대통령은 한국을 미국과 동등한 입장에서 미국을 상대로 한미동맹을 일궈냈다. 한국은 1948년 건국이 되었으나 자력으로 군대를 무장할 만한 경제적 능력이 없었다. 그래서 당시 이승만 대통령은 한국의 방위를 안전하게 하기 위해서는 연합국방의 방법밖에 없다는 인식을 가지고 있었다. 그러한 이승만 대통령의 구상이 1953년에서야 한미 안보동맹으로 현실화되었다.

한미동맹의 법적 근간인 「한미상호방위조약」은 초기에 매우 취약했다. 어느 일방이 파기를 통고하면 1년 후에 자동 폐기되게 되어 있었다. 한미동맹은 마치 살아 있는 나무처럼 성장했다. 이승만과 아이젠하워 대통령이 한미동맹을 성사했다면, 박정희 대통령은 한미동맹을 공고히 만들었다. 국군의 베트남전 파병 결정은 미국과 비교적 대등한 입장에서 한미동맹의 법적인 취약점을 제도적으로 보완하는 데 결정적 역할을 담당했다. 지난 70

여 년 가까이 한미동맹이 주한미군 철수와 반미운동과 같은 위기를 극복할 수 있었던 것은 이러한 제도적 보완책 때문이었다. 국군이 베트남 전선에서 싸우고 있을 때인 1968년에 「한미연례안보협의회의(SCM)」가 시작되었다. 1976년에는 「한미 연합연습」이 시작되었다. 1978년에는 「한미연합군사령부」가 창설되었다. 제도적 보완책의 실례들이다. 1968년 청와대 기습사건과 1976년 판문점 도끼만행사건 등 북한의 도발도 한미동맹을 제도적으로 보완하도록 유도하는 데 크게 한몫했다.

연례안보협의회의를 통해 매년 한미 국방부 장관은 북한의 위협을 분석하고 그에 대한 대응책을 폭넓게 강구하는 회동을 해왔다. 세계 어떤 동맹국에서도 볼 수 없는 일이다. 한미 양국은 적의 위협을 매년 분석하고 여기에 적극적으로 대처해온 것이다.57 한미연합사와 한미 연합연습은 전시 지휘체계와 한미합동연습을 통해 북한의 전면 기습전에 대비해왔다. 2013년 북한의 3차 핵실험 이후 계속해온 '핵 공갈과 협박'에도 불구하고 한국 국민들은 흔들리지 않고 생업에 종사해왔다. 한미 안보동맹의 역할을 믿기 때문이다. 이승만 대통령의 국제정치학적 선견지명이 일궈낸 결과이다. 한미 상호안보동맹은 한국과 미국 그리고 세계가 인정하는 최고의 국가 간 동맹이다. 오늘날 한국 국민들의 생존과 경제적 번영에 크게 기여했다. 지난 70년 가까이 북한의 끊임없는 도발을 무력화하여 동북아 안정에 크게 기여해왔다. 이는 누구도 부인할 수 없는 사실이다.

남·북한의 첨예한 대립

세계 제2차 대전이 끝난 후 미국의 투르먼 대통령은 미래 세계 비전을 제시했다. 유럽과 일본의 재건, 민주주의 확산을 통해 소련에 대항하는 동맹을 형성하여 '소련을 봉쇄하는 대전략'이 그것이다. 『대소련 봉쇄전략』은 이후 45년간 미국 국가전략의 핵심이 되어 미국의 정치, 경제, 군사, 외교 등 모든 분야를 선도하는 전략이 되었다.58 미국의 대외정책 핵심은 '공산주의 국가인 소련의 팽창에 맞서 유럽을 지켜내는 것'이었다. 미국은 「대소련 봉쇄정책(Containment Policy)」을 수립하는 과정에서 한반도에서 소련과 맞서 전면전을 벌일 생각을 하지 않았다. 미국은 육군보다 해·공군이 강하다. 아시아 대륙이나 대륙과 연결된 한반도에서 공산 세력과 전면전을 벌이기에는 적합하지 않다고 생각했기 때문이다. 당시 미 합동참모본부의 도서 방위전략은 「극동 방어선」이라 불리는 '알류샨 열도-일본-오키나와-필리핀을 연결하는 선'에서 방어하겠다는 구상이었다. 미국의 입장에서 한국은 이 방위선 밖에 위치한다. 해방 이후 남한에 주둔해 있던 주한미군은 1948.8월 이후 철수의 수순을 밟게 된다. 1950.1.12일 애치슨(D. Acheson) 미 국무장관은 한국이 미국의 「극동 방어선」에서 제외되었음을 공표했다. 그 해 6·25 한국전쟁이 발발했다. 한국이 미국의 『대소련 봉쇄전략』의 연결선 내에서 제외된 것이 북한 김일성의 한반도 공산화 통일 야욕에 빌미를 제공한 것이다. 전쟁 후 한미 상호안보동맹이 체결됨으로써 한국은 미국의 대소련 봉쇄를 위한 동북아의 최전선에 위치하게 되었다. 이처럼 한반도의 지정학적 특수성은 20세기에 들어와서 한반도를 강대국 간의 세력 다툼의 장으로 만들었다. 일제의 식민 지배를 받게 했다. 동족상잔의 6·25 한국전쟁을 겪게도 했다. 전후에는 미국과 일본의 지원을 끌어내는 역할까지도 한 것이다.

2012년 한국의 국방백서에 의하면 1953년 정전협정 이후 2012년까지 북한의 대한국 침투 도발은 총 1,959건에 달한다. 그중 절반 이상에 해당하는 1,011건이 1960년대에 집중돼 있다. 1968.1.21일 청와대 기습 사건과 울진·삼척 무장 공비 침투 사건 등이 대표적 침투 도발 사례들이다. 1970년대에 들어와 북한의 침투·국지 도발 건수는 현저하게 감소했다. 반면에 남침용 땅굴 굴착과 서해 북방한계선 침범 등 강도 높은 도발은 계속됐다. 1980·90년대에는 다소 줄어드는 듯하다가 2000년대 이후 다시 늘어나는 추세였다. 특히 2010.3월의 북한 잠수정에 의한 「천안함 폭침사건」과 11월의 「연평도 포격 사건」은 초유의 고강도 도발 사건이었다. 더욱이 최근 들어 북한의 도발과 협박은 때로는 전쟁도 불사하겠다는 듯이 보였다. 국제사회의 우려와 만류에도 불구하고 북한은 2006.10월, 2009.4월, 2013.2월에 1, 2, 3차 핵실험을 강행했다. 북한은 핵실험 도발 관련 한국 합참의장의 '선제타격' 발언에 대해 '정전협정 백지화, 남·북 간 불가침 합의 전면 무효화, 전시 상황 돌입 선언 등' 선전포고에 준하는 공갈을 서슴지 않았다. 그렇게 6·25 한국전쟁 이후 현재까지 북한은 끊임없이 한국에 대해 도발을 감행해왔다.

한국인들은 지난 70년 동안 평균 1주일에 한 번 이상 북한의 국지 무력도발이나 간첩 등을 통한 침투 도발을 겪어왔다. 긴장의 끈을 놓을 수가 없이 살아온 것이다. 북한은 한국인들에게 '나 자신의 이익보다 나를 지켜줄 국가를 먼저 생각할 수밖에 없는 분위기'를 만들어 주었다. '국가를 위해서'라는 대의(大義) 앞에 누구도 거역할 수 없는 분위기를 만드는 역할을 해 주었다. 이는 결과적으로 한국에 사회적 이완을 허용하지 않았다. 한국인들의 한눈을 팔지 못하게 했다. 한국인들에게 정부의 올바른 정책에 집중하도록 유도했다. 잘 살아야 하는 이유를 알게 해주었다. 항상 당하기만 하고 쫓기기만 하는 현실에서 벗어나고 싶은 강한 충동을 일으키게도 해 주었다. 자주국방을 위해서는 나라가 부자가 되어야 한다는 것을 일깨워 주기도 했다. 나의 발전이 국가의 발전에 근본임을 알게도 해 주었다. 남·북한의 첨예한 대립 역시 한국 경제발전의 기본요소 중에 하나라 할 수 있는 한국인들을 열심히 일하는 성실한 국민으로 만들어 준 것이다.

국민 의무병역제도

국가 방위를 위한 국민 의무병역제도 역시 오늘날 한국의 번영과 발전에 크게 기여해왔다. 사회 진출을 앞둔 한국인의 거의 50%(남성)에 해당하는 젊은이들에게 민주시민 의식을 갖게 해줌으로써 오늘의 밝고 정의로운 한국 사회를 구축하는 데 크게 기여해오고 있다는 견해이다. 최근 한국인들의 높은 선진시민의식이 세계 언론들에 게재되면서 해외의 유명한 언론매체들이 한국인의 시민의식을 확인하려는 시도들이 종종 있어왔다. 그러한 시도 덕분에 최근 한국인들의 선진 시민의식은 실제 한국 사회에서 사회실험을 통해 입증되면서 널리 알려져 왔다. 현재 전 세계 26개국에서 모든 국민이 병역의무를 지는 「국민개병제」에 기반을 둔 징병제도를 운영하고 있다. 징병제하에서 병역은 국민의 의무로 취급된다. 국방의 개인적 부담과 공헌을 요구한다. 국민개병제는 막대한 훈련비용의 소요, 전문 인력 확보의 어려움, 개인의 자유 침해 가능성, 젊은 인력의 학습 연속성 저해, 그에 따른 국가산업에 악영향 등 여러 단점이 지적되기도 한다.

한국에서 청년 연령기준은 19세 이상 34세 이하로 청년기본법에 명시되어 있다. 입대 연령은 18세 이상 28세 이하이다. 중졸 이상의 학력에 1~3급 신체 평가를 받은 현역병 입영 대상자는 매달 인터넷으로 육군과 해군, 해병대 현역병을 지원 신청할 수 있다. 그렇게 한국에서 젊은 남성들은 청년이 되기 전 군대에 입대하여 군별 정해진 기간(육군 24, 해군 26, 공군 27개월) 동안 의무복무를 마치고 청년이 되어 사회에 복귀한다. 나이 든 한국 남성들의 대화 의제에 빠지지 않는 것이 군대 생활 경험담이다. 그만큼 청년으로 성장하는 젊은 나이에 군대조직에서 겪은 체험들이 사람들의 삶에 엄청난 영향을 주고 있음을 알 수 있다.

오랜 인류의 역사 속에서 조국이나 동족을 위한 자기희생은 사람들에게 항상 소중한 가치로서 인식되어 왔다. 한국을 방문한 외국의 국빈들이 첫 방문지로서 서울 국립묘지를 찾아가 경의를 표하는 것만 보아도 알 수 있다. 그렇게 보편화된 가치관에 의해 한국에서 젊은 남성들의 병역의무 이행은 국가를 위해 마땅히 져야 하는 최소한의 자기희생으로 인식되어 왔다. 그런데도 한국 사람들에게 '군대에 가더니 사람이 되어 돌아왔다.'는 말은 누구나가 공감하는 말이다. 이는 한국의 징병제도가 젊은 남성들에게 효과적인 인격도야 과정임을 광범위하게 인정받아 왔음을 의미한다. 군대에 입대하면 모두가 평등한 조건에서 군대라는 특수한 조직사회에 하나의 구성원으로서 담당해야 할 역할을 수행하면서 살아가는 방법을 배우게 된다. 군이라는 조직에 시대적 요구에 부합하는 조직문화 창달을 위해 조직 구성원에게 요구하는 기본적인 사회성을 배우는 것이다. 조직 구성원으로서 지켜야 할 기본적인 말과 행동, 동료와 상관에게 지켜야 할 기본 예의는 물론 선배나 상관들의 언행을 보고 옳고 그름을 체험하면서 평가하고 귀감으로 삼기도 한다. 자연스럽게 사회의 일원으로서 구비해야 할 지성을 익히게 되는 기회를 얻게 된다.

군에는 구성원의 의사와 무관하게 군 조직이 지향하는 바와 목표 달성을 위해 준수해야 할 규범과 절차가 정립되어 있다. 군대에서 개인은 행동이 자유롭지 못하며 욕구에 의한 언행들은 크게 제한받는다. 그래서 사회에서 부족할 것이 없이 귀하게 자란 젊은이들은 군 생활을 힘들어하고 어려워한다. 그러한 이유에서 항상 자기에게 가해진 제한에 항거하려는 감성적 자신과 어려움을 이겨내야 한다는 이성적 자신이 투쟁하게 되어 있다.

치열한 자신과의 투쟁에서 낙오하지 않고 제대할 때쯤이 되면 자신의 모난 생각들과 언행들이 순화되어 훌륭한 선진 시민의 소양을 구비한 사회인으로서 성장하게 된다. 그렇게 짧다면 짧은 2년여 기간의 군 생활을 마친 젊은이들은 선진 한국 사회의 진정한 민주시민으로 태어난다. 명예로운 제대는 10대의 방황과 사회질서에 대한 저항에 마침표를 찍게 해준다. 조직화한 시민사회 속에서 성숙한 인격체로서 협조하고 당연히 수행해야 할 역할을 담당하게 해준다. 자신의 가족부양을 책임지는 남성이 되었음을 확인시켜 주는 확인서 같은 역할을 해왔다.

군대 사회에서는 사람들의 출신성분, 빈부격차, 학벌 등과 무관하게 군대 내의 위계질서에 의해 재편된다. 군대 내에서 국가방위 임무 수행은 개인의 희생을 강력하게 요구한다. 군 자체의 일정한 위계질서와 탈사회적 평등함이 유지된다. 이는 구성원들에게 자신의 존재에 대해 객관적으로 성찰해 볼 수 있는 계기를 제공해 준다. 개인적 이해가 결부되어 있지 않은 조직 내 동료들과 독특한 연대감을 형성할 기회도 제공해 준다. 집중적이고 힘든 훈련을 함께 극복하는 과정에서 자신의 능력적 한계에 대한 경험과 동료들과 형성된 연대감은 새로운 차원의 가치관을 갖게도 해준다. 자기 존재가 자기가 생각해온 것같이 대단하지 않음도 인식하게 해준다. 자기의 위치에서 자기가 지켜야 할 책임과 의무도 알게 해준다. 조직 내에 고귀한 전우 의식도 갖게 해준다. 선진 자유 민주사회가 요구하는 인격체로 성장시켜주는 역할을 해주는 것이다.

현재 한국은 「국민개병제」를 기본으로 직업군인제와 모병제를 혼합한 병역제도를 운용하고 있다. 어떠한 병역제도이든 군대 사회의 특성상 인생관이 정립되어가는 과정에 있는 젊은이들에게는 인격도야의 기회가 될 수밖에 없다. 군인으로서의 자신에게 부여된 임무를 책임지고 수행하는 과정에서 사람이 사는 사회에 하나의 올바른 독립된 인격체로 성장하게 해준다. 군에 입대하기 전 미숙했던 젊은이는 전역 후 성숙한 시민이 되어 사회에 복귀하게 된다.

　한국군은 1948.8.15일 창설되었다. 사회가 발전해오면서 병영문화 역시 시대의 흐름에 따라 발전해왔다. 어느 문화이든 그 사회 저변에 면면히 흐르는 사상과 철학, 가치관에 영향을 받아 형성된다. 한국군의 병영문화 역시 창설 초기부터 한국 사회에 유교적 이념과 생활 습관들이 몸에 체질화된 직업 군인들에 의해 형성되어 대를 이어 지금까지 면면히 이어져 내려오고 있다. 한국 사회의 유교적 이념과 생활 습관은 특별한 것이 아니다. 사

람이 지켜야 할 대의 및 도리, 절도 있는 삶의 조건, 화목한 인간관계 유지 방법 등 사람들이 사회생활에서 그 구성원으로서 준수해야 할 내용들이다. 개인의 사회성 증진에 기초가 되는 삶의 지침들인 것이다. 자연스럽게 한국군의 병영문화가 유교적 이념에 기초하여 형성되어서 발전해온 배경이다. 그 결과 한국의 병영문화는 한국군 창설 이래 한국의 젊은이

들을 유교적 차원의 사회성을 증진해왔다. 더욱이 한국 사회가 선진국으로서 발전하여 한국인의 교육 및 의식 수준이 높아지면서 병영문화 역시 사회성이 높은 선진시민을 육성하는 도장으로 발전하게 되었다. 그러한 이유로, 현재「국민개병제」를 운영하는 여러 국가 중에서도 한국의 군 복무를 마치고 사회에 복귀하는 젊은이는 당연히 선진시민으로 의식이 바뀌어 복귀한다는 견해이다. 그렇게 한국의 국민 의무병역제도는 한국군 창설 초기부터 현재까지 한국의 선진사회 구축에 순기능을 담당해오고 있다.

요즈음은 대부분이 자식을 하나 아니면 둘만 낳아 키우는 사회가 되었다. 그 결과 소년 범죄와 사회의 도덕적 해이가 증가하고 있다. 젊은이들의 무기력, 소속감 상실112) 등 여러 가지 청소년 문제들이 증가하고 있다. 징병제를 폐지하거나 운영하지 않는 나라에서 흔히 나타나는 현상들이다. 한국의 국민 의무병역제도는 한국 사회에서 최근 각국에서 발생하는 청소년 문제들의 요인을 줄여주는 데 결정적 역할을 해왔다. 요즈음은 대체로 젊은이들이 제멋대로, 귀하게, 어떠한 구속도 당하지 않고, 부족한 것이 없이 자란다. 그들에게 상명하복의 위계질서가 분명한 조직의 일원으로서 삶은 자기 행동에 대한 책임감을 느끼게 해준다. 빈부귀천이 없이 사람은 누구나 평등하다는 것을 알게도 해준다. 예외가 인정되지 않는 규칙적인 생활 습관을 육성해 준다. 발전해 가는 한국 사회에 독립된 당당한 절도 있는 젊은이로 성

---

112) 젊은이들이 구속이 요구되는 직장대신 아르바이트나 선호하는 성향

장시켜 주는 역할을 해준다.

최근 한국은 전 세계가 겪고 있는 코로나 대응에서도 2022. 4.4.일 기준 성인의 96%가 두 번 이상 접종을 받았으며 특히 전 인구의 약 63%가 세 번째 접종을 받았다고 했다. 또한 당시 누적 치명률은 0.12%로 미국(1.22%), 영국(0.79%), 일본(0.44%)보다 현저히 낮은 세계 최저수준으로 밝혀졌다. CNN은 한국의 코로나19 일일 확진자 수가 급증하고 있지만 치명률이 낮으며 이는 세계 최고 수준의 백신 접종 때문이라고 보도했다. 한국인들의 높은 백신 접종률, 국가 공중보건 시스템에 대한 높은 신뢰, 국민들의 높은 보건 의식 등을 고려할 때 한국은 코로나19가 팬데믹에서 엔데믹(전염병의 풍토병화)으로 전환하는 세계 최초의 국가가 될 것이라고 세계적인 언론 매체들은 예상했다. 그렇게 한국 사회가 코로나19 팬데믹을 슬기롭게 극복하고 있는 것 역시 군 의무복무 제도에 의해 국민들이 선진시민으로 육성된 영향 탓으로 필자는 보고 있다. 한국인들의 의식 수준은 위여러 곳에서 설명한 대로 세계 최고 수준이다. 한국 남성들 대부분은 군 생활을 통해서 조직(정부)의 올바른 정책에 대해서는 적극적으로 호응하는 지성을 익혀왔다. 그 결과 한국 국민들은 정부의 정책이 올바르다고 공감을 하게 되면 정부의 정책에 적극적 참여한다. 그래서 코로나19 예방 접종을 늦게 시작했음에도 짧은 기간 동안 전 세계 어느 국가에서도 달성하지 못한 높은 접종률을 기록하게 되었던 것이다. 또한, 거리두기, 마스크 쓰기, 손 씻기 등 정부가 제시한 코로나19 극복을 위해 지켜야 할 준수사항들을 적극적으로 준수함으로써 세계에서 가장 짧은 시일 내에 코로나19 팬데믹을 극복할 수 있을 것으로 판단하게 한 것이다. 한국에서 1990년대부터 시행하여 짧은 시일 내에 정착된 정부 주도의 쓰레기 분리수거, 금연 구역 설치 운영, 공공 화장실 청결 유지 등의 범국가적 운동 역시 같은 맥락에서 그렇게 성공할 수 있었다고 생각한다.

「국민개병제」를 기반으로 하는 한국의 의무병제도 역시 오늘날 한국의 번영에 큰 역할을 담당해온 주요 요인 중의 하나이며, 미래에도 한국의 젊은이들을 성실한 인격의 선진 민주시민으로 육성할 것을 믿어 의심치 않는다.

새마을운동에 의해 형성된 강한 국민적 공감대

매슬로의 욕구 단계설을 기준으로 할 때 오늘 한국 사회의 번영은 1960~90년대 국가 경제개발 계획이 성공했기에 가능했다. 그렇게 범국가적 차원의 경제개발계획이 성공할 수 있었던 것은 정부 주도의 새마을운동에 전 국민이 적극적으로 참여하였기 때문이다. 새마을운동에 적극적으로 참여한 국민들은 새마을운동의 성과를 거두면서 '우리도 노력하는 만큼 잘 살 수 있다.'는 자신감을 느끼게 되었다. 국민들의 자신감은 곧 국민들이 경제성장을 주도하는 선순환의 핵심 요소로 작용했다. 국민들의 의식개혁 혁명을 이룬 것이다. 그 결과 국민 주도의 정치 민주화와 한류 문화 창달까지 가능했다는 견해이다.

2011.3.3일 새마을운동 조직 육성법에 의거 4.22일 「새마을의 날」이 법정기념일로 제정되었다. 이제 새마을운동은 세계적으로 알려진 범국가적 차원의 국민 의식개혁 운동이며, 국가 개조 운동이 되었다. 한국과 같이 국가 경제발전을 이루고 싶어 하는 아시아·아프리카에 개발도상국 대통령·총리·장관·국회의원들이 한국을 방문하게 되면 꼭 경기도 성남시 분당에 위치한 새마을중앙회부터 찾아간다. 2011.4월 말 기준 새마을중앙회를 들러 새마을운동을 배우고 간 개발도상국의 지도자들과 공무원들의 누적 숫자는 84개국에 5만 명 수준에 달한다고 했다.

이제 새마을운동을 수출한 지 어언 30여 년이 되었다. 새마을운동을 배워간 국가지도자들은 정말 많은 편이다. 그런데도 아직 새마을운동을 통해 한국과 유사하게라도 경제발전을 이룩했다는 뉴스는 들어본 적이 없다. 왜 한국과 같이 새마을운동을 통해서 국가 경제발전을 이룩한 나라가 나타나지 않는 것일까? 필자는 오랫동안 그 이유가 궁금했다. 이를 알고자 먼저 한국 사회에서 새마을운동이 성공한 원인을 사회적 여건에서부터 한국인의 특성까지 다각도로 분석해왔다. 성공한 원인을 알게 되면 성공하지 못하는 이유도 알 것이기 때문이다. 한국에서 새마을운동이 성공한 것은 새마을운동의 기본이념과 추진 방법이 한국인들의 성격, 습성 및 성향에 부합하였기 때문이다. 반면에 새마을운동을 시도했는데도 성공하지 못한 국가가 있다면 그 국가에는 새마을운동이 성공할 수 있는 환경이 조성되어 있지 않기 때문이라는 견해이다. 특히 국가적 차원의 사회적 여건이 적합하지 않은 것이 그 이유라고 말할 수 있다. 당시 한국은 새마을운동 추진 여건과 국민적 공감대가 형성되어 있었기 때문에 새마을운동이 성공할 수 있었던 것이다. 그에 대해 아래에서 구체적으로 서술한다.

위에서 언급했듯이 한국인들에게 새마을운동은 의식 개조 운동이기도 했다. 새마을운동을 통해 '나도 열심히 노력하면 잘 살 수 있으며, 나도 원한다면 무엇이든 할 수 있다.'는 자신감을 느끼게 해준 운동이었다. 그러기 위해서는 첫째, 국민들의 의식 및 교육 수준이 국가에서 추진하는 정책을 이해하고 같이 호흡을 맞출 수 있는 수준이 되어야 한다. 한국은 1949년부터 초등학교 6년 의무 교육정책을 시행했다. 이후 1950년대에는 범정부 차원에서 많은 학교를 설립하여 국민들에게 고등교육 기회를 부여했다. 그 결과 1948년 80% 이상이었던 문맹률이 1960년대 초에는 10여 년 만에 20% 이하까지 줄일 수 있었다. 국민들의 의식 및 교육 수준이 10년이라는 짧은 기간 내에 정부의 정책을 충분히 이해하고 그 지침에 따를 수준으로 수직으로 상승하였음을 의미한다. 새마을운동을 정부 주도하에 추진할 당시 한국인들의 의식 및 교육 수준은 국가가 제시한 계획과 혜택을 충분히 이해하는 수준이었다는 말이다.

둘째, 본인이 노력한 만큼 대가를 받을 수 있는 사회적 여건이 형성되어야 한다. 새마을운동이 성공하기 위해서는 참여하는 모든 사람에게 본인이 노력한 만큼 공평하게 혜택이 돌아가야 한다. 그러기 위해서는 사회 구성원 모두가 평등하다는 자유민주주의 시민의식의 보편화가 필요하다. 한국은 1910년 500년 이상 존속해오던 조선이 일제에 합병되었다. 식민 지배하에 36년을 살아오면서 한국 사회에 조선왕조에서 수직적으로 존재했던 사농공상의 신분제도는 철저하게 붕괴하였다. 1945년 일본으로부터 해방된 후 정치·사회적 혼란기를 거치면서 사회에 잔존해 있던 신분적 인습들은 더욱 없어져 갔다. 6.25 한국전쟁 이후 북한에서 이주해온 낯선 월남인들과 과거 서로의 신분을 모른 채 섞여 살면서 그나마 사회에 남아있던 과거의 신분적 의식은 아예 사라지게 되었다. 이에 더해 1950년대 이후 고등교육 기회가 늘어나면서 한국의 국가 이념인 민주주의 국가에 대한 이해도가 깊어지고 자유민주주의 시민의식은 더욱 높아지게 되었다. 그 결과 새마을운동이 시작된 1960년대 말 한국 사회에 특권의식은 어디에도 남아 있지 않았다. 누구나 열심히 일하면 일한 만큼 공평하게 보상받아야 한다는 인식이 국민들 모두에게 당연한 것으로 받아들여지는 수준이었다. 그 정도로 새마을운동이 시작된 1960년대 말 당시 한국인들에게는 새마을운동의 핵심 요건 중 하나인 평등사상이 강하게 의식화되어 있었다. 구성원들 간에 강한 평등의식이 있을 때 서로 간에 진정한 협동을 가능하게 한다. 반면에 특권의식이 존재하거나 평등의식이 체화되어 있지 않은 사회에서는 서로 간의 진정한 협동이 이루어지지 않는다. 구성원들의 적극적인 참여를 좌절케 한다. 각자 각자가 노력하는 만큼 대가를 보장받을 수 있다는 원칙을 무력화시키기 때문이다. 일한 만큼의 대가 보장이 안 되는 데 누가 새마을운동에 적극적으로 참여하려고 하겠는가? 당시에 '나는 이 동네 이장이니까, 나는 이 지역 공무원이니까 동네 협동 작업에 참여하지 않아도 된다.'는 식의 일부 예외 의식까지도 인정하지 않았다. 향약 지침에 의식화된 경쟁심과 비교심리가 강한 한국인들은 새마을운동에 가장 저해 요소라고 할 수 있는 예외 조항을 절대로 용납하지 않았다. 새마을운동이 성공할 수 있었던 이유 중 하나이다.

셋째, 새마을운동을 주도한 정부가 국민들에게 제시한 정책의 시행 약속을 정확하게 지켰다. 국민적 공감대 형성을 이끈 일등공신이다. 정부의 시행계획에 반신반의하던 국민들까지도 정부가 공표한 시행계획 약속을 정확하게 준수함으로써 믿음을 가지고 정부의 정책 시행에 적극적으로 참여하게 되었다. 처음에 정부는 같은 마을 사람들이 협동해서 새마을 단장에 필요한 일들을 계획하고 그대로 시행했을 경우 그에 든 시멘트, 철근 등을 마을 단위로 무상 지원하겠다고 약속했다. 그리고 계획대로 시행한 마을에는 100% 지원해주고 시행하지 않은 마을에는 지원하지 않았다. 그뿐인가? 계획대로 시행한 마을에는 지원을 더욱 확대해주었다. 그렇게 국가가 범국가적 차원의 새마을운동을 계획하고 그 계획을 시행하는 과정에 약속한 모든 보상을 분명하게 해줌으로써 국민들의 적극적인 참여를 유도하였기에 새마을운동이 성공할 수 있었다.

넷째, 새마을운동 참여 대상자들에게 동기부여가 확실했다. 새마을운동을 처음 한국 정부가 주도해서 시작할 당시 한국인들에게는 선조 대대로 내재해 있던 '나도 열심히 일해서 배불리 먹고, 좀 더 나은 삶을 살고 싶다.'는 강렬한 바람이 마음속 깊이 내재해 있었다. 위에서 여러 번 언급한 대로 한국인의 선조들 대부분은 오랫동안 너무 가난하게 제한된 농지에 농경사회를 이루어 살아왔다. 그 과정에 15세기 이후부터는 한반도에 인구수가 폭발적으로 늘어나면서 "아침 잡수셨어요?"가 어른에 대한 아침 인사일 정도로 가난한 삶을 살아야 했다. 가난한 삶이 수백 년 동안 선조 대대로 부모로부터 자식에게 전해져 내려오면서 의식주가 윤택한 삶에 대한 간절한 염원이 한국인들의 DNA로 체질화되어 있다고 필자는 생각한다. 그 대표적 사례 하나가 오늘날 한국인들의 '자기 소유의 집'에 대한 애착이다. 새마을운동을 전개할 당시 한국인들에게는 '나도 노력해서 잘 살고 싶다.'는 동기가 강렬하게 부여되어 있었다. 그러한 그들에게 국가가 국민과 한 약속을 지킴으로서 체질화되었던 동기는 강한 희망으로 전환되었다. 그렇게 새마을운동 추진에 대한 국민적 공감대가 강하게 형성되었다. 강하게 형성된 공감대를 배경으로 국민들이 새마을운동에 적극적으로 참여함으로써 한국에서 새마을운동이 성공하게 된 것이다.

한국인의 남다른 특성(K-DNA)

필자는 전 세계에서 한국이 최빈국이었던 시절 태어나 선진국 반열에 오른 2022년 오늘의 한국을 살아가고 있다. 한적한 농촌 마을에서 태어나 서울로 유학하여 고등학교를 마쳤다. 공군사관학교 2학년 시절 어린 나이에 미국의 3군 사관학교 견학을 가서 한국인의 너무 조그마한 초라한 모습을 실제 체험하기도 했다. 사관학교를 졸업하고는 조종사가 되어 남북한의 첨예한 대립 시기에 영공방위의 선봉에 근무하면서 자부심 이전에 자주국방의 필요성을 절감하기도 했다. 1980년대에는 만학의 꿈을 실현하기 위해 미국에 유학하여 공부하면서 한국인에 대한 외국인들의 부당한 처우를 몸소 체험한 바도 있다. 1990년대 이후 2000년대 중반까지 공군의 고급 장교로서 전 세계 우방국들을 공무차 방문했을 때는 성장해가는 한국의 위상을 방문국 인사들로부터 느껴보기도 했다. 한마디로 한국의 성장 과정에 애환을 누구보다도 직접 체험해 본 사람 중 하나이다. 요즈음은 한국인의 소프트파워 위력을 체험하면서 감탄과 놀라움을 금치 못하고 있다. 그에 더해 한국인은 정말 위대한 민족이라는 사실에 감사드리고 있다.

국가 경제발전의 주요 요소로서 위에서 서술한 국가 지도자의 리더십과 환경적/사회적 여건에 추가해서 본 절에서는 한국인의 남다른 특성(K-DNA)을 설명한다. 위 1부에서 서술한 한국인의 특성 중 오늘 한국의 경제적 발전을 견인했다고, 오늘 한국의 번영을 일궈냈다고 누구나가 인정하는 한국인의 궁리 능력, 주변성과 유동성, 선비정신과 애국심, 성실성과 근면성, 선공후사 정신, 민주주의 평등사상, 배움에 대한 열정, 환경 변화에 적응력, 높은 사회성, 홍익인간 심성 등을 국가 경제발전과 번영의 견인 측면에서 구체적으로 제시하였다.

한국인의 뛰어난 궁리 능력

한국인은 외국 사람들과 비교할 때 특이한 점들이 많다. 그 사례들을 몇 가지 소개한다. 한국인은 세계 누구도 무시하지 못하는 경제 대국 일본 사람들을, 그들로부터 36년간 식민 지배를 받았음에도, 아직도 '왜놈'이라고 깎아내려 부르기도 한다. 거대한 대륙과 해양 세력의 틈바구니에서 무수히 그들의 침략을 받으면서 살아왔음에도 세계에서 보기 드물게 단일 민족성을 유지하고 있다. 한국인은 암 사망률, 음주 소비량, 양주 수입률, 교통사고, 청소년 흡연율 등에서 부끄럽게도 세계 3위권을 유지하고 있다. 그런데도 국제금융기금(IMF)지원의 경제위기를 맞아서는 2년 남짓한 사이에 위기를 극복한 세계 유일한 국민이다. 대한민국의 명예가 걸린 월드컵 축구 경기에는 평소 축구 구경도 하지 않던 사람들까지 나서서 응원한다. 그러한 국민들의 성원을 배경으로 4강까지 질주하는 집중력이 강한 슬기로운 국민이다.

자원이라고는 특이한 특성을 지닌 인적 자원밖에 없다. 그런데도 한국인들은 20세기 후반에 경이적인 경제적인 성장과 정치 민주화를 이루었다. 이제 한류의 열풍으로 전 세계를 놀라게 하고 있다. 이는 한국인의 뛰어난 궁리 능력에 연유한다는 견해이다. 대한민국에 하나밖에 없는 자원으로서의 한국인은 그 규모 면에서 세계 25위로 상대적으로 적지 않다. 그렇게 적지 않은 자원으로서의 한국인의 뛰어난 궁리 능력이 오늘 한국의 경제적 발전과 번영을 일궈냈다는 말이다. 열등의식을 가진 국민은 아무 일도 하지 못 한다. 자신감이 있는 국민은 힘들어도 당당하다. 자신에게 유리한 국면을 만들려 노력한다. 여건이 되면 자신들의 꿈을 마음껏 펼치려 한다. 한국인에게 선진국이 되겠다는 꿈이 있는 한 한국인은 이를 이룰 것이다. 지금까지 한국인들이 그들의 뛰어난 궁리 능력을 보여준 것만으로도 그럴 것이라는 확신을 갖기에 충분하다.

다음은 최근에 한국인들이 그들의 뛰어난 궁리 능력을 보여준 대표적 사례이다. 세계지식재산기구(WIPO)가 2021년 발간한 「세계지식재산지표 2020」에 의하면 한국인의 인구 대비 특허출원 건수가 백만 명당 3,319건으로서 세계 1위를 차지한 것으로 나타났다. 일본이 1,943명으로 2위, 스위스가 1,122건으로 3위, 독일이 884명으로 4위를 기록했다.[59] 다른 사례 하나는 한국인의 기술적인 능력이나 재능 수준을 나타내준다고 말할 수 있는 세계 기능올림픽에서 거둔 성과이다. 1950년 처음 개최한 이후 1971년부터 2년마다 개최되는 국제기능올림픽은 17~22세 젊은이들이 참여하여 직업기능을 겨룬다. 한국은 이 대회에 1966년에 처음 참여했다. 1968년 17회에 참여한 한국팀은 두 번째 참여에서 종합 3위 입상을 기록했다. 이후 최근의 2019년 45회까지 총 29회 참여하여 우승 19회, 준우승 5회, 3위 입상 3회의 대기록을 수립함으로써 진정한 한국인들의 기계, 금속, 공예, 전기/전자/정보, 건축/목재, 미예 등의 분야에 한국인의 기술적 능력과 재능 측면에 우수성을 전 세계에 알려오고 있다. 특히 2015.8월 브라질에서 열린 제43회 국제기능올림픽에서 한국대표팀은 통산 19번째 우승이자 5회 연속우승의 대기록을 수립하기도 했다.[60] 한국인들의 지속적인 해당분야에 기술적 능력과 재능의 개발 노력과 타고난 재능 역시 오늘의 한국의 경제적 발전을 견인했다는 견해이다.

사실 오늘날 한국인들의 뛰어난 궁리 능력이 성취한 사례들은 셀 수가 없을 정도이다. 그동안 한국인들은 그들의 뛰어난 궁리 능력을 발휘해서 자신의 조국을 세계 최빈국에서 세계 10위권의 경제 대국으로 발전시켰으며 명실공히 선진국의 반열에 올려놓았다. 이제는 정치 민주화에 이어 한국의 문화를 상징하는 한류(韓流)의 물결을 만들어 쓰나미처럼 세계를 휩쓸고 있다. 2010년대 초반 가수 '싸이'는 「강남스타일」 노래 한 곡만으로 세계의 오지까지 자신의 이름과 한국을 알렸다. 이제는 문화콘텐츠 분야까지 한국인의 뛰어난 궁리 능력을 보여주고 있다. 그룹 방탄소년단(BTS), 영화 기생충, 오징어게임 등의 세계적인 인기는 한국인의 대중예술 분야에 궁리 능력을 보여주는 사례들이다. 한국의 예술인들이 세계적인 무대에서 펼치는 당당한 공연 모습이 오늘날 전 세계를 활동무대로 탁월한 궁리 능력을 발휘하며 열심히 살아가는 한국인들의 모습이 아닌가 싶다!

목적한 바를 반드시 달성하는 유동성과 주변성

위 1부에서 한국인들은 전개되는 상황에 적응하는 성질인 유동성과 상황에 따라 융통성을 발휘해서 일을 성취하는 성질인 주변성이 체질화되어 있다고 했다. 이는 오랜 세월 외세의 압박과 침략에 대항하여 생존을 위해 시세(時勢)에 순응하는 과정에 체질화된 모습이다.

그러한 한국인들의 외견상 모습에 대해 줏대가 없는 사람들이라고 말하기도 한다. 유동성과 주변성으로 대변되는 반도 기질을 가졌다고 비하도 한다. 그렇지만 그들이 말하는 한국인의 유동성과 주변성으로 대변되는 반도 기질은 지정학적으로 해양과 대륙 세력의 틈바구니에서 필연적으로 형성된 특성이다. 자신보다 상대적으로 큰 해양과 대륙에 형성된 세력에 슬기롭게 대처하기 위해 형성된 사회적 특성이 체질화된 것이다. 이는 타율적이며 부화뇌동 성향이 아니며 슬기로운 생존전략인 것이다.

특히 일제의 식민사관은 자신의 식민 지배를 당연시하기 위해 한국인의 유동성과 주변성을 다른 시각에서 깎아내렸다. '한국인은 이해가 밝아 단결력이 약하고 당파 기질이 심하다.'고 한국의 조선 역사를 부정적으로 해석하여 강조했다. 그러한 교육의 여파로 아직도 나이가 많이 든 한국인 중에는 국회 모습을 보고 "우리는 저렇게 당파싸움이나 하니까 안 돼."라고 말하는 사람도 있다. 그렇지만 긍정적 시각으로 보면 전혀 그렇지 않음을 알 수 있다. 과거에는 조선시대의 당파싸움에 대해 악질적인 정치적 병폐로 인식했었다. 그렇지만 이제는 굉장히 선진적이고 민주적인 정치형태로서 공존이라는 큰 틀 안에서 상호 비판과 견제를 통해 건강한 정치를 수백 년 동안 이어온 훌륭한 제도라고 평가하기도 한다.[61] 한국인들은 대륙과 해양 세력 사이에서 약한 세력을 향해 흐르는 강한 세력의 힘에 대항해서 때로는 굳게 단결하여 대항하기도 했다. 여의찮으면 강한 세력에 의지하여 생존을 보장받기도 했다. 한국이 일제 36년 식민 지배 기간을 제외하고 현재까지 주변국의 군사적·사상적·문화적인 압력에 꺾이거나 흡수되지 않았음이 이를 대변해주고 있다. 한국인들의 기질적 특성인 유동성과 주변성은 현실 상황에 대처하여 슬기롭게 적응하는 사회적 성향이다. 한국인의 유동성과 주변성은 그들에게 맞는다고 판단되는 것은 아이디어를 받아들여 자신들의 것으로 새롭게 모방·개량·창조하는 동력으로 발전시켰다. 위에서 언급한 대로 중국 한자와 일본 가나 사이에서 한글을 창조해낸 것과 미국의 맥도날드로 대변되는 패스트푸드를 보고 한국 토종의 패스트푸드를 개발하여 한국 패스트푸드 시장을 주도하는 것이 그 사례이다. 한국인의 유동성과 주변성 기질은 한국인들이 주변 상황의 변화에 유연하게 대처하는 능력이기도 하다. 그러한 연유로 한국인들은 주변 강대국들의 문화에 예속되지 않고 그들 고유의 생활 특성, 의식주 문화를 지켜올 수 있었던 것이다.

자신보다 상대적으로 힘이 센 세력 사이에서 살아남기 위해 체질화된 한국인의 유동성과 주변성에 의해 한국인은 「힘이 있어 보이는 사람에게는 약하다, 형편과 주변 환경에 따라 행동 양식이 가변적이다, 목적 달성을 위해 수단과 방법을 가리지 않는다, 자신의 문제를 남의 힘으로 해결하려 한다, 등」의 부정적인 행동 양식, 생활 태도가 나타난다고 위에서 언급했다. 그렇지만 이는 타율적이며 부화뇌동 성향이 아니며 슬기로운 생존전략 내지는 자신의 발전전략이다. 그러한 생존 및 발전 전략이 있었기에 한국은 1960년대 세계 최빈국의 위치에서 50년 만에 세계 10위권의 경제 대국으로 성장할 수 있었다. 한국인들의 유동성과 주변성에 대해 일부 부정적인 시각이 있음을 부정하지 않는다. 그렇지만 한국인들의 목적 달성을 위해 가용한 모든 수단과 방법을 최대한 동원해 최선을 다하는 생활 태도가 경제 대국 건설에 긍정적으로 작용했다는 견해이다. 어쩌면 사람들이 말하는 정도(正道)만을 100% 고집하며 경제성장을 추구했다면 한국은 오늘의 경제성장을 달성하지 못했을 수도 있다고 본다. 이미 선발주자들에 의해 구축된 세계시장에 후발주자로서 뛰어들어 오늘과 같이 크고 넓은 자신들의 수출·입 세계시장을 구축하는 데 얼마나 어려움이 많았겠는가? 한국인들의 오늘 경제 대국 건설은 분명히 그들의 특성인 유동성과 주변성의 산출물인 것만은 분명하다.

한국인들에게 깃들어 있는 선비정신과 애국심

한국이 경이로운 경제성장을 이룩할 수 있었던 주요 요인 중의 하나는 '한국인들에게 깃들어 있는 선비정신과 애국심'이다. 앞에서 설명한 대로 한국인들은 선조들을 통해 2,000여 년 이상 유교 사상을 접해왔다. 그러한 연유로 한국인들에게는 아직도 유학 사상을 배경으로 하는 올곧은 선비정신이 저변에 강하게 자리하고 있다. 한국인들에게는 올바른 선비의 道가 면면히 흐르고 있다. 그것이 새마을운동과 같은 국가발전을 위한 국가의 시책에 적극적으로 참여하는 마음을 일깨워 주었다. 저개발 국가의 국가발전에 저해 요소로 작용하고 있는 관료들의 특권의식과 부패를 줄일 수 있게도 해주었다. 경제발전을 촉진하는 데 크게 기여했다는 견해이다.

한국인들은 선조 대대로 오랜 세월 선비정신을 삶의 가치로 여기는 유교 사상 기반에서 살아왔다. 그러한 탓에 그들의 마음 저변에는 '관료는 최소한의 선비다운 인격을 갖추어야 한다.'는 인식이 자리 잡고 있을 수밖에 없다. 한국인들은 일반적으로 관료라면 「말한 것은 반드시 실천하고 언행은 공손하고 신중해야 한다. 잘못을 부끄러워할 줄 알아야 하고 외국에서 자기 나라를 욕되게 해서는 안 된다. 어려운 환경에 처해도 불의를 저질러서는 안 된다. 남을 해치거나 남의 것을 탐내지 말아야 한다.」는 등의 덕목을 구비해야 한다고 생각한다. 이는 선비에게 요구되는 덕목으로서 한국인들에게 각인된 최소한의 관료에게 요구하는 자질이다. 그러한 올곧은 선비정신이 오늘날까지 한국인들의 의식 속에 면면히 흐르고 있다. 그것이 있었기에 6·25 한국전쟁의 폐허 속에서도 관료들은 묵묵히 특권의식을 가지지 않은 채 온 국민과 어려움을 함께 견뎌왔다고 생각한다. 1960년대 초 「국가경제발전을 이룩하여 우리도 잘살아 보자!」는 국가 비전 앞에서도 그들은 솔선수범하여 국민들의 국가시책 동참을 적극적으로 유도했다. 그들의 적극적 동참이 경제개발 정책이 성공할 수 있도록 유도한 요인 중의 하나이다. 선비정신의 순기능은 무엇보다도 관료들의 완전한 부패를 막아주는 역할이다. 남모르게 뇌물을 챙기는 관료들의 양심에도 "내가 이래서는 안 되지!" 하는 최소한의 죄의식을 갖게 함으로써 받아서는 안 되는 것임을 일깨워 주는 기능을 하는 것이다. 선비정신이 있어서 50~60년대의 그 어려운 생활 여건 하에서도 한국의 관료들이 완전하게 부패하지 않을 수 있었다는 견해이다.

또한, 앞에서 한국인들에게는 세계적 수준의 애국심이 저변에 내재해 있다고 했다. 한국인들은 선조 대대로 대륙과 해양 세력의 틈바구니에서 그들의 흥망성쇠에 따라 끊임없이 침략을 받아왔다. 그 과정에서 국력이 약해서 받아야 하는 고초를 처절하게 경험했다. 최근에는 일제의 식민지 치하에서 망국의 한(恨)과 한국전쟁 등을 겪으면서 조국이 자신의 보호막이 되어주지 못할 때의 고통을 감내했다. 자신을 지켜줄 수 있는 조국의 필요성을 뼈저리게 경험한 것이다. 어디 그뿐인가? 선조 대대로 부모나 집안 어른들로부터 교육받아온 삼강오륜을 통해 "국민이 국가를 위하는 것은 기본 도리이며, 국가가 위태로울 때는 목숨을 걸고 지켜야 한다."는 사상이 마음 저변에 선명하게 인식되어 있다. 그러한 복합적인 요인들이 오늘날 한국인들에게서 분출되는 위대한 애국심의 원천이라는 견해이다. 한국인들의 애국심은 국가발전을 위해 때로는 자신을 희생하면서까지 헌신하도록 만들었다. 1907년의 「국채보상운동」과 1997년의 외환위기 극복을 위한 「금모으기 운동」이 이를 대변해 주고 있다. 한국인들에게는 그러한 애국심이 있어, 질 좋은 외제 대신 국산품을 애용하게도 해주었다. 국내 내수시장을 활성화함으로써 한국 상품의 질을 높일 수 있게 해주기 위해서였다. 한국에 대한 이미지 제고와 국산 브랜드의 품질 향상에 앞장서게 해준 것이다. 그러한 집단적 열망이 결집하여 기존에 형성된 험난한 외국의 수출장벽을 뚫고 한국 상품의 수출을 가능하게 했다. 한국인의 애국심 역시 오늘의 경제발전에 큰 역할을 담당해준 요소 중의 하나인 것이다.

한국인의 애국심은 '나의 발전이 곧 국가의 발전이며, 국가의 발전이 곧 나의 발전'이라는 인식을 갖도록 해주었다. 국민 각자를 근면과 성실한 사람으로 만들어 주었으며, 자기 계발을 유도해주었다. 범국가적으로 시행된 국토 보전을 위한 「조림 및 사방사업」, 「치수 방재사업」, 「자연 및 문화재 보존사업」 등에 적극적으로 참여하도록 유도해주었다. 그 결과 한국은 이스라엘과 함께 유엔이 선정한 20세기의 대표적 녹화사업 성공 국가가 되었다. 한국인들의 애국심이 오늘날 한국의 풍요로운 삶의 환경을 구축하는 데 결정적인 역할을 담당한 것이다. 아래에 그 대표적 사례인 산림녹화사업을 서술한다.

미국의 한 하원의원이 1997년 여름에 특별기로 북한을 방문한 후 바로 한국을 방문한 적이 있었다. 특별기 안에서 그가 "지옥에서 천당으로 들어 왔다."고 탄성을 발해 화제가 되었다. 그가 탄성을 발한 이유는 의외로 남북한 간에 천양지차인 '산림녹화 모습' 때문이었다고 한다. 북한의 산하는 온통 붉은 빛을 띤 반면, 남한의 산하는 녹색 일색이었다. 1960년대 초까지만 해도 남북한의 사정은 정반대였다. 당시 한국의 산들은 오늘의 북한처럼 벌거벗은 상태였다. 푸른 옷을 입게 된 것은 그 당시로부터 불과 20년 안팎의 일이다. 「1984년 임업 통계 요람」에 남한 전체 임목 면적의 84%가 20년생 이하, 나무 10그루 중 8그루 이상이 1960년대 이후에 심어진 것으로 나타나 있는 것이 그러한 사실을 입증해준다. 한국의 산림녹화 운동은 당시 국가지도자의 '우리도 선진국과 같이 푸른 산을 만들겠다.'는 강한 의지와 그에 공감하는 애국심에서 우러난 한국인들의 적극적인 참여가 있어 성공할 수 있었다. 국가 지도자의 의지는 범국민적 실천계획과 운동으로 구체화하여 추진되었다. 치산녹화 계획(1973-82년) 추진, 소 생풀 먹이기 운동 전개, 농가 아궁이 개량사업(1973년) 추진, 낙엽채취 금지령 반포 및 연탄 사용 장려 운동(1975년) 전개 등이 산림녹화 운동들이다. 그러한 산림녹화 운동들에 한국인들은 국가지도자를 믿고 적극적으로 참여했다. 그러한 노력이 큰 성과를 거두어 오늘의 푸른 산하가 있게 된 것이다. 한국인들은 국가지도자가 제시한 '우리도 푸른 산야를 가져보자.'는 범국가적 차원의 비전에 공감했다. 비전을 달성하기 위해 매년 봄철의 '식목일'과 가을철 '육림의 날' 행사에 적극적으로 참여했다. 산의 소유자가 누구이든 구분하지 않고 서로 힘을 합쳐 나무를 심고 가꾸는 노력을 기울였다. 산림녹화 운동이 성공한 원인이다. 산림녹화 운동 추진 초기의 20여 년 동안은 정말 어려움이 많았다. 산지의 토양이 너무 황폐해서 나무가 뿌리를 내리지 못했다. 그나마 살아남은 나무도 장마 때 토양침식 등으로 떠

내려갔다. 대체 연료가 없는 농촌 주민들은 식목일에 심은 나무까지 베어다 연료로 사용해야 할 정도로 절망적인 상황이었다. 그런데도 한국인의 나라 사랑 애국심은 결국 오늘날의 풍요로운 환경을 갖게 해주었다. 어떠한 어려운 상황에서도 한국인들은 국가 지도자가 제시한 비전을 믿었다. 그에 더해 국가발전이라는 대의(大義) 앞에 자신을 헌신하게 하는 애국심이 있어 결국은 목표를 달성할 수 있었다. 그러한 애국심에 기반한 범국민적 집중력이 오늘의 한국을 만든 것이다.

의식화된 성실성과 근면성

한국인들의 성실성과 근면성 역시 오늘 한국의 경제성장을 견인한 중요한 요인 중의 하나이다. 한국인들의 성실성과 근면성은 가히 세계에 내놓을 만한 수준이다. 척박한 한반도에 정착하여 농경 사회를 이루어 선조 대대로 살아오는 과정에 깃들은 습성이다. 전 세계 민족 중 생존력이 강하고 근면하기로 유명한 화교와 유대인까지도 한국에서는 정착하지 못한 것이 그 증거이다.

한국인들에게 성실성과 근면성을 일깨운 계기는 이승만 정권이 주도한 토지개혁이라 할 수 있다. 아직도 이승만 정권이 1950년에 실시한 토지개혁에 대해 북한과 비교해 매우 불철저한 개혁으로 깎아내리는 사람들도 있다. 그러나 전개된 과정을 살펴보면 전혀 그렇지 않음을 알 수 있다. 해방 직후 한국 인구의 80%는 농민이었다. 당시 농지개혁은 한국 사회에 제1의 시대적 과제였다. 농민들은 조선시대 이래 지주와 관료들에게 수탈만 당해왔다. 그들에게 농지의 「경자유전(耕者有田[113])」원칙은 숙원이었고 이상향이었다. 1950년 이승만 정권은 토지 귀족들로부터 토지의 전래 유산을 박탈했다. 농가당 토지의 보유 한도를 제한하는 토지개혁을 단행했다. 소작인은 지주에게 토지가격으로 매년 소출량의 15%를 5년 동안 지불하도록 하고, 자작농 토지 소유 상한을 2정보[114]로 제한했다. 농지 매매 및 소작임대차는 금지했다. 토지개혁 법안의 골자들이다. 토지개혁 과정 중에 6.25가 발발했다. 법정 쌀값은 시중 값의 30~40%에 불과한 데 인플레율은 거의 1,000%에 육박했다. 지주들이 소작농들로부터 소유권 이전에 대해 보상받은 현금의 값어치는 거의 휴지 값에 불과하게 되었다. 그 결과 전쟁 직후 지주계급은 완전히 몰락하고 90% 이상의 농민은 자영농민이 되었다.

이는 지주들에게 착취만 당했던 농민들에게 혁명적 변화였다. 당시 대한민국 국민의 주류를 이루었던 70%에 가까운 소작농들이 자영농으로 바뀌게 되었다. '나도 근검절약을 통해 가난에서 벗어나 잘살아 보고 싶다.'는 그들의 근검절약 정신이 대한민국의 국민정신이 된 계기이다. 토지개혁으로 농민들은 자기 땅을 갖게 되었다. 그들은 이제 지주가 아닌 자기 가족을 위해 자신의 노력을 기울이게 되었다. 조금이라도 소득을 증대하기 위해 정말 밤낮으로 토지를 경작했다. 그렇게 수확한 잉여 농산물로 자

---

113) 농사짓는 사람이 농지를 소유함
114) 면적의 단위로 1정보(町步)는 3,000평에 해당

식들을 교육시켰다. 자식들의 출세를 위해 헌신할 수 있게 된 것이다. 한국인의 잠재적인 근면성을 일깨워 주었다. 일제 치하 때만 해도 외국인들의 눈에 한국인들은 대개 무능하고 게으르며 할 일 없이 낮잠이나 자는 열등한 사람들이었다. 그러한 한국인들을 정반대의 모습으로 변하게 했다. 모든 일에 적극적이며 부지런하고 근면한 사람으로 변모시킨 것이다. 한국 사회의 정신 혁명이라 할 수 있을 정도로 토지개혁의 영향은 심대했다.

한국의 경제발전을 가능하게 한 외형적 요소 중의 하나로 사람들은 경부고속도로의 건설을 말한다. 경부고속도로는 1968. 2.1일부터 1970.7.7일까지 2년 5개월 만에 건설되었다. 건설과정에서 77명이나 목숨을 잃었다. 그들의 희생을 기리기 위하여 경부고속도로 금강휴게소 부근에 「경부고속도로 순직자 위령탑」이 세워져 있다. 그 위령탑 비문에 「그들은 실로 조국 근대화를 향한 민족 행진의 산업 전사요, 자손만대 복지사회 건설을 위한 거룩한 초석이 된 것이니 우리 어찌 그들이 흘린 피와 땀의 은혜와 공을 잊을 것이랴!」라는 이은상 시인의 추모 글이 새겨져 있다. 한국인들은 일을 수행하기로 약속했으면 약속을 지키기 위해 최선을 다한다. 그러한 강한 성실성이 특징이며 장점이다. 다음은 당시 공사 현장 소장의 증언이다. 경부고속도로 건설의 명분은 「국가의 미래 발전을 위한다는 것」이었다. 정부는 서울-부산 간 고속도로 공사를 몇 개의 작업 구간으로 나누어 구간별 개통 일자를 정해 주었다. 정부에서 정한 구간별 개통 일자를 맞추기 위해 노무자들은 매일 12시간씩 2교대로 일했다. 차질 없이 공사를 진행하려다 보니 그 과정에 무리도 있을 수밖에 없었다. 고귀한 목숨까지 바쳐야 하는 희생은 불가피한 상황이었다. 그러한 희생이 있어 공사를 예정대로 마무리할 수 있었다. 경부고속도로 건설이 있었기에 한국의 경제 발전에 큰 몫을 담당한 포항제철과 울산 조선소 등 대형 산업단지 건설이 가능했다. 국가 발전을 위해 당시 경부고속도로 건설은 필수적인 인프라의 구축이었다. 그랬음에도 당시 야당 지도자라는 사람들은 "하루에 몇 대나 다니려고 만드느냐?, 돈도 없으면서 그렇게 넓은 도로는 왜 만드느냐?" 등을 외치며 정말 격렬하게 반대했었다. 오늘날 반대를 위한 반대와 툭하면 장외투쟁을 일삼는 한국 정치인들의 모습이 과거 선배 정치인들에게서 연유하는 것이라고 전제할 때, 당시 고속도로 건설을 반대하는 정치인들의 극한적 투쟁 모습을 상상할 수가 있다. 그런데도 국민들은 국가발전이라는 대의 앞에 자신의 희생까지도 마다하지 않았다. 그러한 한국인의 진정한 근면성과 성실성이 있어 오늘의 한국에 경제성장을 이룰 수 있었다는 견해이다.

조직 구성원으로서 선공후사의 강한 책임 의식

선공후사(先公後私)란 공적인 일을 먼저하고 사사로운 일은 뒤로 미룬다는 의미이다. 조직원으로서 공적인 업무에 대한 책임이 사적인 어떠한 일보다 우선임을 의미하기도 한다. 이는 사마천의 사기열전 「염파인상여열전」에 나오는 사자성어이다. 중국의 춘추전국시대에 조나라의 대장군 염파와 재상 인상여 사이의 일화이다. 나라를 떠받치고 있던 재상과 대장군 사이에 사적인 충돌이 발생하게 되면 나라가 위태로울 수가 있는 상황이었다. 그래서 "나라의 일이 먼저이고 사사로운 것은 나중이기 때문이다."라고 인상여가 염파와의 충돌을 피하는 이유를 말한 데서 유래한다. 조선의 유교 사회에서 널리 읽혀온 사기열전의 귀감이 되는 내용들은 아직도 한국인들의 의식 속에 삶의 지침으로 체화되어 있다. 그중의 하나가 선공후사 정신이다. 공적인 일을 먼저하고 사사로운 일은 뒤로 미룬다는 의미의 선공후사는 언제부터인가 한국 사회에 공직자를 포함해서 조직 구성원에게 요구되는 기본 덕목으로 강하게 자리매김하고 있다. 특히 나라의 녹을 먹는 사람은 누구나 준수해야 할 의무 조항처럼 되어 버렸다. 고급관료나 정치 지도자들이 구비해야 할 당연한 덕목이 되었다.

군의 간부로서 34년을 복무한 필자의 경우, 복무 기간 중 휴가를 정상적으로 간 기억이 없다. 젊어서는 영공방위의 일선에서 항상 부족한 전투 인력의 몫까지 업무를 담당해야 했기에 휴가를 신청할 수 없었다. 고급 간부가 되어서는 항상 책임을 져야 할 막중한 업무가 앞에 놓여 있기에 정상적인 휴가를 포기했다. 필자는 그것을 국록을 받는 사람으로서 당연한 처사로 생각했었다. 정상적이라 생각해서 불평 한번 한 적 없다. 그것은 필자에게 국한된 이슈가 아니었다. 1970~90년대에 한국 사회에 조직 구성원으로서 살아온 사람이라면 누구나가 공감하는 내용이다. 그것은 당시 한국인의 가치관이었으며, 한국 사회의 조직문화였다.

2022.2.20.일 러시아의 침공으로 발발한 러시아-우크라이나 전쟁은 한국산 방산물자의 우수성을 세계에 널리 알리는 계기를 제공해주었다. 자주포, 전차, 전투기, 대공 방어무기 등 한국산 무기체계들이 그동안 세계에 널리 알려진 최고 성능의 무기체계들과 비교해서 성능이 뒤지지 않으며 가성비(가격 대비 성능)가 상대적으로 좋다는 평가를 받게 되었다. 그 결과 전쟁의 위협에 대비해서 다수의 국가가 한국산 자주포, 전차, 전투기, 대공방어무기를 주문하고 있다. 그런데 그들이 한국산 방산 무기체계 구매를 선택하게 된 이유가 의외이다. 한국산 방산 무기들은 상대적으로 가성비가 좋다. 그렇지만 무엇보다도 자신들이 필요해서 계약한 납기일에 방산 무기들을 확보할 수 있기 때문이라는 것이다. 방산 무기 선진국이라는 나라들의 경우 그들의 생산 무기들이 한국산 무기와 비교해서 성능이 다소 우수할 수도 있다. 그렇지만 상대적으로 가격이 비싸며 필요한 시기에 계약한 무기의 확보를 보장할 수 없다고 했다.

자유민주주의 국가에서 조직원이 휴가를 가는 것은 조직원들의 권리이다. 서구 사회에서 조직원들은 조직에서의 직무와 무관하게 휴가철이 되면 너나 할 것 없이 자신의 권리인 휴가를 떠난다. 조직에서 수행해야 할 자신의 직무도 중요하지만, 휴가를 가는 것도 그와 동등하게 중요하다고 생각하기 때문이다. 그것이 서구 민주주의식 사고방식이며 그들의 생활철학이다. 한국 사회에서 조직원들은 휴가철이 되어도 휴가 기간 중 자신이 책임지고 해야 할 직무가 쌓여 있으면 휴가를 뒤로 미루고 자신의 직무를 우선 수행한다. 그렇지만 자신의 자유가 박탈당했다고 전혀 생각하지 않는다. 그것을 당연시한다. 선공후사의 사상이 의식화되어 있는 모습이다.

한국의 건설기업들이 치열한 국제사회 경쟁 속에서 사업을 수주하는 과정에서나 금 번 방산 무기 수출 과정에서 한국기업들이 방산 선진국들을 물리치고 선택받는 이유 중에 핵심은 계약을 준수한다는 것이다. 계약 내용을 책임지고 준수한다는 것이다. 자신들의 불성실로 불가피하게 계약 불이행이 발생했을 경우 환경적 요인이나 불가피한 재난 등으로 책임을 전가하지 않고 책임을 진다는 것이다. 약속을 분명하게 지킴으로서 국제사회에 그만큼 신뢰를 구축한 것이다. 국제 무역을 통해 발전한 대한민국이 오늘날 선진국 대열에 합류하게 된 것은 그만큼 한국이 국제 사회에 신뢰를 구축했기 때문이다. 그것은 한국인들에게 조직 구성원으로서 선공후사의 강한 책임 의식이 내재해있었기 때문에 가능했다는 견해이다.

의식화된 자유민주주의 평등사상

자유민주주의 국가에서 중요한 가치는 구성원들이 자유와 권리에 따르는 책임과 의무를 다하는 것이다. 「만인은 법 앞에 평등하다.」는 자유민주주의의 평등사상은 권리·의무·자격 등이 모든 사람에게 차별 없이 고르고 한결같다는 사상을 말한다. 나의 권리와 자격이 중요하여 존중받기를 원하는 만큼 상대방의 권리와 자격도 중요하므로 존중받아야 하고, 상대방의 의무 준수만큼이나 나의 의무 준수도 이루어져야 한다는 사상이다. 그래서 자유민주주의적 평등사상이 지배하는 사회에서는 남의 의견이나 주장도 경청한다. 상대방이 나의 이익에 맞지 않거나 의견이 다르다고 해도 대화나 의견교환을 통해 해결하려 한다. 상대방과 머리를 맞대고 토의한 끝에 더 좋은 대안을 도출하기도 한다. 끝까지 의견 상충으로 해결이 되지 않을 때는 평등사상에 기초해서 다수결로 결정하고 이를 다 같이 존중한다.

한국인들은 「내가 좀 불편하더라도 국가에 도움이 되는 일이니 당연히 동참해야 한다.」는 식의 애국적 의식 수준이 높다. 한국의 민주주의 수준은 어느 정도일까? 2021년에 영국 「이코노미스트 인텔리전스 유닛(EIU)」은 전 세계 167개국을 대상으로 민주주의 수준에 대해 조사했다. 그 결과, 한국은 10점 만점에 평균 8.16점의 「민주주의 지수(Democracy Index 2021)」를 얻어 16위를 기록했다. 2020년 8.01점에 이어 2년 연속 평균 8점을 넘어 「완전한 민주주의(Full Democracy)국가군」으로 계속 분류됐다. 그렇다면 실제로 한국인들이 느끼는 수준은 어떠할까? 오늘날 한국의 정치문화를 볼 때 한국이 완전한 민주주의 국가답다고 할 수 있을까? 오늘날 한국에서 정치인들을 제외한다면 자유민주주의 수준은 더 높게 평가될 것이라고 필자는 생각한다. 툭하면 '국민'을 운운하지만, 자신들의 권리만 주장하는 오만방자한 국회의원들의 자세 때문에 한국인들은 「우리는 아직도 멀었다!」고 종종 자조한다. 그렇지만 정치인들 역시 우리들의 친구며 형제자매들인 점을 감안하면 그들의 모습이 곧 나의 다른 모습일 수 있다. 그렇기 때문에 한국인들에게는 아직도 범국민적 차원의 진정한 자유민주주의 시민의식 고취를 위한 의식개혁 운동이 필요하다는 견해이다.

한국인들은 1960년대 이후 경제개발과정에서 자신을 더 좋은 인적 자원으로 육성하기 위해, 강자로서 살아남기 위해 치열하게 경쟁해왔다. 승자만이 살아남을 수 있는 치열한 경쟁 환경에서 살아온 한국인들은 자기의 권리를 공정하게 행사할 수 있고 대우를 받을 수 있는 것만이 평등하다고 생각하는 경향이 강하게 나타난다. 경쟁사회에서 생존하기 위해서는 상대방을 이겨야 한다. 상대방에 대한 배려나 양보는 패배를 의미한다. 그래서 타협과 양보는 수용되지 않는다. 그렇게 토의문화가 발전할 수 없는 여건이 지속되어 온 사회, 오늘날 대한민국의 정치인들 사회의 모습이다. 자유민주주의 사회라는 전제하에 자신의 권리는 강하게 주장하면서 남에게는 책임만을 추궁하는 그들의 모습이다. 그렇지만 그것은 그들 일부의 모습일 뿐이다. 그런 사람들만 한국 사회에 존재한다면 한국의 민주주의 지수가 「완전한 민주주의(Full Democracy)국가군」으로 계속 분류되는 10점 만점에 평균 8점 이상을 2년 연속 얻을 수 있었겠는가?

한국인들에게는 다행스럽게도 20세기 전반부에 일제 식민 지배하에서 신분 말살 정책으로 오랫동안 사회를 유지해왔던 사농공상의 수직적 신분제도가 철저히 붕괴하였다. 자유민주주의 국가가 수립되고 의무교육제도 시행과 고등 교육체계가 구축되면서 교육 수준이 단시간 내에 향상되었다. 또한, 한국 남성의 대부분이 군에 의무복무 하면서 빈부귀천을 떠나 사람은 모두가 평등하다는 사실을 체험함으로써 자유민주주의 평등사상이 자리 잡게 되었다. 그 결과 완전하다고는 할 수 없지만 자유민주주의 평등사상이 일찍이 의식화되어 있었기에 1970년대 새마을운동이 성공할 수 있었다. 새마을운동으로 가난에서 벗어나 먹고 살 만큼 생활수준이 향상되면서 1980년대 말에는 국민들의 진정한 자유민주주의 사회 구축에 대한 열망이 폭발했다. 그러한 열망에 의해 정치 민주화까지 이룩했다. 한국인들의 높은 자유민주주의 평등사상 또한 오늘의 한국을 견인한 주요 DNA라고 생각한다.

배움에 대한 강한 열정

위에서 한국인들의 교육열은 가히 세계적인 수준이라는 의제 하에 그렇게 된 배경들에 관해 설명했다. 한국인들은 「수천 년 유구한 한민족의 역사」를 자랑삼아 말한다. 그중에 1910년부터 1945년까지 36년간 일제의 식민 지배를 받은 것은 한국인들에게 '옥에 티'에 해당한다. 이 어찌 치욕으로 생각하지 않겠는가? 19세기 말 조선의 국운이 다해갈 때 조선의 선각자들은 부국강병을 위해 국민교육의 필요성을 절감하고 근대적 교육제도를 마련하고 「교육 입국 조서」까지 반포했다. 병행해서 근대식 교육을 위한 학교들을 설립했다. 일제와의 을사늑약 이후 국권 회복을 목표로 민족주의자들은 '국민교육이 민족운동의 기반이며 본질'이라고 주장했다. 당시 그들은 '배우는 것이 힘'이라는 구호 아래 여러 사립학교를 건립했다. 성장 과정에서 부모들에게서 들어 온 그들의 구호는 오늘날의 70~80대 한국인들 뇌리에 아직도 각인되어 남아있다. 한국인들에게는 나라가 어려울 때 선각자들이 주장한 「부국강병의 길은 오직 국민이 배워서 똑똑해지는 것이다.」라는 사상이 철두철미하게 각인되어 있다는 견해이다. 1910년 조선이 일제에 의해 망하게 된 것은 우물 안의 개구리처럼 세계정세를 너무 모르고 철저히 무지했기 때문이었다. 이를 당시 선각자들이 절감하고 국민이 깨어있도록 국민교육의 필요성을 강조했던 결과이다.

조선이 망한 후에 일제는 조선인 우민화 교육정책을 시행했다. 당연히 조선의 노동자나 농민, 도시 빈민들은 교육의 기회를 얻기가 힘들어졌다. 1920년대에는 당시 2천만 국민 중 80%에 해당하는 1,600만 명이 문맹자일 정도로 문맹률이 높았다. 이를 우려한 나머지 언론사가 앞장서서 '아는 것이 힘, 배워야 산다.' 등의 표어를 내걸고 문맹퇴치운동을 전개하기도 했다. 일제의 철저한 감시와 통제 속에서도 불굴의 한국인 선각자들은 당시를 살았던 한국인들에게 「교육만이 살 수 있는 길」이라는 사고를 마음속 깊이 각인시켜 주었다. 나라가 풍전등화 같은 위기의 상황에서도, 식민 지배하에 일제의 잔혹한 착취만 존재하고 미래에 희망이 전혀 보이지 않는 상황에서도 살아남기 위해서는 배워야 한다는 의식이 한국인들에게 뿌리를 내리게 된 원인이다.

그렇게 한국인들은 선조 대대로 국가가 어려울 때마다 선각자들이 일깨워주었다. 그것이 누적되어 한국인들에게는 어려움이 닥쳐오게 되면 배워서 힘을 키워야 닥친 난관을 극복할 수 있다는 인식이 의식화되어 전해져 내려오는 듯하다.

한국인들의 교육에 대한 강한 열정을 현실화하는 계기가 도래했다. 교육을 통해서 국민들을 인적 자원으로 육성해야 국가가 발전할 수 있다는 강한 신념이 있었던 한국의 초대 이승만 대통령에 의해서이다. 그는 대한민국 건국과 함께 배움에 대한 강한 열정을 한국인들의 DNA로 만들어주는 데 결정적인 역할을 담당했다. 1948.5.10일 한국에서 최초로 국회의원 선거가 전국적으로 실시되어 95.5% 국민이 선거에 참여하는 획기적인 기록을 세웠다. 하지만 당시 한국 국민의 문맹률은 80%에 달했다. 국민이라면 모두가 같은 조건에서 한 표를 투표할 수 있다는 사실에 참여율은 엄청나게 높았다. 그렇지만 80%의 문맹률에 달하는 국민 교육 수준으로는 진정한 자유민주주의 국가 건설이 가능하다고 판단할 지도자는 없을 것이다. 이승만 정부는 빈곤한 정부 재정에도 불구하고 1949년부터 무상의 6년제 초등교육에 대한 의무 교육제를 도입했다. 보통선거제가 결국 의무 교육제를 이끈 것이다. 이때부터 한국인들의 교육에 대한 강한 열정이 발휘되기 시작했다. 가난한 한국에 자원이라고는 인적자산밖에 없다. 부국을 위해서는 최우선으로 인적 자원을 육성해야 한다. 당시 정치지도자의 교육 우선 정책 추진 배경이다. 나는 배우지 못했어도 내 자식만은 배우지 못한 나처럼 살게 할 수는 없다는 것이 당시 자식을 가진 부모들의 생각이었다. 국민들이 자식 교육에 헌신적으로 참여하면서 엄청난 시너지 효과가 발생했다. 교육을 통해 한국 사회는 10년 정도의 짧은 기간에 성큼 개방사회로 발전하게 되었다.

실제로 아직 산업이라고는 농업이 거의 전부이었던 1950년대에 한국 사회에는 토지개혁이 이루어졌다. 그런데도 언제나 그렇듯 일부 지역에서는 과거 지주들을 중심으로 하는 소작농들이 아직 존재하고 있었다. 아직 일본식 교육과 경험을 쌓은 구식 엘리트들이라는 사람들이 사회에 지배적인 위치를 대부분 차지하고 있었다. 그랬음에도 개방사회로의 전환을 위한 범국가적 차원의 교육정책 시행은 성공적이었다. 개천에 용이 되어 보겠다는 한국인들의 배움에 대한 강한 열정이 시너지 효과를 발휘한 것이다. 그 결과, 이승만 대통령이 통치한 10여 년의 짧은 기간에 한국 사회는 자유민주주의 사회로 빠르게 변화·발전했다. 구시대의 엘리트를 대신할 미국식 교육을 받은 새로운 엘리트가 형성됐다. 1945년 해방 후 19개교에 불과했던 대학이 1960년에는 63개교로 증가했다. 교육을 통해 1960년대에 들어와 국민들의 의식 수준이 향상되어 부정선거와 정치 관료들의 부정부패를 수용할 수 없게 되었다. 배운 만큼 능력을 발휘할 수 있는 일터를 국가에 요구하게 되었다. 그렇지만 육성한 인적 자원을 수용할 일터가 당시 한국에는 조성되어 있지 않았다. 국민들의 요구를 수용할 수 없었던 당시 사회는 불안정해질 수밖에 없었다.

국민들의 요구를 충족시켜 준 것이 5.16 군사정부의 농촌 새마을운동, 국가경제개발계획 등의 시행이었다. 한국인들의 배움에 대한 강한 열정은 더 좋은 인적 자원이 되어 치열한 생존 경쟁에서 살아남기 위한 과정에서 더욱 발전했다. 한국인들의 배움에 대한 열정은 새마을운동의 성공 이후 한국 사회 발전의 선순환에 핵심 요소로 작용해왔다. 1980년대 중반 이후에는 한국에 정치 민주화를 견인하여 더욱 선진화된 개방사회로 유도하였다.

1960년대 초에 세계의 최빈국이었던 한국은 21세기에 들어와 70여 년 만에 개발도상국에서 선진국 반열에 들어섰다. 이제 한국은 경제적 번영과 정치 민주화 달성, 'K-팝'으로 대변되는 문화 콘텐츠 상품들과 산업 기술들로서 전 세계에 한류 열풍을 일으키고 있다. 그 결과 이제 한국은 고도로 발달한 개방사회에 나타나는 문화적인 측면과 산업 기술적인 측면에서 명실공히 소프트파워 강국이 되었다는 것이 필자의 견해이다.

세계의 가장 큰 생활비 데이터베이스인 「NUMBEO」의 안전지수와 「국제 연합 개발 계획(UNDP)」의 인간개발지수의 산출에 사용되는 소득지수와 교육지수, 영국 「이코노미스트 인텔리전스 유닛(EIU)」의 민주주의 지수(1/10) 평균값을 필자는 「개방사회지수」라고 정의했다. 그리고 이를 개방사회의 수준을 평가하는 기준으로 설정했다. 그 결과, 한국의 개방사회 지수는 0.826으로 세계 10위권 이내로 평가가 되었다.

국가	소득 지수	교육 지수	안전 지수	민주주의 지수	개방사회 지수
한국	0.916	0.865	0.720	0.801	0.826
미국	0.976	0.899	0.528	0.792	0.781
영국	0.926	0.926	0.563	0.854	0.786
중국	0.767	0.659	0.682	0.227	0.584
독일	0.954	0.946	0.652	0.867	0.855
프랑스	0.930	0.817	0.532	0.799	0.770
스웨덴	0.952	0.958	0.529	0.926	0.841
호주	0.933	1.030	0.586	0.896	0.861
스페인	0.909	0.832	0.680	0.812	0.808
터키	0.850	0.731	0.605	0.448	0.659
일본	0.916	0.849	0.793	0.813	0.843
이태리	0.915	0.794	0.557	0.774	0.760
러시아	0.841	0.823	0.589	0.331	0.646
캐나다	0.934	0.897	0.603	0.924	0.840
이스라엘	0.906	0.883	0.704	0.784	0.819

표 1. 필자가 선별한 몇 개 국가의 개방사회지수

필자는 「한국인의 무엇이 오늘의 오징어 게임, 파친코 등과 같은 세계적인 문화적 상품들을 배출하게 하였는가?」하고 질문을 해보았다. 객관적으로 납득이 되는 원인을 찾기 위해 시도한 결과가 개방사회지수 도출이다. K. R. 포퍼가 말한 개방사회란 이성의 자유로운 활동이 허용되는 사회, 그리고 이러한 특성들을 제도적으로 보장하는 민주사회를 말한다. 한국 사회가 진정한 개방사회로 성장했기에 세계인들이 공감하는 작품 생산이 가능했다는 논리이다. 그런데 매슬로의 욕구단계설에 의하면 인간에게는 생리적, 안전, 애정과 소속, 존중받음, 자아실현 등 다섯 가지 욕구가 있는데, 욕구가 단계적으로 충족되어 4단계 존중받기를 원하는 욕구가 충족되면 마지막으로 자기실현 욕구가 나타나게 된다. 이는 자기를 계속 발전하고 싶어 하는 자기 잠재력을 최대한 발휘하려는 욕구로서 욕구가 충족될수록 더욱 증대되는 경향이 있다고 한다.

이에 근거해서 오늘날 한국인에 의한 세계적인 작품 즉, K-드라마, K-팝, K-영화, K-푸드 등 다양한 문화 콘텐츠 작품들은 한국인의 배움에 대한 강한 열정을 기반으로 하는 자기실현 욕구의 발현으로 보았다. 그러기 위해서는 사회가 매슬로의 욕구 단계설에 기반한 개방사회가 구축되었을 때 가능하다는 전제하에 개방사회지수를 위에 언급한 바대로 객관적인 자료들에 기초해서 정의했다. 필자의 예상대로 한국 사회의 개방사회지수를 평가한 결과(위 표 1) 유의한 결과를 도출하게 되었다. 한국인의 배움에 대한 강한 열정 DNA는 오늘 한국의 번영을 견인한 한국인의 DNA 중 하나이며 미래에도 한국인의 우성 유전자로서 조국의 발전을 견인할 것으로 믿는다.

환경변화에 대한 강한 적응력

앞에서 한국인들은 선조 대대로 지정학적·역사적·환경적 영향을 받아 환경 적응력과 생존력이 뛰어나며 환경변화에 대한 적응력 또한 강한 것이 특징이라고 했다.

오늘의 경제적 번영이 있기까지 한국경제는 산업화 이후 1인당 소득이 1천 달러, 1만 달러, 2만 달러 등이 되는 주요 시점에서 공교롭게도 위기에 부딪혔다. 그때마다 한국인의 변화에 대한 높은 적응력은 정말 돋보였다. 한국경제는 1보 후퇴 후 2보 전진하는 복원력을 보여주었다. 이에 더해 자신의 취약한 경제 체질을 업그레이드하는 계기로 삼았다. 1980년대 오일쇼크는 한국을 반도체·가전·자동차 등 고부가가치·고기술 산업에 뛰어들게 했다. 1인당 소득 2,000달러의 중진국으로 도약하는 계기를 제공했다. 1990년대 후반 소득 1만 달러 선을 넘었을 때 IMF 외환위기를 맞게 되었다. 한국 전체를 파탄 위기로 몰아넣었다. 그런데도 한국경제는 기업경영과 국가재정의 건전성과 투명성을 높이는 계기로 삼았다. 재도약의 발판을 마련한 계기가 되었다. 2007년에 1인당 국민소득 20,000달러를 돌파했을 때 글로벌 금융위기가 발생했다. 그 여파로 잠시 17,000달러 선까지 후퇴했다. 그런데도 경제위기 극복의 모범국가로 꼽히면서 3년 만에 22,000달러 선을 회복했다. 최근 한·일 간의 무역 분쟁에서도 한국인들은 환경변화에 슬기롭게 대처해서 오히려 국산 주력상품들의 국산화를 높이는 계기로 만들었다.

최근에 발생했던 한·일 무역 분쟁은 2019년 한국 대법원의 일본제철 강제노역 소송 배상 판결을 배경으로 한다. 지난 2019.7.1일 일본 경제 산업성은 한국 대법원의 일제 강제노역 피해 배상 판결 등을 이유로 불화수소, 패널용 필름 등 한국의 주력 생산품 중 하나인 반도체·디스플레이 핵심 소재에 대해 수출 제재를 강화했다. 직후 수출 상대국 관리 분류체계 '화이트

리스트'에서 한국을 제외하는 2차 제재까지 강행했다. 이에 한국은 정부 차원에서 「소재·부품·장비 자립 전략」을 전격 추진했다. 삼성전자 등 반도체 산업이 집중된 경기도 지자체 또한 소재·부품·장비 국산화 전략 중 하나로 「소재부품 산업기술 독립 사업」을 추진하면서 각종 지원 캠페인을 대대적으로 펼치기도 했다. 2년이 지난 2021년 기준 한국의 소재·부품·장비 자립전략과 기술 독립추진 결과는 효과가 큰 것으로 나타나고 있다. 수출입 자료를 기준으로 할 때 불화수소는 수출규제 이전 수입 중량 대비 88% 급감했으며, 포토레지스트도 대략 64% 감소하는 등 반도체 소재에 대한 일본 의존도를 극복했다. 이에 더해 일본 정치권의 바람과는 반대로 한국은 2020년에 이어 2021년에도 금액 기준 한국의 수출 품목 1위 실적을 반도체가 올렸다. 한국은 일본과의 금 번 무역 분쟁을 통해서 소재·부품·장비 육성 연구·개발 투자를 추진하는 등 대비책을 지속해서 추진하고 있다. 오히려 일본의 수출 규제로 타격을 입은 일본 반도체 소재 업체들이 살아남기 위해 한국에 투자하는 상황이 발생하고 있다. 결과적으로 한국은 일본이 시도한 무역 분쟁을 겪으면서 반도체 핵심 소재 자립화의 계기를 갖게 되었다. 그에 더해 국내 주요 생산품들의 소재·부품·장비 국산화 추진과 수입원 다변화가 이루어지게 되었다.

이처럼 한국이 오늘에 이룬 경제 성장의 저력 중의 하나는 한국인 특유의 환경 변화에 대한 신속한 적응력에 기인한다. 한국인들은 닥쳐온 위기를 기회로 바꾸는 놀라운 능력을 갖추고 있다는 견해이다. 한국인의 이 같은 갑작스러운 환경 변화에 즉각적인 적응력 내지 복원력은 글로벌 금융위기 이후 본격적으로 세계의 주목을 받게 되었다. 신용평가사 무디스는 2010.4월 한국의 국가신용등급을 A1으로 상향 조정했다. 「한국경제가 전 세계적인 위기에서 예외적인 회복력을 보이고 있기 때문」이라고 그 이유를 설명했다. 당시 OECD 한국대사는 "한국경제의 위기에 대한 적응력은 이제 전 세계 누구도 의문을 제기하지 못한다."고 말한 바 있다.62

갑작스러운 환경 변화에 한국인들이 보여준 적응력의 대표적인 사례가 외환위기 당시의 금 모으기 운동이다. 당시 경제 고위 관료 중 한 사람은 「유목민들은 적이 쳐들어오면 도망가든지 나가서 선제공격하든지 먼저 행동으로 옮기고 생각한다. 한국인들은 위기에 예민하게 반응하는 유목민의 DNA를 가지고 있다.」고 말했다. 한국인들은 위기에 직면하게 되면 빠른 결단과 대응으로 위기가 확산하기 전에 해결한다는 의미이다. 한국인들에게는 갑작스러운 환경 변화에 슬기롭게 대처하는 놀라운 적응력이 체질화되어 있다. 그것이 위기를 기회로 바꾸는 뛰어난 능력으로 작용하여 오늘 한국의 경제발전에 크게 기여했다는 견해이다.

한국인들의 높은 사회성

「한국인의 높은 사회성」 또한 오늘날 한국의 번영을 이끈 한국인의 DNA 중 하나이다. 사회성이란 집단을 만들어서 생활하려는 인간이 가진 기본적 경향이다. 개인이 속한 환경 속에서 개인의 생명을 유지하고 안정감을 얻기 위해서 적응해 나가는 기술로 정의한다. 인간은 사회적 동물로 정의되기 때문에 사회성은 인간에게 기본적으로 요구되는 능력이다. 사회에 잘 적응하는 사람들의 일반적인 특징은 사회성이 높다는 것이다. 타인과의 관계나 사회 속에 집단생활을 잘해 나가는 소질이나 능력, 사교성이 있는 사람들이라는 말이다. 위에서 다수의 한국인은 사회적으로 사람을 대함에 있어서 관계주의적이어서 자신의 역할을 중시하며 본분 및 도리에 충실해지려 노력한다고 언급했다. 무엇보다 자신과의 인간관계를 중시하는 사람을 싫어하는 사람은 없을 것이다. 그렇게 한국인들은 상대방과의 인간관계를 중시하는 경향이 강하다. 한국인들이 사회성이 높다고 말하는 이유이다. 한국인들에게는 사회성이 높은 선진시민의식이 체화되어 있다고 말할 수 있다. 그렇다면 한국인들의 높은 사회성은 어디에서 유래하는 것일까?

역사적으로 조선 사회는 16세기 후반부터 20세기 초까지 인간의 심성을 연구하는 성리학을 신봉하는 사림에 의해 성리학적 문화가 지배해왔다. 사림세력들은 유교적 가치관의 생활화로 성리학의 원칙에 따르는 사회를 건설·유지하려 했다. 범국가적 차원에서 유교적 윤리서들을 편찬하여 보급하고 유교 윤리의 실천을 적극적으로 권장했다. 그 결과 300년 이상 당시 사회를 지배했던 사서삼경으로 대변되는 유교의 기본 이념과 사상, 그에 기초한 삼강오륜과 향약 생활 지침의 영향을 받아왔다. 부모들은 자식들에게 어려서부터 유교적 생활 지침들을 구두로 가르쳤다. 그러한 좋은 습성이 선조 대대로 면면히 전해져 내려오면서 그 가르침들은 마음속 깊이 의식화될 수밖에 없는 환경이었다. 그 결과, 오늘의 한국 사회에는 아직도 유교적 윤리 인식이나 생활 태도와 행동 양식들이 나타나고 있는 것을 알 수 있다. 오늘의 한국인들 의식 세계에 체화되어있다는 증거이기도 하다. 아직도 대다수의 한국인 의식 속에는 다음과 같은 인식들이 새겨져 있음을 알 수 있다.「국가가 개인보다 우선이라는 인식, 부모에게는 효도해야 한다는 인식, 연장자에게는 존댓말을 써야 하며 공손해야 한다는 인식, 동료나 친구 사이에는 신의를 지켜야 한다는 인식, 남녀 사이에는 구별이 있어야 한다는 인식, 주위 사람이나 친구가 잘못된 길로 들어서면 조언해주어야 한다는 인식, 어려운 이웃이 있으면 도와줘야 한다는 인식」들이 그것이다. 언급한 내용들은 여러 세대에 걸쳐 한국인들의 부모들이 어려서부터 자식들에게 알게 모르게 가르쳐 온 내용들이다.

　고대 중국의 역사가 사마천은 유학은 사람에게 세상사에 변화와 사실, 대의를 가르쳐서 삶을 절도 있게 해준다. 마음에 화목함을 일으키게 해주고, 정의를 창달시키는 내용들을 포함하고 있다. 군신과 부자간의 지켜야 할 예절과 부부와 장유의 서열을 구별 지은 점은 사람들이 바꿀 수 없는 진리이다. 유학에 대해 그의 저서인「사기 열전」에서 평가하고 있다. 이에 근거해서 유학의 근본은 사회적 동물인 인간이 인간사회에서 지켜야 할 바 즉, 구비해야 할 사회성을 높이는 방법들을 말하고 있다고 필자는 생각한다. 그런데 과거 수백 년에 걸쳐 한국인들의 선조들은 조선왕조를 살아오면서 올바른 시민 사회의 이상향을 구축하는 데 필요한 구성원 개개인이 구비해야 할 유교적 가르침을 삶의 기본 윤리로서 준수하면서 살아온 것이다. 그러한 연유에서 오늘을 살아가는 한국인들에게는, 위에서 대표적 사례들로 언급한 기본 윤리 인식들 즉, 조선왕조에서 추구했던 성리학적 차원의 높은 사회성이 DNA에 각인되어 있으며, 그에 더해 최근에는 더욱 발달한 고등교육을 통해 의식 수준이 높아지면서 더 높은 사회성이 선진시민의식으로 표출되고 있다는 견해이다.

요즈음 세계인들에게 인식된 한국인들의 높은 사회성 사례들은 부지기수이다. 몇 가지 사례를 보자. 국제 항공 승무원들이 제일 선호하는 노선이 인천행 노선이라고 한다. 인천행 노선의 주 고객들인 한국인들의 매너가 상대적으로 제일 친절하고 신사답기 때문이라고 말한다. 또한, 한국 사회 어디를 가든지 한국인들의 줄서기와 같은 공공질서 지키기 모습 또한 그 사례 중 하나이다. 또한 요즈음의 K-영화로 열풍을 일으키고 있는 「오징어게임」, 「우리 학교는」, 「파친코」 등이 세계적인 인기를 끄는 것 역시 한국인들의 높은 사회성 때문이 아닐까? 사회성이 높은 한국인 작가들의 사람들을 설득하는 탁월한 능력 때문이라는 논리이다. 또한, 한국인들이 일반적으로 자신을 과소평가하고 자신이 잘하는 것보다 잘못하는 것에 신경을 쓰는 모습 또한 사회성이 높은 단면을 보여주는 사례라는 견해이다. 사람들은 어떠한 사람을 싫어하는가? 잘하는 것도 없으면서 잘한다고 나서는 사람, 자신을 과시하는 사람이 아닌가? 이 세상에 자신을 환영해주고, 어려울 때 도와주고, 자신이 열심히 공연할 때 같이 호응해주는 사람을 싫어하는 사람이 어디에 있겠는가? 한국인들이 한국을 찾아온 외국인들에게 친절한 모습 또한 높은 사회성의 한 모습이다. 한국에서 살다 간 사람은 한국을 그리워한다. 한국을 다녀간 유명 연예인들도 꼭 한국에 다시 오고 싶다고 말하며 한국을 좋아한다. 그리고 한국인들을 대신해서 한국을 홍보까지 해준다. 이 모두 한국인의 높은 사회성에 의해 얻어진 효과들이다.

한국인들에게 체화된 홍익인간 심성

필자가 2000년 공무차 동유럽의 강대국을 방문했을 때 당시 필자의 파트너에게서 들은 이야기이다. 그는 「한국은 인류가 개발한 과학기술을 사람들의 일상생활에 도움이 되는 가전용품들을 개발하는 데 활용하고 있는데, 우리나라는 사람을 살상하는 무기체계 개발에만 활용해온 것 같다. 한국산 가전제품들의 좋은 품질이 이를 입증해주고 있다. 우리나라 가정집에 한두 개의 품질 좋은 한국산 가전제품을 사용하지 않는 집이 없을 정도이다.」라고 말했다. 이어서, 「얼마 전에 우리나라에서도 가정용 흡입식 청소기를 개발하였다고 해서 기분이 좋아 구입했는데, 집에서 한번 작동하면 꼭 전차가 굴러다니듯 소음이 너무 커서 사용을 잘 안 하고 있다. 정말 한국이 부럽다.」고 말했다.

다음은 중앙아시아 국가 방문 시에 그곳 관료들에게서 들은 이야기이다. 「구소련 붕괴 후 중앙아시아 국가들에는 일본과 중국이 한국보다 먼저 진출했다. 그런데 한국인들은 자신들에게 도움을 주면서도 자신들을 차별하지 않는다. 어디 그뿐인가? 자신들과 함께 처신하는 것을 절대 꺼리지 않는다. 그래서 우리들 대부분은 우리나라에 먼저 진출한 그들보다 상대적으로 한국인들을 더 좋아한다.」고 말했다.

역사적으로 한국인들은 이웃 국가를 정벌하기 위해 침입하지 않았다. 또한, 한국인들은 남에게 손해를 보고 억울함을 느낄 때도 '미운 놈 떡이나 하나 더 주는 마음'으로 자신을 달랜다. 그러한 연유로 전 세계 수많은 문화 콘텐츠들이 기본 소재로서 '복수'를 즐겨 다루어 오고 있음에도 한국의 문화 콘텐츠들의 소재로는 거의 나타나고 있지 않다. 어디 그뿐인가? 오늘날 한국인들은 자신들이 과거 겪었던 가난 극복 노하우를 어떠한 조건이나 소요 비용을 요구하지 않고 그들에게 부합하도록 전수해주어 그들 스스로 가난을 극복하도록 도와주고 있다. 한국이 가장 어려웠던 한국전쟁 기간 도와준 국가들의 은혜에도 70년이 지난 지금까지 매년 잊지 않고 참전용사들을 찾아 감사를 표하고 있다.

위에 열거한 필자의 외국 방문시 현지인에게서 들은 이야기와 한국인의 습성에 대해 서술한 내용은 한국인들에게 체화된 홍익인간 심성을 적절하게 은유적으로 표현해주는 것 같아서 소개했다. 한국인의 홍익인간 심성 역시 오늘날 한국의 번영을 이끈 한국인의 DNA 중 하나이다. 위에서 한국인들은 단군을 조상으로 하는 유구한 역사를 가진 홍익인간 이념의 단일 민족임을 자부한다고 말했다. 위에서 언급한 내용에 부연해서 설명하면, 사전적으로 홍익인간(弘益人間)은 「널리 인간 세상을 이롭게 하라.」, 또는 「모든 사람이 어우러져 행복하게 하라.」라는 의미이다. 그런데 이는 13세기에 편찬된 『삼국유사』와 『제왕운기』 등에 한반도에 가장 오래된 국가인 고조선의 건국이념으로 소개되어 있다. 현재 한국의 교육이념이기도 하다. 교육기본법 제2조에 「교육은 홍익인간의 이념 아래 모든 국민으로 하여금 …인류 공영의 이상 실현에 기여하게 함을 목적으로 한다.」고 명시되어 있는 것이 그 증거이다. 역사서에 한국인들의 조상이라고 기록된 단군의 건국이념이며, 현재 대한민국의 교육이념인 홍익인간 이념이 이제 명실공히 한국인들의 마음속에 삶의 최고 가치로 체화되어 있는 듯하다. 아래에 한국인들의 DNA 속에 홍익인간 이념이 내재하여 있다는 사실을 보여주는 사례들을 제시한다.

국가 간에는 이해밖에 존재하지 않는다는 엄연한 현실 앞에서 오늘날 한국인들은 전 세계에 걸쳐 인간사회를 이롭게 함으로써 인류 공영의 이상 실현에 기여하는 모습들을 보여주고 있다. 어느 나라이든 다른 나라를 식민 지배했다면 그 식민 지배 하에서 독립한 신생국이 성장해가는 과정에 겪는 고통을 분담해주는 것이 최소한의 도리라고 필자는 생각해왔다. 한국인들에게 내재해 있는 정(情)이 그들에게 조금이라도 있다면 그들도 공감하리라고 생각한다. 그렇지만 현실은 그렇지 않다. 현재에도 선진국이라고 자부하는 국가들로부터 지난 수백 년간 식민 지배하에 온

갖 수탈을 당해왔었음에도 인간생존에 가장 기본적인 먹는 문제 해결방안을 가르쳐주지 않아 고통을 받는, 20세기 후반에서야 독립한 신생국들이 얼마나 많은가? 그에 더해 신생국들의 많은 약점을 이용해 돈을 빌려준다는 명목하에 그들에게 다시 멍에를 씌우려는 행위를 당연시하는 패권 국가들까지 있는 것이 현실이다. 그러한 현실 탓에 아이러니하게도 한국인들의 홍익인간 이념 구현이 사람들에게 더 좋은 공감을 받는 상황이다.

한국은 1960년대까지 쌀 부족으로 미곡을 수입해야했다. 그래서 쌀 소비를 줄이기 위해 이틀에 한번은 밀가루 음식을 먹기도 했다. 양곡을 살 때는 20%의 잡곡을 의무적으로 포함해야 했다. 새마을운동과 병행해서 한국은 식량 자급자족을 위해 집중력을 발휘해서 수확량이 30% 이상 많으며 병해충에도 강한 '통일벼' 품종을 개발했다. 정부는 새로운 품종의 성공적인 수확을 위해 체계적인 농사기술을 보급하였다. 그렇게 식량 자급자족 문제를 단번에 해결한 한국의 녹색혁명은 이후 경제 발전을 추진하는 원동력이 되었다. 21세기에 진입해 이를 주도했던 한국의 농촌진흥청이 자신들의 녹색혁명의 경험을 전수해 지구촌의 개도국 빈곤을 해결하겠다고 나섰다. 개도국의 식량문제를 해결하기 위해 한국의 농촌진흥청이 주도적으로 수행하고 있는 대표적 두 가지 국제협력 지원 사례를 아래에 소개한다.

먼저 2009년 농촌진흥청이 주도한 「해외 농업기술 개발 사업 (KOPIA[115])」이다. KOPIA 사업의 목표는 개발협력 파트너국의 '1. 빈곤퇴치, 2. 기아 종식 해결'이다. 조건 없이 개발도상국 현지에 KOPIA 센터를 설치하고 농업기술 전문가를 소장으로 파견한다. 국가별 맞춤형 농업기술을 개발·실증·보급하는 사업이다. 개도국 현지 농업연구기관과 협력하여 무상원조 개념하에 농업 생산성 향상을 통해 현지 소농의 소득 증진을 목적으로 하고 있다. 식량을 제공하는 대신 빈곤 현장에 가서 실제 식량 증산 방법을 전수해주는 사업이다. 2021.12월 현재 전 세계 22개국(아시아 8, 아프리카 7, 중남미 5, CIS 2)에서 현지화가 이루어진 한국의 농업기술이 협력국의 농산업 발전을 견인하는 역할을 하고 있다. 2020년에는 전 세계적으로 발생한 코로나-19의 제약조건 아래에서도 KOPIA 사업은 현장을 누비며 많은 성과를 도출하였다. 농촌진흥청은 지속해서 농업 기술개발 국제협력을 통해 개발 협력 파트너국의 식량안보를 해결하는 데 더 큰 노력을 기울일 계획이라고 한다. 그렇게 한국은 진정 도움이 필요한 국가들에 농업기술을 전수해서 더 나은 세상을 만드는 데 노력하고 있다.

다음은 「한-아프리카 농식품 기술협력 협의체(KAFACI[116])」의 활약[63]이다. KAFACI 역시 한국의 농촌진흥청 주도하에 설립된 국제 농업기술 협력 협의체이다. 아프리카의 식량 안보 강화를 목표로 농업 현안 공동 해결과 국가 간 기술격차 해소를 위한 농업 기술개발 사업이기도 하다. KAFACI가 아프리카 현지

---

115) KOPIA; KOrea Program on International Agriculture(해외 농업기술 개발사업)
116) KAFACI; Korea-Africa Food & Agriculture Cooperation Initiative

에서 수행하는 사업은 기초 농업과학 연구지원, 아프리카 적응 다수성 및 병해에 강한 벼 개발, 원예 작물 수확 후 관리, 중소가축 사육 매뉴얼 보급, 아프리카 지역 농업기술 보급체계 확립 등이다. 이 역시 아직 식량 자급자족을 못해 빈곤 상태에 있는 아프리카 개발도상국 사람들에게 우리의 경험을 전수해서 빈곤 상태를 해결할 수 있도록 도와주는 개념이다. 그것은 「아직도 식량문제를 겪고 있는 지구촌 사람들에게 우리가 이룩한 녹색혁명의 경험을 전수해주어 그들의 빈곤 문제를 해결해줌으로써 인간세상을 이롭게 해야 한다.」는 한국인의 홍익인간 이념을 구현하고 있는 사례이기도 하다. 홍익인간 이념 배경하에 한국 주도로 2010년에 설립된 KAFACI는 「아프리카 농업 생산성 향상과 빈곤 완화, 지속 가능한 농업 발굴, 아프리카 농식품 산업화 협력을 통한 농업 구조개선」을 목적으로 하고 있다. 이를 위해 현재 회원국의 식량 증산 및 가축 개량 기술을 중점 보급하는 사업들을 시행하고 있다. 현재 총 23개국의 회원국이 참여하고 있다. 국제 축산연구소, 아프리카 녹색혁명 동맹, 아프리카 벼 연구소, 갈등&개발센터 등 4개 국제기관도 힘을 보태고 있다. 이렇게 홍익인간 이념에 입각한 한국인의 진정한 노력이 결실을 거두고 있다. 오늘날 한국이 이룬 선진 농업기술을 전수하려는 세계의 요청이 끊이지 않는 것이 그 증거이다. 녹색혁명을 통해 빈곤에서 벗어난 한국인의 경험이 개발도상국 국민들의 벤치마킹 대상이 된 것이다. 한국의 이러한 개도국에 대한 순수한 농업기술 지원은 인간의 기본적 인권인 식량문제를 해결하기 위해 시작한 일이다. 이 세상에 누가 진정으로 자신들에게 대가 없이 도움을 주는 한국인을 좋아하지 않겠는가? 한국의 개도국에 대한 진정성 있는 순수한 지원은 이제 한국의 에너지·자원 확보와 글로벌 리더십을 높여주게 될 것이다. 더 나아가 개도국의 경제성장을 유도하는 선순환 구조의 국가 간 협력관계로 발전할 것을 확신한다.

홍익인간 이념을 실현하는 범국가 차원의 사례뿐만이 아니다. 현재 진행형으로 홍익인간 이념을 실현하고 있는 한국인들도 부지기수일 정도이다. 그중 2명의 사례만 소개한다. 먼저 기본 식량에 해당하는 옥수수 관련 연구로 세상을 널리 이롭게 하는 데 크게 기여하고 있는 한국의 자랑스러운 농학자 김순권 박사(78세) 이야기[64]이다. 농부의 아들로 태어난 그는 대학을 졸업하고 농촌진흥청에 입사했다. 미국 유학 후 미국의 질이 좋은 옥수수를 개발하기 위해 연구를 시작했다. 그는 1979년 농촌진흥청 근무 시절 국제열대농업연구소(IITA)로부터 아프리카 인구 식량난 해결을 위한 연구 요청을 받았다. 그것이 계기가 되어 이후 약 17년간 아프리카 현지에서 그곳의 옥수수 연구 여정이 시작되었다. 그는 열정적인 연구를 통해 1984년 잡초와 병충해에 강한 옥수수 신품종 종자를 생산해 1985년 재배에 성공했다. 당시 IITA[117] 평가단은 「서부 아프리카에 옥수수 기적이 일어났다.」고 평가할 정도였다. 그에 더해 그의 대표적인 업적은 현지의 농

---

117) International Institute of Tropical Agriculture(국제열대농업연구소)

작물 경작에 막심한 피해를 주고 있는 악마의 풀이라 불리는 '스트라이가'에 강한 옥수수 종자를 찾아낸 것이다. 당시까지 누구도 해결하지 못한 아프리카 대륙의 치명적인 잡초에 의해 발생하는 문제를 해결한 것이다. 그러한 이유에서 그는 노벨평화상 후보로 몇 번이나 추천되기까지 했다. 그는 스트라이가에 내성이 있는 옥수수 품종 10개를 가려내 73%에 이르던 스트라이가 피해 정도를 5%로 줄일 수 있었다. 그들의 주곡인 옥수수를 피해 없이 생산할 수 있게 해준 것이다. 그는 현지에서 업적을 인정받아 외국인 최초로 아프리카 명예 추장에 2번이나 추대되었다. 어디 그뿐인가? 1994년 그는 아프리카에서 「북한 주민들이 홍수로 인해 엄청난 기근을 겪고 있다.」는 소식을 듣고 급히 귀국했다. 경북대 교수로 복귀해서 북한의 식량문제를 해결하기 위해 1998년 북한을 방문했다. 북한 농업 관련 고위 간부들과 옥수수 지원계획을 논의하고 해결방안들을 제안했다. 이후 그는 과학적인 재배 방법의 적용과 그가 개발한 옥수수 신품종의 농사를 통해 북한 농가에 지속해서 큰 도움을 주어오고 있다. 그는 북한의 식량문제 해결에 도움이 될 수 있다면 생을 마감할 때까지 북한을 돕는 일을 포기하거나 멈추지 않을 거라고 말한다. 홍익인간 이념을 실천하는 진정한 한국인의 참모습이다.

다음은 2021.11월 아프간의 영양실조 신생아들을 살린 공로를 인정받아 아산사회복지재단의 아산상 사회 봉사상을 받은 권순영 박사(74세) 이야기[65]이다. 미국 교포인 그는 2002.9월 「아프간에서는 오랜 내전 여파로 신생아 4명 중 1명이 5세가 되기 전에 영양실조로 죽는다.」는 뉴스를 듣게 되었다. 한국에서 대학을 졸업하고, 미국에서 식품 생화학 박사과정을 마친 그는 1986년 글로벌 식품기업인 '네슬레' 식품회사에 입사해서 당시 콩으로 만든 영아용 대체 분유를 비롯해 의료 식품 개발을 담당하고 있었다. 뉴스를 듣고 「영양실조는 내가 잘 아는 분야인데…, 이제 내가 그동안 받아온 도움을 갚아야 할 때가 된 것 같다.」는 생각을 구체화하기 위해 아내와 회사를 설득했다. 2003년 아프간에서 겪고 있는 식량난 해결에 도움이 되고자 자비로 「영양과 교육인터내셔널(NEI)」이란 비영리단체를 설립했다. 단백질 부족에 기인하는 영양실조를 겪는 아프간 여성과 아이들에게 도움이 되는 단백질 공급원으로서는 콩이 그 역할을 담당할 수 있다고 판단했기 때문이다. 아프간 주민들은 권 박사가 처음 콩을 소개하고 재배법과 가공 방법을 가르쳐주자 특별한 거부감 없이 받아들였다고 한다. 양귀비 농가들도 밭을 갈아엎고 콩을 심어 나갔다. 그는 2008년 회사를 조기 퇴직하고 본격적으로 미국과 아프간에 오가며 콩 재배와 교육, 가공 공장 설립 등의 사업에 총력을 기울였다. 이후 그의 「콩 재배·보급 프로젝트」는 순항하여, 2006년 300kg의 수확량이 2021년에는 6,000ton으로 2만 배나 늘었다. 영양실조 문제가 개선되자 아프간 언론은 그를 「콩의 아버지」로 부르고 있다고 한다. 그가 처음 콩 재배를 시도할 때만 해도 아프간에서 콩을 재배하는 농가는 거의 없었다. 권 박사는 아프간의 기후와 풍토에 맞는 종자를 들여오고, 영농법을 알려주는 동시에 두유 제조설비 등 각종 가공시설을 들여왔다. 그러한 노력 덕분에 「생산-가공-판매-소비」에 이르는 콩의 생산에서 소비에 이르는 모든 과정을 현지화 할 수 있었다. 권 박사는 물고기 잡는 법을 알려준 것이다. 그는 이제 2030년까지 아프간의 콩 생산량을 30만ton으로 늘리는 것이 목표라고 한다. 이르면 2022년부터 필리핀에서 제2의 콩 프로젝트를 시작한다는 계획도 세웠다고 한다. 그는 NEI 활동을 위해 20년 일찍 조기 은퇴에 따른 금전적 손실보다는 비교도 할 수 없는 한 국가의 영양실조 해결에 도움을 줬다는 뿌듯함을 갖게 되었다고 말한다. 기아에 허덕이는 아프간 사람들을 돕기 위해 사람 살리는 사회봉사에 전념하여 거둔 값진 가치를 무엇과 비교할 수 있겠는가? 아프간을 점령한 탈레반까지도 권 박사 주도의 NEI 활동을 계속 진행해 달라고 요구할 정도라고 한다. 얼마나 자랑스러운 홍익인간 이념 구현의 한국인인가?

위에서 한국의 범국가 차원의 홍익인간 이념을 실현하는 농촌진흥청 주도의 「1. 빈곤퇴치, 2. 기아 종식 해결」을 목표로 하는 해외농업 기술개발 사업(KOPIA)과 「아프리카 농업 생산성 향상과 농업 구조개선」을 목표로 하는 한-아프리카 농업기술 협력 협의체(KAFACI) 활동에 관해 설명했다. 옥수수와 콩을 매개체로 홍익인간 이념을 실현하고 있는 김순권 박사와 미국 교포 권순영 박사 이야기도 소개했다. 소개한 홍익인간 실천 사례들은 극히 일부일 뿐이다. 세계 각지에 파견되어 활동하는 선교사들을 포함해서 여행 목적으로 들렀다가 현지에 어려운 생활을 보고 개인적으로 평생 도움을 주고 있는 한국인들은 한둘이 아니다. 어려운 사람들에게 밝음을 선사함으로써 세상을 이롭게 하는 자랑스러운 한국인들의 홍익인간 이념 구현에 따른 선행 관련 미담은 넘쳐나고 있다.

한국의 국가경제개발은 1960년대 후반부터 이루어졌다. 당시 자원이라고는 인적 자원밖에 없었다. 그렇지만 한국인들은 자신들이 만든 제품들을 수출하여 오늘의 경제적 번영을 이룩하였다. 그동안 한국이 생산하여 수출한 제품들 대부분은 시장을 선점하고 있던 경쟁국 제품들의 두꺼운 벽을 뚫어야 시장에 진입할 수 있었다. 그러한 과정을 거쳐 현재 한국인들이 만든 제품들은 무엇이든 세계시장에서 명성을 얻고 있다. 어떻게 그것이 가능했을까? 이유는 딱 한 가지이다. 한국인들이 만든 제품이 경쟁국 제품보다 무엇인가 더 고객에게 이로웠기 때문이다. 한국인들이 자신들에게 체화된 홍익인간 심성을 발휘해서 고객들에게 조금이라도 더 이롭게 제품을 만드는 한 한국산 제품들은 세계시장을 누비게 될 것이라는 사실을 믿어 의심치 않는다. 한국인들에게 체화된 홍익인간 심성이 21세기 한국의 번영에 더욱 기여할 것을 기대한다.

미 주

1 브리태니커(Daum 백과사전), '한국의 토양', '대한민국의 지질과 지형'

2 조선총독부 편저/김문학 번역, "조선인의 사상과 성격", 북타임, 2010, pp. 153 .

3 김종권, "국난사개관(서문)", 명문당, 1993.

4 조선총독부 편저/김문학 번역, "조선인의 사상과 성격", 북타임, 2010, pp. 78-83 .

5 함석헌, "뜻으로 본 한국역사", 한길사, 2003. pp. 181-390

6 조선총독부 편저/김문학 번역, "조선인의 사상과 성격", 북타임, 2010, pp. 36-43

7 조선총독부 편저/김문학 번역, "조선인의 사상과 성격", 북타임, 2010, pp. 116

8 주대환, '편애 못 참는 한국인, 복지국가 가능성 있다,' *프레시안*, 2010

9 조선총독부 편저/김문학 번역, "조선인의 사상과 성격", 북타임, 2010, pp. 19-20

10 조선총독부 편저/김문학 번역, "조선인의 사상과 성격", 북타임, 2010, pp. 25, 209-214

11 조선총독부 편저/김문학 번역, "조선인의 사상과 성격", 북타임, 2010, pp. 209-214

12 https://olympics.com/ko/news/why-are-south-koreas-women-so-good-at-golf

13 https://economychosun.com/site/data/html_dir/2022/01/17/ 2022011700015.html

14 금장태, "유학사상의 이해", 한국할술정보(주), 2007, pp.350

15 조선총독부 편저/김문학 번역, "조선인의 사상과 성격," 북타임, 2010, pp. 212

16 황의동, "한국의 유학사상", 서광사, 1995. pp. 14

17 황의동, "한국의 유학사상", 서광사, 1995, pp. 13

18 최인욱·김영수 역해, "사마천의 사기열전 II", 동서문화사, 1975. pp

530-533

19 김병일, '선비 정신' 폄하 이제 그만, 조선일보 30면, 사설 '망국 100년 2010. 9. 3

20 한준수, "신라중대 율령정치사 연구(1장 1절)", 서경문화사, 2012

21 조선총독부 편저/김문학 번역, "조선인의 사상과 성격", pp. 126-127

22 http://encykorea.aks.ac.kr/Contents/Item/E0015909: 한국민족문화대백과사전(도학)

23 https://m.blog.naver.com/PostView.naver?isHttpsRedirect= true &blogId=spp0805&logNo=120210431258: 선비정신이란 무엇인가?

24 한국갤럽, '한국인의 가정생활과 자녀교육', 한국갤럽조사연구소, 1983, pp. 139, 142-143, 93-94, 58-59.

25 최상진, "한국인의 심리학", 학지사, 2011, pp. 243-254

26 https://www.yna.co.kr/view/AKR20210511000751099

27 박일봉 편저, "중국사상사", 육문사, 1990. pp. 12

28 한미라·전경숙, "한국인의 생활사", 일진사, 2009, pp. 267-272

29 http://contents.history.go.kr/front/km/view.do?levelId=km_030 _0060_0020_0010

30 http://www.bmceo.co.kr/mail/2016/pdf/160317_BookMorning CEO_2088.pdf

31 최상진, "한국인의 심리학", 학지사, 2011, pp. 10-18

32 한미라·전경숙, "한국인의 생활사", 일진사, 2009, pp. 10-21, 55-58, 214-278

33 김아네스·최선혜, "한국사 스페셜 2", 신원문화사, 2002, pp. 61-85

34 황재순, "한국 성씨 탄생의 비밀" christ59won Daum_cafe, 2009. 10

35 황재순, "한국 성씨 탄생의 비밀," christ59won Daum_cafe, 2009. 10

36 한미라·전경숙, "한국인의 생활사", 일진사, 2009, pp. 272-273

37 한미라·전경숙, "한국인의 생활사", 일진사, 2009, pp. 185-188

38 조선총독부 편저/김문학 번역, "조선인의 사상과 성격", 북타임, 2010, 211-212쪽

39 https://blog.daum.net/xlavksl/3385166

40 eun@chosun.com '기자의 다른 기사보기,' 김경은, 2010. 12. 14

41 최상진, "한국인의 심리학", 학지사, 2011, pp.46-48, 101-102, 117-128

42 박지향, '망국적 지역감정을 없애는 길', 조선일보, 2011. 4. 12

43 조선총독부 편저/김문학 번역, "조선인의 사상과 성격", pp. 19-20

44 http://theme.archieves.go.kr/next/populationPolicy/viewMain.do

45 이상경 외, '2011 범국민 안보의식 여론조사', *국방대 안보문제연구소*, 2011. 10, pp. 208, 215-218

46 출처: 구글어스; www.ilgok.es.kr

47 출처: 구글어스; www.ssamp.net

48 출저: www.tutormentorconnection.ning.com

49 https://namu.wiki/w/자살/통계

50 조선총독부 편저/김문학 번역, "조선인의 사상과 성격", 북타임, 2010, pp. 128-129 .

51 http://www.ikoreanspirit.com/news/articleView.html?idxno=36499

52 한용섭, "국방정책론", 박영사, 2012, pp. 2-3

53 https://www.korea.kr/news/policyNewsView.do?newsId=148894061

54 https://www.mk.co.kr/opinion/contributors/view/2012/06/341587/

55 https://www.joongang.co.kr/article/2831636#home

56 한용섭, "국방정책론", 박영사, 2012, pp. 25

57 김병륜, '한미동맹 60주년 그 성과와 의의', *국방일보 특별기획*, 2013. 1.7

58 한용섭, "국방정책론", 박영사, 2012, pp. 9

59 대한민국 정책브리핑(www.korea.kr)rk

60 https://www.youtube.com/watch?v=1kOhBzRH-ck

61 https://brunch.co.kr/@u842/332

62 최규민, '위기마다 1보 후퇴, 2보 전진…코리아 "오뚝이 DNA"', *조선일보*, 2012. 5. 29

63 http://www.ezyeconomy.com, 허승욱, '한국국제농업 개발학회지 (vol. 24, no. 5)', 2012, pp. 511-517

64 https://www.hellodd.com/news/articleView.htm1?idxno=92 948

65 https://www.hankyung.com/society/article/2021112898881

오늘 한국의 번영을 일궈낸 **한국인의** DNA

초   판   2023년 7월 1일

지 은 이   신보현

펴 낸 이   신보현

펴 낸 곳   대한출판사

신고번호   제302-1994-000048호

주   소   서울시 용산구 원효로 68(원효로 4가. 영천B/D 3F)

전   화   02)754-0765

팩   스   02)754-9873

값 25,000원

ISBN 979-11-85447-16-2(03000)